東港東隆宮醮志

丁丑年九朝慶成謝恩水火祈安清醮

序

東隆宮為東港三大公廟之一，亦為屏東縣聞名遐邇之王爺廟，主祀溫府千歲。自清康乾年間，溫王顯蹟於東津，三百年來，庇護四民，興隆東港。其神威顯赫，分靈全臺，迄今已為全臺知名之王爺廟也。

東港濱海，地勢低平，開發之初，瘟疫時生，水災頻傳。里人先卜建於鹽埔，其後一度遷移鎮海里，前後均遭水患，乃卜地於東隆里，浮水蓮花，夙稱吉穴。遷建以來，再新其廟，至此永定其居矣。

東隆宮之改建，光復之初，百廢待舉，唯地方父老感念王爺之庇佑，即興工易新，廟貌堂皇。至民國六十六年，樑柱漸頹，殿宇亦因信眾增多而頗感其隘，乃再謀更新，經始多年，終於七十七年慶成建醮，蔚為地方

一大盛事。

東港迎王，傳承既久，四方善信紛湧而至，每感廟埕甚隘。故正殿完竣之後，即規畫宮前，周備其制。乃決建牌樓以為山門，其旁則配置王船寮、戲臺各一，以應所需。至此規模已具，即依例建醮，慶成祈安。

此次建醮依例配合丁丑科迎王祭典，自農曆九月十六日至九月廿四日，為規模宏大之九朝醮。其醮程安排一準古例，先行謝土除穢，安奠土地；繼則火、水二醮，護佑境土。而五朝福醮慶成祈安，啟請諸天，禮謝神庥；其間三朝行道，科儀隆盛，誦經禮懺，音聲調暢；末日則登棚拜表，疏告功德，並登臺賑濟，普度孤幽。誠是人神同歡，幽明並祝，為南部少見之祭祀大事也。

夫一宮之成、一醮之興，乃七角頭奉獻其力，王爺善信共襄盛舉，始能彰顯王爺之靈威。今正殿、山門相繼慶成，醮功圓滿，合境平安。此次並特邀中研院李教授豐楙主持修志，以記其盛，俾本宮歷來沿革暨興工建醮諸事跡，永世流傳，無慮佚失。今則志成，行將付梓，爰誌其事以為之序。

財團法人東港東隆宮董事長
林雲騰
歲次戊寅年秋吉旦

《目錄》

《導 論》

李豐楙

【1】

在屏東縣境內，東港東隆宮因主祀溫府千歲而立廟，其建廟沿革與東港漢人移民開發史若合符節。早期由於洪水為患、瘟疫時生，溫府千歲的宗教職能正是驅瘟護民，尤其配合五府千歲代天巡狩的神話與儀式，三年一科定期性反覆舉行的「迎王祭典」，愈發使東隆宮的多次遷建，深刻地反映東港人期待這一濱海港街「東港（津）興隆」的願望。所以每次建廟都會傳出相關的地理神話，溫王爺所鎮守的佳穴寶地，在神話敘述中自是關繫東港全鎮共同體的命運，就是從本地的社會結構言，也是族群既凝聚團結也競爭打拼的象徵。

東隆宮的公廟地位與現時所在的地理位置有關，所在地剛好與另兩座公廟：奉祀媽祖的朝隆宮、奉祀福德正神的福安宮，其範圍即成為東港早期開發的街市重心，至今也仍是鎮內比較繁盛的地帶，七角頭即在這一片區域的內外錯落分布。開發這些角頭的大小族姓就分別聚居於此並形成聚落，再隨著時間由此逐漸散開。因此東隆宮的管理組織及其祭典事務，既是東港各角頭居民的公共事務，卻也是族姓勢力相互競爭後的派系均衡。在這種微妙的既合作又競爭的情況下，東隆宮從屏東古廟而列為古蹟，至今又擴建、擴增為規模可觀的大廟。

以溫府千歲信仰配合三年一科定期性「迎王祭典」的舉行，愈發使東隆宮的多次遷建，深刻地反映東港人期待「東港興隆」的願望。

在臺灣光復後，東隆宮之所以能在屏東諸多王爺廟中發展突出，有一件決定性因素：就是恢復迎

王祭典並改組祭典組織而有效的推動方式，而其關鍵所在自是東港的漁港港灣之利能適度的轉型，促使東港討海人對於溫王爺及來訪五府千歲具有強烈的信念，所以才會有足夠的條件快速重新組織並推展迎王的祭典。由於東隆宮年例性的大祭典，除了慶祝溫王爺神誕、慶讚中元等較具規模外，其實與其他宮廟比較也少有特別殊勝之處，而且每科迎王祭典所費不貲，一些停辦的王爺廟及不再恢復，而東隆宮卻能在一種歷史傳統的共識下，決定復舉行，並繼續增大其祭典的規模，因而東隆宮乃能發展為屏東、甚至是全台具有代表性的王爺廟。

有關東隆宮的興建與管理，在諸大族姓的競爭與協力中，光復前後從林派、黃派逐漸轉變為林派、許派，其中林姓能與其他大姓通力合作，厥為其中主導的力量。從林合、林庚申到林雲騰一系代表林派，與地方派系中其他角頭族姓比較熱心的頭人，在相互協力配合之下，才能夠順利地推動組織上的管理、改組諸事：諸如販賣部的收回經營、祭典委員會的擴大編組，讓東隆宮的內部組織從地方派系的競爭中脫離而出，比較獨立地發展宮廟的經濟並維繫各角頭的豐沛人脈。這一次能夠適時運用臺灣經濟成長所蓄積的社會力，東隆宮再次進行了宮廟的改建、牌樓的興建及廟埕的規劃，並擴增祭典舉辦的規模，始能發展為今日東隆宮醮典、祭典的盛況。

2

在臺灣經濟發展的上昇期間，東隆宮也如同各地寺廟一樣，適時把握這股豐盛的經濟力，在祭典活動逐漸增強之後，經由社會上奉獻建廟的同一宗教熱誠，先後進行了兩次大規模的擴建：前一次是東隆宮本殿的改建完成（民國六十六年到七十三年），在七十七年建醮、八十年圓醮；這一次則是規劃整頓廟埕的空間，並拆除香客大樓而改建為牌樓以作為山門，落成之後乃擇於丁丑年（民國八十六）建醮。由於採用醮典與平安祭典配合舉行的模式，在長達半月餘的大活動中，使整個慶典成為收支達仟萬元的民俗活動，足以展現地方的經濟力和東隆宮的號召力。

類似東隆宮的地方性公廟，無論是本宮殿宇或山門的重建，從動土興工到謝土建醮，都是考察宮廟與聚落關係的良好例證。從社會組織言，東隆宮的財團法人組織，在地方派系的均衡協調下，只有有效地經營管理其財務，始能在一定時間內完成如許經費龐大的建築；然後又接續地舉辦動員人力多、花費亦可觀的醮典、祭典。由此可知其經費來源與廟方的經營，必須具有一定的社會凝聚力，才能廣泛運用諸多香火錢、緣金捐納或斗燈首份、鑑醮金及本地股份所納款項等。在這些紮實的經濟基礎上，才能使牌樓興工與建醮慶功連續舉辦。

東隆宮為慶祝山門落成與廟埕的整建完成所起建的丁丑年九朝醮典，配合迎王祭典的舉行，展現出地方的經濟力和東隆宮的號召力。

從信仰習俗言，每次宮廟的改建、牌樓的落成，即是一種動土與謝土的連續過程，土地的開挖亦即是龍脈地理的擾動，從國人所傳承的宇宙觀言，乃是一個小宇宙秩序的破壞。在經歷了一段漫長的重建過程後，建築工程的完竣只是一種硬體設施的完成，如何經由儀式行為才能完成「秩序」的重建，就成為信仰習俗中的「謝土」與「建醮」儀式，這兩種程序通常是先舉行謝土儀，隔一段時間再行比較盛大的「建醮」。其原因即是一旦建築初步完成，就要先行禮謝土府諸神，對於動土的不安進行修復；至於較大型的醮儀則可以在經費比較充裕之後再行舉辦。東隆宮本宮殿宇是如此，而山門慶成則是兩種儀式同時進行，較為省事便利。

丁丑年醮典之所以擴大為「九朝醮」，就是畢其功於一醮，先是謝土儀，次為火、水二醮，而正式的清醮仍是典型的「五朝醮」。整個醮儀的進行乃是委諸掌壇道士的專業職能，而東港鎮民中實際有機會進入內壇的，只是斗燈首分出錢多、福分高的少數「醮主人等」，代表地方人士在壇內持香隨拜，行禮如儀。在社會行為中寺廟祭祀是公共事務，因而能夠具有資格「代表」地方人在神前祭拜，也就表現其夙所累積的社會實力，並因之獲致神特別恩賜的機會。為了表現其身分的突出及對神的誠

敬，也就必須較諸常人遵守一些比較嚴格的規範，這就是採用「非常服」的吉服、禮服在祭典中出現的象徵意義。

3

醮典的隆重舉行，乃是道教傳承與地方聚落在祭祀大事上的一種文化認同，最能表現道壇與聚落、道士與社祀的密切關係。從臺灣所保存的祭祀習俗，至今還未發現有其他的宗教能完全取代道士主持「建醮」的職能——民國三十八年以後傳播入臺的佛教人士所主持的佛寺則為另一種情況。這種祭祀文化上的共識，主要是建立在同一宇宙觀、鬼神觀之上，道教的基本教義即是奠基於中華文化的傳統，並進一步完成體系化的「民族神學」，因而在人與神之間如何進行溝通、中介，就長期累積而形成專門的宗教職能。這些職能之所以未為其他宗教所取代，也就在齋醮作為一種溝通人神的專門職司，乃是奠基於博雜而多元的道教神統譜上，深信人與諸神之間即為天人之間的感應關係，如此才會形成諸多的儀式，而能使地理的破壞得以經由儀式而完成重建；其次就是表現道教的濟度觀，以功德度生、度亡而能使之度世，才能圓滿處理孤幽的普施。在這種古來相傳道教文化的共同根柢上，臺灣任何地方的社廟落成，均會按例禮請道教中人完成聚落全體的大事。

建醮之為地方大事，具體表現在空間與時間上的有意區隔，在醮區的「境意識」上，東港是以鎮內的七角頭為區域範圍，這一「境域」的認定是與開發史上的族群記憶有關，從早期「四縣分」移民之所居到當前迎王祭典的巡狩之境，乃是溫府千歲之所庇佑也是千歲爺奉旨巡狩的主要區域。「合境」就是指境域之內共同體制下的社民，既先需履行奉獻於社神的義務，如醮燈、醮彩的股份；也就可以享有共同體內的權利，如當境神明的庇佑。所以這些地區的住戶都被列入「醮區」內，為了區隔境之內外，在進入醮區內的交通要道都會矗起高大的牌樓，其上書寫東隆宮建九朝醮歡迎外客的相關字樣及對聯；而區域內的電線桿之間則懸掛成串的或黃或紅的醮燈。醮區內住民可自由決定「認股」購置醮燈、醮彩（八仙彩），或是自由到店鋪購買，都要在醮期居臨時「張燈結彩」，形象鮮明地表明醮區的一體感，共同營造出境內的「鬧熱」景象。這種醮境的空間營造，讓各家各戶在參與中，重新塑造一種共同開發時的歷史記憶，既是鎮民日常生活的活動區，也是主神所佑、客神所繞的庇護之境。

醮區景觀因裝飾而顯出特別的空間感，乃是隨時間的流動而具體表現出來，此亦即「醮期」的特殊性。

醮區景觀因裝飾而顯出特別的空間感，乃是隨時間的流動而具體表現出來，這就是「醮期」的特殊性。東隆宮為配合「迎王」祭典，就由廟中執事、祭典頭人向溫王爺請示日期，依此往前推早三日即為建醮日期；一般單獨舉行醮典時則是請神指示或請日師擇日。凡此都是特意表明時間的「非常性」，從「平常」而「凡俗」的時間之流中區隔出一段異質時間，要求過一種潔淨而神聖的生活，用以迎神敬神。不管是採用剋擇決定、抑是依照神明指示，都是從「平常」的同質時間經由神聖又神秘的方式隔離開來，有意地使之「非常化」，這種區隔是經儀式化而獲得加強，早在「通醮表」中既已稟知於神而獲致人神的共同證盟，故需在醮期內履行其盟約。

4

道教中人所傳承的建醮職能之與聚落居民的信仰習俗，即是奠基於共同信仰的宇宙觀之上，乃是神話敘述與道家哲學中所保存的遠古記憶：宇宙創始乃從渾沌中開闢，天地之開闢既是「毀」也是「成」，乃是破壞後又重建的「秩序」。根據建設的普遍性經驗，「動土」乃是渾沌之鑿，既是毀之始、即是破壞；而「謝土、建醮」則是成支使、即是重建、落成，乃是進行宇宙秩序的再創造。那麼如何才能在時間之流中進行恢復的儀式，就是醮典時間始於「封山禁水」的封禁，對於「日常」時間中所有的生產行為一律禁絕：嚴禁狩獵、耕漁，禁止

屠殺、曝衣。凡平常生產之所取資於土地、自然者至此暫停，生活因而得以進入迥異於日常的齋戒素食，讓山林、田野與海洋暫時終止一再地被榨取，暫時地休養生息，回復到自然無為的渾沌狀態。在這種齋潔的神聖時間中，潔淨的身心正是為了內外一如以迎神。

醮期迎神是經由儀式而通達的，由於並非尋常的燒香稟告，而是委由道士的專業知識，在內壇進行「發表、啟請」：內壇是整個醮域中最為中心點的聖域，經由結壇後作為諸天聖眾、三界眾神的降聖之所，表文先鄭重地宣奏，再由官將護佑功曹傳送；然後在燈篙前，昇起旗旛及燈號，一般都是區分陰陽，普告幽明，有天燈、天布（旗）祝告諸神「鶴駕來臨」；也有召魂燈、地布（幢旛）陰光普告，召請孤幽。即以齋潔身心告請鬼神，也在這段時間謹慎言行以免沖犯。類似的中介性狀態使神人、人鬼之間，維持一種溝通、崇奉的行為，因此一般的神誕、祭典也是，不過慶成的醮典則是特別的隆重，不僅時間長、儀式多，而且參與的是整個聚落、整個港鎮的居民。現時臺灣地區的諸種宗教，如天主教、基督教或回教等多是制度化的，甚至是佛教都各具其傳教的方式，但是如果與道教的火居道士相較，則仍是無法如此深刻地與聚落居民密切結合，從這一特質言，道教確是兼具有「制度化」與「擴散性或普化」的兩種特質。

「慶成」儀式的意義，即在如何恢復被破壞的宇宙秩序以及重新建立一個新的宇宙中心點。

道教中人與醮主人等在「慶成」儀式的意義上，所傳承的文化共識：就是「如何恢復被破壞的宇

宙秩序，重新建立一個新的宇宙中心點？」臺灣較早傳入的泉州、漳州（含粵東）兩系道法，基本上都傳承龍虎山正一派的道法傳統：其中即有朝科，早、午、晚三朝行道；有齋科的賑濟孤幽；也有禮讚三清上聖、玉皇高尊及紫微帝君的經、懺，這些道經中都具有祈福與懺悔的宗教意義。在道教神學中，凡人在神尊之前要誠心地自悔其過（即首過），始能解除其所已犯所未犯之罪，修道行善自能解厄救劫，故經義就要在不斷誦唸中自省。其次就是謝恩祈福，地方之能「風調雨順，合境平安」，就要虔誠地叩謝神庥，道士即領著醮主、醮主代表全民，在諸神之前表達「感恩」之情，道教教義對於傳統祭祀天地眾神的報謝與祈求精神，頗能表達國人共通的對於天地（神格化的自然）的宗教信仰心態。

5

在人神的證盟之下，如何才能經由儀式而重新創造宇宙秩序，就成為專業道士的「演法」過程：將重建秩序的道法經由儀式性表演，在人神共證之下完成合境的共願。這次「謝土」科中所轉用的正一派「安龍」法，其旨趣在於龍神既被擾動，就需排出米龍再經敕點開光，使之能夠重新安鎮土地；又使用紅頭法驅逐邪祟、土煞，使新建築潔淨而可以安座諸神。這種送煞奠安的儀式在清醮時又以另一種形式表現在「宿啟」科儀中，表演命魔想要奪取香爐所象徵的福氣，道長即運用寶劍予以收押收禁。在這種神魔交戰的儀式演出中，擁有魔力的命魔被收伏之後，即是象徵良善、美好的重新建立；安龍而送虎、押魔而逐祟的動作象徵，即是儀式性地表達宇宙存在與秩序的神話意境。

在模擬宇宙的再創造儀式時，比較直接的一場即是「分燈儀」，正是以火的滅而明作象徵，在壇內壇外滅火，重新取南方火（丙丁）依次點亮，以象徵除舊迎新、宇宙再造。由於道教神譜以「三清」為宇宙的創始，一元復始、一气生化，從此森羅萬象，造化萬物。在祈謝儀式中，經由捲簾進宮，高功依序帶領醮主入三清宮前，進燭獻香，禮謝宇宙從渾沌中再創生。也在鳴金戛玉的金鐘玉磬之聲中，以天地之數的聲響象徵宇宙從此構成。道教的「創世紀」宇宙觀從道經傳世以來，就完好保存在儀式動作中，重覆地在每次慶成醮典中演出，將醮主期待「慶賀落成」的願望，專業地代為表達出來。這種象徵完成的信仰力量是無形的，合境之人相信經由感應而能使天地回復為原初的狀態。

在整個醮典中，道士即是以專門的職能，作為

人、神的中介者受民之託而代行其事，聚落內的居民自是無法完全通曉其深意，與需因醮主人等託付的神聖任務，高功即以「道官」的身分代為通達。火居道既然生活於聚落之中，自能深入體會民之所願；而其宗教技能又是在秘傳中，由神人所共證盟的。這種身分資格使其在依科行事時，能夠三朝行道，進表疏奏，一般人對於道士所形成的印象，也就是身穿絳衣、頭戴道冠而手持笏（奏板），有如朝臣在進朝時莊重地行其官儀。所以道教經典中即有許多道法、醮儀模擬宇宙秩序的創造，並在諸天聖眾的證盟下始能達成，既有自力也有他力，這是高功道長擁有其神聖力量的神秘憑證。由於同一族群的信仰、文化，泉、漳之人既行泉、漳之俗，東港既是遵行這種世代相傳的習俗，也相信慶成奠安需行此種道教的醮典，才能符合「合境」之民的共同期望。

6

在傳統道教的籙職中，道士自稱「微臣」、「凡昧小臣」，因其具有道官的宗教之職；而醮主人等在有些古抄本中則仍保留古稱的「醮官」。道官與醮官在「內壇」出現時分別穿著絳衣和禮服，各自莊嚴地行科、優雅地隨拜，表現出肅穆的科儀和禮儀，這是內壇頭人所顯示的身分地位，「嚴肅」地行禮如儀。而區隔於壇外的則是一般信眾，一樣地穿著整齊、一樣虔誠地持香祭拜，卻少有機會進入內壇一睹其勝，故其祭祀活動是在壇外或是在角頭上的「外壇」，他們不必穿著長袍馬掛式的禮服，也不必全程或排班進入壇內隨拜，自然也就不必那麼嚴肅而可以自由一些。這種祭典期間的內、外區隔，形象地表現於服飾、動作及心境，也象徵其與蒞降神尊之間的不同距離，無論如何醮主會自覺其比較接近神，也擁有較多被賜福的機會。

在醮典期間卻仍然有一點是大家公平的，就是只要自願都擁有奉祀神明的機會：七角頭的神轎轎班、溫王爺駕前的班頭，所有東港的男性只要「認血跡」都可蒙神恩准而加入，然後穿著各轎班一式的制服，為公廟或角頭上的寺廟主祀神抬轎、或扛抬法船。此外在民間廟會慶典中最受注目的，則是在街上、廣場上繞境遊行的陣頭，這些以中、壯年為主，也有老少參與的遊行行列，在街上愉快地演出自己，在繞鏡中「遊戲」，公開地集體進行遊戲。故服事神明既是「嚴肅」的神事，卻也是認真地在「遊戲」，有步數、口號，進退有節，乃是比較自由地一群人的活動。這是由整個情境所烘托出來的氣氛：鑼鼓聲、神轎上所播放的迎神樂或是焰火

、鞭炮，聲光的刺激讓人亢奮，而煙霧中登場的正是一群自在遊戲的社會中下層角色，從遊行中肯定自己的角色扮演，也從中獲致一種宗教性、民俗性休閒的樂趣。

醮典期間以轎班為主的外圍活動，給予信眾公平奉祀神明的機會。

在祭典期間還有隨時登場出場的諸方信眾，這一群人並不特別起眼，卻是整個舞臺上不可或缺的。從家家戶戶負責擺香案、定時獻供燒香的主婦及老人家，到群聚東隆宮前燒香或隨香於遊行隊伍之後的。這些平凡而虔誠的善男信女，緣於諸般事因而分別前來，完全「投入」這一宗教情境中，默默地演出自己，非為別人而是在無形的神明之前；這些角色的宗教情感是祈願、謝恩，或是懺悔、解罪，多少表現在其微妙的表情或動作中，也「相信」能夠實現其心願的那種宗教信念。由於在這些場景中任何角色的進場出場，完全融入信仰、民俗的氛圍中。除非好事研究者的採訪、觀察，或是無事就以攝、錄影裝備在此獵取影像者，突兀地介入這場自然演出的民俗劇情中；否則這些角色可以完全不被打擾，自在地演出自我，既是嚴肅又是遊戲，在與神、與他人的相互關係中，完成既是個人也是集體的儀式性表演，這就是祭典中最為尋常可見的祭拜者群象。

7

在東港社會裏，一場官式的典禮中所有出場的角色，所演出的正是整個「社會」的縮影。而在這場民間的醮典中，這個「社會」的人也分別在不同

的場景中各自扮演其角色。在這個「非常」時間內，基本上仍是「平常」時間的角色延續，出現在內壇與壇外、街頭上與家門口，也各自穿著該當其身分的「非常」性禮服；甚至連相與配合的心境、表情等，也有比較嚴肅與嬉戲的不同。由於每種身分、地位的人都被社會所制約，也由自己選擇在何處登場，表明自己與神的距離，越近就越嚴肅，也自覺受福越多；不過反過來說壇外世界才是大眾的，越有表演的才華、意願也越受大眾矚目，這是真正屬於庶民的舞臺。所有扛轎的、拿旗的或是持香的，也自覺是以實際行動事神，也一樣蒙受神恩。

東隆宮的醮典事務是公的，人人各自選擇參與的方式，只要自己走向宮廟、為溫王爺「服務」，就有機會將一己之力匯入群體之力中。有關東隆宮、山門及廣場的建築神話，所有參與者都在共同創造一個儀式、神話情境，幫助土地、自然中被破壞的秩序能圓滿地恢復。在這種人人得而參與的行動中，只要參與就有角色可演，這段可以自由選擇表演的時間內，舞臺上熱鬧與否的劇情，是按傳統的劇本而進行的。在此中道教中人與廟方執事聯合而成為主導性的「導演」，指導演出的時間、空間並決定其表演性質，但從另一角度言，這些指導者卻也是主要演出者，乃是比較核心地推動整個祭典的節奏與程序，讓活動能如所預期地圓滿完成。

由於醮典是民間社會較盛大的廟會慶典，東港則是配合平安祭典而舉行，也就會出現與祭典相近的遊行繞境場景，為其他地區建醮時所未曾見。因而也讓地方人士各就所願地自由參與，形成全鎮出動的大型活動，完全體現出「以社會民」的宗教、社會性格。正因如此，在非常時間內既有延續自平常社會的嚴肅性，也比較自由寬容地讓有些熱心的其他角色，能借此機會「表演」自己，並真正地享受節慶歡會的樂趣，其快樂的程度實遠逾於壇內嚴肅的祭拜者。所以醮典足以讓人在其中各如所願地各得其樂，乃是中國「社會」的宗教特質。在這個過程中公廟與聚落的關係重覆地再次被提醒，而更重要的則是土地、自然與人類的關係，在渾沌、中介狀態下，短暫的恢復和諧相處的關係，只有如此才能在時間之流回到日常之後，多少能保有這一鬧熱圖像下的真意。

《上卷》

【壹】開發建廟篇

東港為臺灣南部濱海的進出口港，亦為兼有漁業與商業特色的街鎮。明末清初當地的地勢低窪，尚未有大量的漢人聚居，多屬平埔族的活動區域；直到乾嘉時期閩粵移民移入眾多，才逐漸發展為繁榮的街鎮。在東港拓展的歷史過程中，由於地理位置偏南，在沿海區域的開發史上，雖未能居於首要商港的地位，卻能輔助安平港等而成為南部米糖等貨品的轉運站。在乾、嘉之後，東港街鎮的陸續開發，逐漸吸引大量泉籍移民的移入，其中較大族姓的聚居與發展，就造成了東港境域內初期的角頭與聚落群。在整個街鎮的開發過程中，東港公廟東隆宮所奉祀的主神溫府千歲，其信仰日漸昌盛，同時為了迎三年一科代天巡狩的千歲爺，長期發展逐漸形成固定的七大角頭，共同參與東隆宮的年例慶典及盛大的「平安祭典」，自然形成當前溫王爺的祭祀區域。東隆宮的溫王信仰及其例行的祭典活動，與東港的氏族聚落開發史有密不可分的關係，由於人口的聚集與角頭的地域分化及形成有其可觀的影響力，而參與年例祭祀、演戲的四縣分同鄉會及相關地方團體，以及迎王祭典繞境的各角頭的轎班、各廟堂的神轎及各式陣頭，主要是出自散佈在各個聚落的大小族姓。為何以溫府千歲為主祀神的東隆宮，能夠號召東港子弟甚至偏遠外地的信眾，共同襄贊東隆宮大小祭典的盛會？為何這些聚落內的轎班成員及信眾願意積極參與各種祭典活動？實與東港的開拓和東港人的生活環境有密切的關連，這是本篇所要敘述的重點。

【一】地域開拓，港灣成鎮

東港鎮位於今屏東縣高屏溪（下淡水溪）、東港溪與林邊溪等溪流沖積而成的濱海平地上，東北鄰接崁頂鄉，東連南州鄉，東南接壤林邊鄉，西南則隔臺灣海峽距琉球嶼十五公里，西北跨東港溪即屬新園鄉（翁淑芬 1997:5-6）。東港鎮即被四個鄉鎮與臨臺灣海峽之海岸線所環繞，在地理、人文環境的自然發展下，終能形成一個臺灣南部熱鬧的小型街鎮的結構型態。東港與下淡水溪（高屏溪）的關係，在清光緒二十年（1895）修的《鳳山采訪冊》中曾記載：淡水溪源受南雅仙山泉，南行遞納十溪、九溝、八圳、一塘、兩溪，迄東港入海，兩岸相距三里許；而東港溪是東溪源於嘉早山泉，本支

遞納四溪、四陂、兩溝、兩圳、一潭，以迄東港，乃歸於海。東港除了「源受東、西溪」外，還「間匯後寮、五房洲等流入海。」（盧德嘉 1895:94）由此可知東港位在由數條溪流交匯入海沖積而成的沖積平原上，境內是一片地窪和平坦的原野地形，距離相對高遠的內山地形甚遠，所以比較適宜移民較早入墾，其後並順應地理形勢發展海港型的漁業與商業文化。

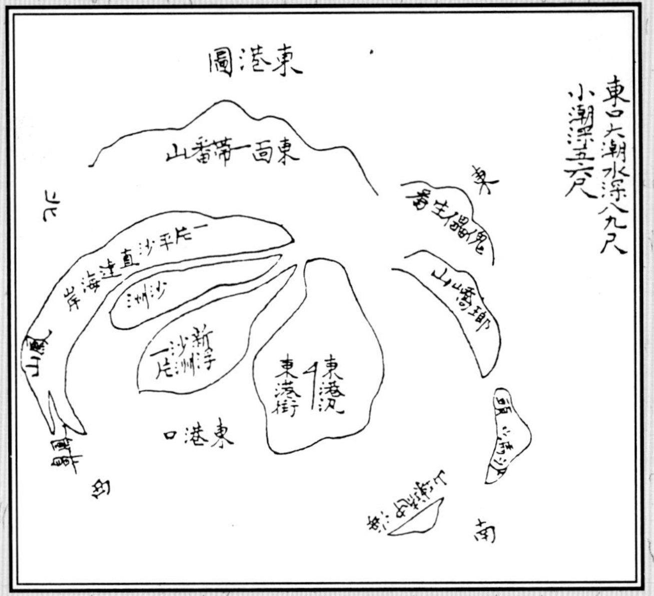

清同治初年東港圖（引自《臺灣輿圖纂要》）

在清領之初臺島僅設一府三縣，鳳山縣因草萊初闢民少「番」多，清廷為防止民變，乃於東港首設下淡水巡檢（蔣毓英 1685:116），以稽查出入的關隘船隻。雍正九年（1731）東港開始有島內的貿易（伊能嘉矩 1909:158），而臺屬小商船往來不絕，並有安平港郊在此採購米、糖等交予南、北郊，或向兩郊購買進口貨轉售於東港或其他口岸（林恭平 1958:24-25），可看出當時東港即以港口發展之潛力與台南安平港或其他港口之郊商間有頻繁互動的情形。《重修鳳山縣志》中也曾記載：「大林蒲漁家錯落，而東港、西溪採捕不下千戶。海坪、魚塭，商港掌而貼納本輕；灶戶、鹽埕，貨利多而徵餉從薄……粟、米餘資閩粵，菁、糖直達蘇、杭。」（王瑛曾 1764:10-11）類此即是東港漁業、各種米鹽等商戶與大陸主要商港通商的情形。此外有關東港的港口便利也見於同一書中：「東港在縣西南六十五里，西臨大海，港道甚闊，可通巨艦。有商船到此裝載米、豆貨物。」（上引書：11-12）；當時沿海口岸的營運情況也曾在《海東札記》中記載：「郡境海通之處，各有港澳。定例只許廈門、鹿耳門商船往來。此外臺灣縣有大港，鳳山縣有茄藤港、打鼓港、東港……凡十有七港，均為郡境小船出入，販運其中，各設官守之。」（朱景英 1773:8）可知雍正、乾隆時期東港既有靠海及港口之利，故其後漁業、商業乃能日益繁榮。

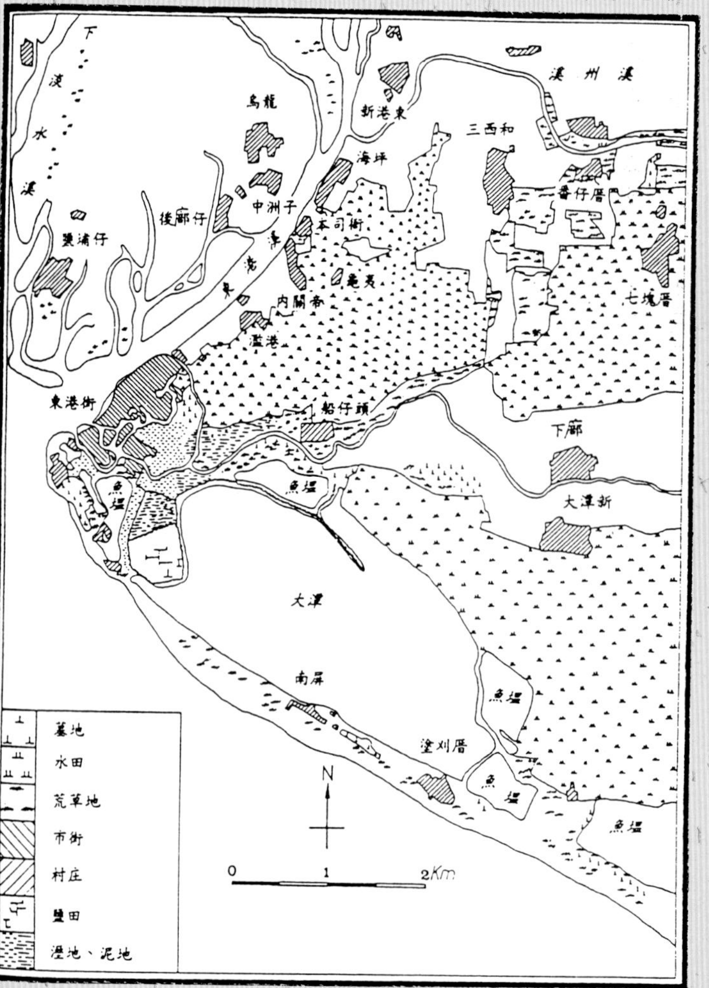

廿世紀初期東港地區聚落分佈圖（引自翁淑芬1997:15）

關於東港一帶漢人的移墾情況，實與建立市街、創建東隆宮有密切的關係。康熙五十八年，《陳志》卷二〈規制志〉坊里即載：「兆民日眾，人民日廣，復設港東、港西二里」。東港原本就有漳、泉籍漢人在港灣濱海一帶聚居，經營漁業，然後逐漸擴大，建立市街，位置約在東港溪西岸鹽埔仔庄

的東方（今新園鄉烏龍村）。後來因該地地勢低窪，洪水氾濫，市街流失泰半，乃遷移至下淡水溪之東，所以取名「東津」。後來港灣附近商賈雲集，其位置發展在定居區域之東，故稱為「東港」。從史家的考證中也有認為在東港成港之前，已先曾有一處「茄萣港」（約今大鵬灣及嘉蓮里），附近帆船進出停泊處即稱為「船仔頭」（今船頭里），在當時應該已成為一個大港區。後來由於流砂淤塞，港道漸廢，這片新生地歷經開墾，就成為後來的港仔口（鎮安）、新庄（大潭新莊）、下廍、船仔頭等村落，及烏樹、西港魚塭等。因當地已先有「東港」，茄萣港遂名為「西港」，前後兩港均曾為附近村鎮交通往來閩粵的輻輳之區。

東港的港口便利與商業的發展，逐漸形成粗具規模的東港街，據推斷可能是在嘉慶年間，至少到道光十九年（1839）已有「東港街」一詞出現。嘉慶「濫港」（新街的前身）約有一百五十餘戶的市街，而東港則約有八百戶的住民。這是由於乾隆五十一年林爽文事變後，平均每隔二十年便有一場兵亂，導致東港財富累積不易，人口增加緩慢，街市發展也受到限制。直到咸豐三年（1853）林恭之亂事平後，才又逐漸吸引商船來泊進行貿易，港市也慢慢恢復以往的盛況（翁淑芬 1997:38-40）。同治初年舊商街在一場水患中，造成東港溪岸的崩潰，熱鬧的「濫港」從此變為農業聚落，商務悉被東港所吸收（李芳廉 1982:16）；水患也波及原東港溪西岸的舊「東港」，造成街市半數以上（約四百多戶）受害。當時民人舉家東遷至東港溪東岸定住下來，舊市街則衰退成一片埔地。此後，東岸的今東港街市才逐漸脫穎而出，成為附近地區主要的貿易地點；而船泊位置也移至今和美街口的港溪岸，並帶動今延平路附近街肆的繁榮，發展出一條與河道平行的街市，此即今日東港較早出現的商業街肆中心（翁淑芬 1997:40-41）。

到了日治大正六年（1917）時，裁撤掉東港「特別輸入港」的身分，導致東港失去與中國大陸貿易的功能，海運衰微，喪失商機，加上陸路交通中鐵路運輸並未被規畫在內，因而也失去貨物轉運的商業競爭力。直到昭和十二年（1937）中日戰爭爆發，日本為積極進行南進政策，在推行三大方針：工業化、皇民化、南進基地的時代背景下，於昭和十三年（1938）在大鵬灣潭邊（西港埔）設置航空隊，導致中正路以東的濕地逐漸被開發，使得原本集中於中正路以西的東港街市有逐漸向東發展的空間。昭和十五年（1940）由南州至東港的鐵道因為軍事需要鋪設完成，使得東港支線能夠與西部縱貫線的交通運輸網聯繫上，但因其以軍事用途運輸為主，故並未為東港的街市對外商機帶來重大的轉變，而是工程的建造促成部份人潮、就業機會和市街的擴張（翁淑芬 1997:67-80）。

一八九七年東港街市型態圖（引自翁淑芬 1997:41）

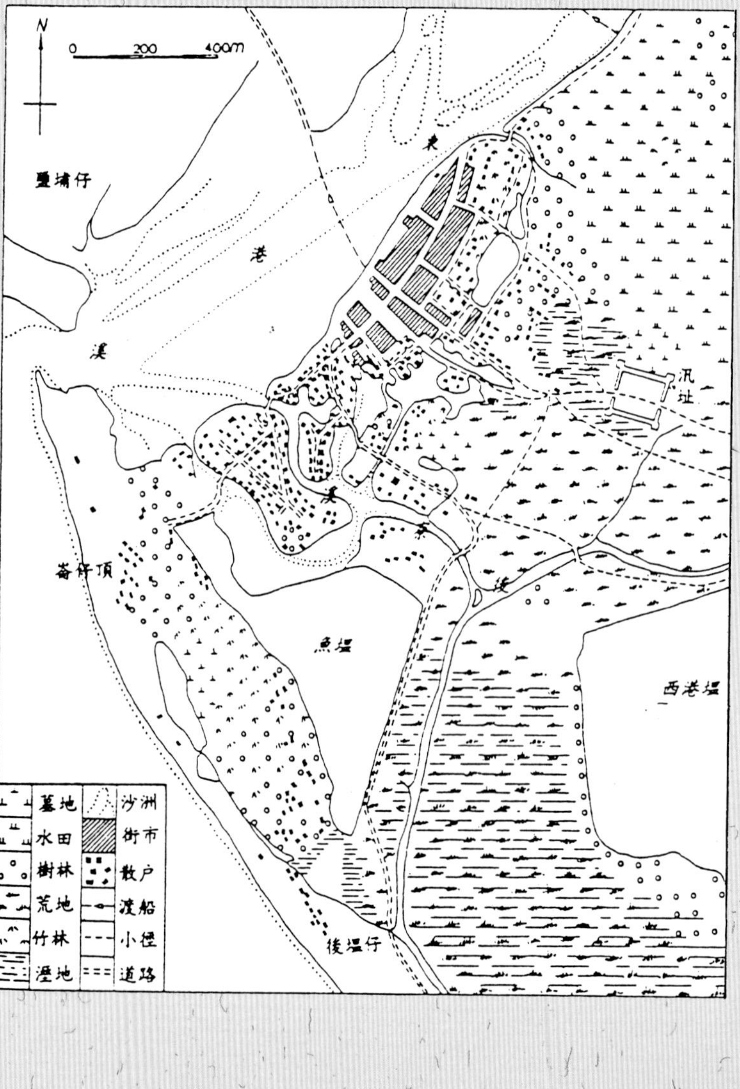

光復後政府有鑑於東港擁有豐富的漁場，實為難得的漁業基地，因而於民國四十年至四十九年間在此興建了現代化的漁港，民國五十二年又實施漁港區計畫，發展到民國六十年前後，東港已成為臺

灣南部僅次於高雄前鎮漁港的重要漁業基地。環繞在漁港附近則密佈著許多製冰廠、造船廠、漁網廠、漁具廠、漁市場、漁會等，漁民則仍是多集中在號稱「三漁一海」的豐漁里、盛漁里、興漁里和鎮海里，亦即隸屬於下頭角和崙仔頂兩個角頭區，安海街雖較接近市街，但是也有部分漁民的居住和漁網店、漁具店的分佈。而今日東港鎮內市街區的發展，主要是延續日本統治時期的都市規畫計畫，商業活動依然沿著中山路和中正路沿線發展，成為市內的精華地帶（上引書:93-94）。

根據地理形勢變遷的研究，東港船泊的港道實與今日東港鎮的信仰中心東隆宮（主神溫府千歲）之廟址相鄰，而繁榮的延平路商街則座落著另一信仰中心朝隆宮（主神天上聖母），再往前不遠又與另一座公廟福安宮（主神福德正神）相銜接。所以東港鎮三座歷史悠久的公廟，皆座落於熱鬧的東港街肆區內，也就是在這區域內，東港人的生活、活動多集中於此，貿易、商業厥為其推動主力，而宗教信仰也隨之興盛，此即中國古「社會」的宗教、社會性格，至今仍是本地的精華區。可見東港街市的繁榮發展、民眾日常的生活環境，均與當地的信仰之間息息相關，亦與其所在的地理位置有密切的關連。

【二】溫王成神，奉旨巡狩

早期移民臺灣的閩省各府中，泉籍大多佔有近海的港口地帶，所以清領之初，閩粵移民較早移入東港港灣地帶及相鄰地區墾拓的，各籍人士俱有而仍以泉州府屬的同安、晉惠（晉江、惠安）、南安及漳州等四縣居民較多。當時奉祀溫王爺的香火卜居東港溪東——即新園鄉鹽埔村建廟的，應即是泉屬諸縣人。一般臺灣王爺廟的興建，如果是外地飄來的王船停泊因而建廟奉祀的，就近於瘟神性質的王爺系統。不過在東港溫王爺祭祀區域內並未曾流傳有這類王船漂著說，故應是屬於香火移來的一類，乃是早期移民從原鄉的祖廟中請來溫王爺的香火，在新移民地上開墾、定居後，初期只在家中或小草寮內奉祀，等安居之後聚落逐漸形成，才興建較屬公眾性的廟宇，所以本地有關溫王爺的諸多神蹟也應是從原鄉隨著信仰傳播而來。

在東港地區溫王爺傳說的流傳，經歷過長時期的口述階段，而後始由當地士人採錄耆宿之言，整理為標準化的「版本」，做為祭典手冊的王爺傳記。這就是吳朝進先生所編成的《東港沿革與東隆宮

溫王爺傳奇》，特別在民國六十八年經由聖誥「請示溫王爺示意准許」後正式使用，這篇神傳曾參用鄭南昌原著，並輯錄文獻及口頭傳述等資料而成。民國六十三年屏東縣政府將東隆宮編列為古蹟時，在鐵牌上所頒示的碑文，即是根據地方人士所認定的版本。溫王爺傳經歷次的平安祭典收載，每科之間在初期還略有繁簡之別，近數科以來已逐漸一致，這次收錄於丁丑科《平安祭典專輯》內的〈溫王爺傳〉即是這種定本，從傳文體例言乃是一篇模仿正史傳記體，並參用道教神仙傳的神傳筆法，整體的史傳風格乃是敘述溫王爺的神蹟事跡。敘述一位歷史人物（或傳說人物）由成人而成神的歷程，傳文一開始即敘述傳主的出身、經歷諸多事跡，然後再詳述其如何成神的神蹟。此類傳文的相關事跡不易在歷史上找到相關的記載，卻因其敘述頗富於神聖、神秘性，而形成神傳特有的敘事風格：

東港東隆宮主神王爺姓溫，名鴻，字德修。生於北朝隋煬帝大業五年（公元六〇九年）歲次己巳年十一月一日。屬山東濟南府歷城縣白馬巷人。書香門第，自幼聰穎，稍長文武兼備，交遊廣至四方，風雲聚會。適逢唐朝貞觀年代，皇帝李世民微服出巡，遇險困危，溫鴻捨身救駕，功居其首。皇帝賜他進士出身，其時救駕者共三十六人，一併賜封進士，且與之義結金蘭。皇帝酬功任他出仕山西知府，到任後政通人和，清廉愛民，興學育才，地方大治，民稱父母。時值鄰近地方匪寇作亂，勢甚猖獗，民不聊生，官兵出剿無功，群臣乏策，最後皇帝派溫鴻統領軍隊討伐，三十六進士亦領精兵一同進剿。溫鴻用兵如神，舉兵直搗匪穴，匪酋受首，群匪四竄，主帥下令招撫，數萬叛軍來歸。自此國泰民安，溫鴻班師回朝，受上封賞，策封王爺。

太平盛世，三十六進士奉旨巡行天下，宣揚大唐德威。一次，乘船出巡，不幸在海上遇險，三十六人都罹難，無一倖免。據當時生還水手與侍從目睹，有聞仙樂飄奏，海上即時呈現一片祥雲紫氣，咸認爲溫鴻之死乃解脫而成神。貞觀皇帝聞此一訊息，痛失功臣之餘，復信其成神之說，乃追封「代天巡狩」。頒旨全國建廟奉祠，春秋致祭，敕封永享人間香火；下旨建巨船，名爲「溫王船」，內奉溫王爺及其結義兄弟之神位。清醮畢，送入海中，王船上有御書「遊府吃府，遊縣吃縣」；且敕告天下，凡溫王船所到之處，百姓官府一體奉迎，均應殺豬宰牛設祭，大事拜拜，以慰溫王在天之靈。

溫王成神後，經常在閩浙沿海地區顯靈，每當船隻在海上遇到驚濤風險時，見是檣懸「溫」字旗之巨船出現，立即風平浪靜，履險如夷。自此王船所及，必造福地方。福建的泉、漳二州，對溫王爺在海上顯靈護航，爲家喻戶曉之事。

屏東縣政府所立的碑文，即是據此而寫成的官方檔案：

東隆宮建於清康熙年間，主祀溫府王爺（正名溫鴻），爲唐代貞觀年間三十六名進士之一。奉派山西知府，屢建功績，歷升侯等爵位。是時天下太平，三十六進士奉旨巡察各地，不幸在海上遇風沈船，無一倖免。皇上聞知，痛失賢良，頒旨建廟，春秋祭祀。

溫王傳採用神話語言，敘述溫王爺由成人而成神的經過，其文體有仿襲正史傳記體之處，而重點所在則在神異、神蹟，成為典型的王爺傳模式：其中主要構成的情節單元（Motif，一譯母題）凡有五個：

(一)奇異能力與出身母題：在敘述出身部分強調其高貴的身分與能力，所以任官後的表現即展現其「文武兼備」的特長。

(二)三十六金蘭母題：在中國神話學上「三十六」爲聖數，如三十六天罡之類。中國社會的結拜兄弟是一種同胞意識的契約關係，乃是爲了三十六王爺的迎送儀式；又能表現溫王爺好交遊的性格。故三十六位兄弟的結拜、救駕，尤其同日死，是溫王神傳中「義」意識的具體表現。

(三)救駕母題：帝王微服出巡是促成轉變身分的因緣，也促成主人翁身分的王爺化，乃能使之由「白身」而轉變爲「王爺」。李世民爲箭垛式人物，是帝王神話中較常登場的角色。

(四)殉難母題：爲了解說王爺的輪流值年而共同殉難，三十六則是集體成神的數目象徵，採用水難則與濱水的環境有關，故形成舟船迎送的儀式。

(五)代天巡狩母題：從生前奉地上帝王之旨轉變爲卒後奉玉帝之旨，解說其「王爺」的名義，及所擁有的神力、靈力，這是形成王爺信仰中的「代天巡狩」職能，以說明迎送王爺的儀式及輪值年分的代巡問題。以神話語言先敘述代天子出巡御查，再轉變爲代天帝對無形界進行巡狩，這就是「代天巡狩」的任務及職司。

溫王爺的神格從傳文敘述中，明顯採用了溺斃殉職而成神之說，是明遺民、移民意識的歷史記憶，構成忠臣、義士死後成神的形象。東港的溫王傳說融會了因公殉職與航海遇風而溺亡的說法，配合了三十六的成數，方便解說十二干支年中每三年一科即有正、副兩位千歲輪值前來，封為代天巡狩的大千歲。而其成神神蹟基本上也完全符合《禮記・祭法》中的祀典精神，因儒家特別強調成神的神格，乃是創造發明、犧牲奉獻、保疆衛土、抵禦災難及消除大患等「功烈」，也就是將祀典祭祀的意義歸於「崇德報功」的報謝精神：既是生前有功烈、功德，卒後就可享受該得的回報；而既是有大功烈有大能力者，因而在成神之後也必定具有大靈力，因此民眾咸信祭拜之後也可期望得到賜福除災的回

報。在帝制中國的儒家官僚體制下，由帝王以至於地方官僚、儒生仕紳都依此以定祭祀的合法性。地方與中央連成一氣以制定其祭祀政策，並透過敕建廟宇、敕賜廟號及敕封聖號，使廟宇與神祇正祀化、正祠化。歷朝官制內都設有禮部、祠部，尤其後來特設有祠祭司以執掌祭祀的事務，而祠祭司也常接納地方仕紳，尤其當地出身有官職及身分地位者的建議，或經由地方官的疏奏，以此獲得帝王的御賜封號及題賜廟額。

東隆宮主神溫府千歲鎮殿神像

有關溫王爺的累代加封事蹟，在吳朝進所採錄的資料中，保存了一則泉州地區的加封記事：據說李光地（1642-1718）——福建安溪（傳說為泉州府湖頭鄉）人，在朝為官時，「體念王爺在世豐功偉蹟，在神護國衛民之忠貞，啟奏聖祖康熙聖君，元旦朔日在金鑾殿御筆親賜加封溫王爺，敕封為護海王爺，永鎮東藩，保佑眾庶，巡查善惡，勸化人民向善，代天宣化，永享人間香火。」又說三十六進士中凡有十二人「授封准為欽點十二大巡每科主事。」因其有功，由聖祖「御筆親臨，敕旨加封督察院兼辦理陰陽右御史王爵。」這些加封事跡在東港人歷來的流傳中，具有尊視其廟中主神及代天巡狩諸王爺的信仰意義。

在中國的祀典習慣中，除了朝廷的敕封外，還有道教所建立的神統譜所構成的神靈世界。從漢晉以來道教就廣納千百仙聖，按照真靈位業排列，梁陶弘景即首度完成《真靈位業圖》，建立七階位的上下尊卑秩序，以排列先天、後天諸神。其後歷經各代的繼續擴充，到宋元時期既已結構完成為龐偉的神譜，其至高位是一炁化三清：上清元始天尊、太清靈寶天尊、玉清道德天尊，而實際統御萬神者則為玉帝（天帝）。凡是人死後成神者，都需要經

由天界官曹上奏，然後由玉皇大帝敕封其職位，乃得入仙班、位登神界。《道藏》所收的道經、仙傳都一再敘述諸天聖帝接引成道者進入神界的事跡，目前在臺灣地區道教總會所用的神統譜都特別列有後天神明，設置「功國神靈之位」。

溫王等諸千歲成神之後的封賞，實際上需由帝王即天子代「玉皇大帝敕封」，始能完成進入神界的身分、地位，而且「代天巡狩」的任務也是由天界的玉皇大帝所賦予的，這就是民間所習稱的「奉玉旨」出巡。臺灣的王爺廟即逕題作「代天府」，或高懸「代天巡狩」的匾額，基本上就表明其秉受玉皇大帝的命令以行事。所以東隆宮也高懸有「代天巡狩」，以之明示溫府千歲的職司；而在每科迎王前所進的表文中，所要恭請的即是「天河宮代天巡狩五府千歲」，王爺蒞境後所出的榜文中，所自署的職銜也是「金闕至尊玉皇大天尊玄穹高上帝題點」的王爺之職，由此可理解在東港人的心目中，溫府千歲所具有的神界神明的地位。

總之，溫王爺及其他千歲爺的神格與職司，依據東港地區口傳、筆錄的廟方定本，指出溫王的神格是生前有功績、死後有靈顯的正神。因此在中國傳統社會的祭祀觀中，從儒家、道教的祭祀法則言，溫王的神格、職司都是正神、正祀的功烈神靈。在民間信仰中從成人而成神的意義言，溫王及其結契金蘭在壯烈成神後又迭有靈顯，乃能經由上昇之道，逐漸提昇其神界職能。類此王爺神格的神化過程，乃是反映出東港居民在開發中被瘟癘威脅的集體性心理、社會需要，這是民間信仰中具體表現其現實生活中的迫切需求，將溫王及代天巡狩諸千歲的神蹟，進一步放在東港開發史上的苦難事跡中觀察，就可發現東隆宮的興建史、溫王爺及諸千歲的信仰史，也就是兩百年來東港歷史反映在王爺信仰神話的遺跡。

【三】疫癘時行，溫王鎮守

臺灣南部地區內的廟數、主祀神及其分布情況，由於官方所修的官志大多著重官祀，對於民間寺廟大多要等到規模粗具時才會予以採錄，雖然如此仍可統計發現其中的王爺廟確是佔有較大的比例。康熙五十九年陳文達所修的《鳳山縣志》，只載及官祀；王瑛曾在乾隆二十九年重修時也只錄下一座池府王爺廟；等到盧德嘉在光緒二十年撰《鳳山采訪冊》時，所采錄的規制祠廟就有三十一座王爺廟、三十座媽祖廟，此外還有觀音廟、真武大帝廟、

保生大帝廟、三山國王廟及福德正祠等，廟數多在二十左右。王爺與媽祖兩類信仰最能表現初期移民、開發的信仰精神，因媽祖除是福建原鄉的鄉土神外，更具有航海守護及護佑移民的神格；而王爺則相當程度地反映漢人對新墾地的水土適應的集體需求。其中所載寺廟興建的年代多屬改建而並不一定是創建，卻仍可看出與南臺灣的開發時間大體相符：乾隆朝四座、嘉慶朝五座、咸豐朝兩座，而光緒朝則多達十六座。在當時鳳山轄區內所奉祀的王爺中，以池王最多（專祀三、合祀三）、次為李王爺（專祀三、合祀二）；而奉祀溫王爺的專祀者凡有三座：就是田寮莊、大林蒲莊及東港，另有兩間是合祀者。從王爺職司代天巡狩的任務言，可以瞭解鳳山地區的開發較遲，瘴癘、疾疫的危機感仍大，所以民眾也比較需要王爺信仰，尤其瘟神性格比較明顯的池王爺，更能明顯表現時代、地域的實際需要，基本上這一種信仰情況，與臺灣其他地區的寺廟信仰與地方發展密切關連有相當一致之處。

在臺灣中南部地區，越往南部則開發越遲，由於新墾地的氣候、風土等大有異於閩粵原鄉之處，所以康熙初中葉移民最不易適應的，就是瘴癘和水土不服。較早蔣毓英在康熙二十三至二十七年任臺灣知府時所主持修成的《臺灣府志》，即說「鳳山以南至下淡水諸處，早夜東風盛發，及晡鬱熱，入夜寒涼，冷熱失宜。又水土多瘴，人民易染疾病。」直到康熙末葉仍然未能有明顯的改善，在康熙五十六年陳夢林等人所修的《諸羅縣志》（雜記志）中仍說：「臺南北淡水均屬瘴鄉，南淡水之瘴作寒熱，號跳發狂。」陳文達也記載當地：「土多瘴氣，來往之人恆以疾病為憂。」由於來往的移民逐漸增多，清廷設有鳳山縣治，惟在康熙四、五十年間鳳山縣令多屢次藉故滯留郡城，不歸縣治；直到康熙六十年，因朱一貴事變，經上級嚴加敕令才勉強帶領吏役歸治。縣令怖懼瘴癘猶可想法逃避，而實際墾拓的移民就難免為疾病所侵，棄骨瘴鄉，成為當時人所怖懼的事。《陳志》就載有「邑厲壇」（卷二）及「無祀祠」（卷十），其中無祀祠之一即在淡水港東，原因即是鄭氏時，以瑯璚（今屏東縣車城鄉）一帶為安置罪人之鄉，故死於斯者往往為祟，居民觸之，頻以疾病為憂。所以康熙五十八年知縣李丕煜令淡水司巡檢王國興建祠祀之，「庶幾疫癘不生，而民長享康寧之休矣。」可見康熙末葉的下淡水溪仍為瘴癘盛行的危險地區，漢人比較不易適應其水土。

清乾隆以前屏東平原的墾殖路線圖（引自 翁淑芬 1997:23）

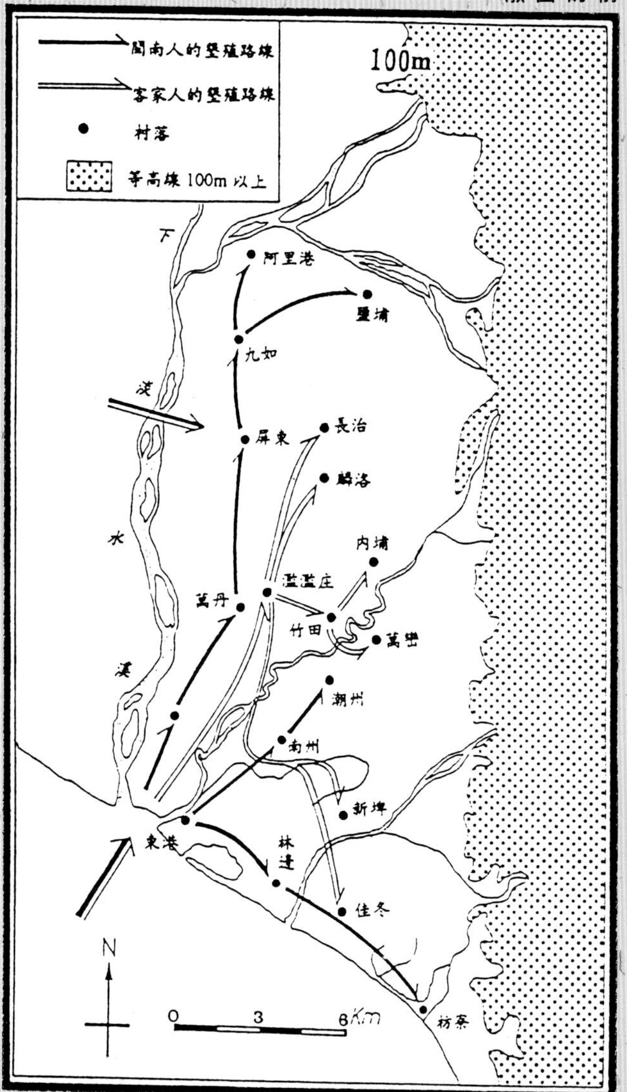

東港地區的開發情況，宋增璋在《臺灣撫墾志》中說：東港及相鄰的林邊、南州、新埤等，曾為明鄭屯墾之區。康熙年間，閩之漳泉、粵之潮州移民相繼來此，或以贌耕，或以侵佔而取得土地開墾，並漸次推進至鄰近區域。從清廷的治臺政策可以理解東港在這段期間的開發情況，康熙二十三年所頒布的三條渡臺禁令：如需取得原籍照單以備查驗、不准攜眷及禁止粵民渡臺，因而也延滯了東港的開拓。但由於港口的利便、屏東平原的廣大腹地等優越條件，閩粵移民仍多干冒禁令及瘴癘威脅等重重阻礙，而正式或偷渡、私渡入墾。當時下淡水溪的下游入海處，也就是東港附近為極重要的上岸處，惟該地地勢低窪，多沼澤，為最易遭水患、疾疫之處。從清領以後，清廷鑒於東港的港口形勢至為重要，所以康熙二十三年就在此設置下淡水巡檢司署，《蔣志》卷六規制「衙署」早就記有此事；但

到康熙三十三年高拱乾修《臺灣府志》卷二規制「衙署」時卻增多一條說明：「水土毒惡，歷任皆卒于官，甚至闔署無一生還者，移駐所宜亟議。」可見其病卒的清況極為嚴重。不過後來仍遷延二十八年，等到「康熙五十一年，巡檢趙元凱移建下淡水赤山之巔，秩滿轉遷。淡水司之陞始此。」（陳志卷二）從此以後情況才逐漸好轉，在卷四〈秩官志〉所載的前十任巡檢中，除沈翔昇、馮吉外，都「卒於官」；而直到王瑛曾重修志卷八〈職官志〉，雍正時凡有四任，其中仍有兩任「以病告休」及「卒於官」。可證康熙中、末業東港確是多瘴癘之區，仍有待大量移民的前來移墾。從臺灣廟宇的興建慣例，大多始於移民初期。緣於當初渡海的危厄、新墾地的疫癘及水土不服，又仍對於原鄉的信仰多所懷念，因而多有攜帶祖籍地神明或香火來臺的情況。這就是地緣關係的神明來源，也可將這種原鄉神明的信仰情懷，理解為「內地化」地以鄉土神凝聚同籍之人；然後在新土地上又適應新開發地的自然、人文環境而顯現「在地化」的信仰特色。其初期型態常是私家或小聚落的崇奉，廟宇形式也是較簡陋的草寮、草厝；等到聚居的人數逐漸增多時，才有足夠的社會力經濟力加以改建為瓦厝建築，也才會有被修方志者採錄的情況。在東港的三座公廟中，東隆宮即為王爺廟，興建的時間也較早，與移民初期的社會需要相符合。盧德嘉所採訪記錄的另一座「朝隆宮」奉祀媽祖，原建於東港街盡頭、港區邊緣，當時即為帆船停泊的埠頭，也符合航海、拓墾期的社會需要，惟冊中所說的「同治十三年許章泉號董修」，應非創建時間而是重修的年代。它與東隆宮的位置有一定的距離，李芳廉先生推測其間「顯示早期拓墾者對於新近拓墾者之防禦心態。」（東港墾拓誌略）此外還有奉祀福德正神的「福安宮」，為光緒十八年邱拱辰董修。三座公廟間的街市即是東港較早開發的原始街市，為居民早期商業、漁業等經濟活動的主要區域。

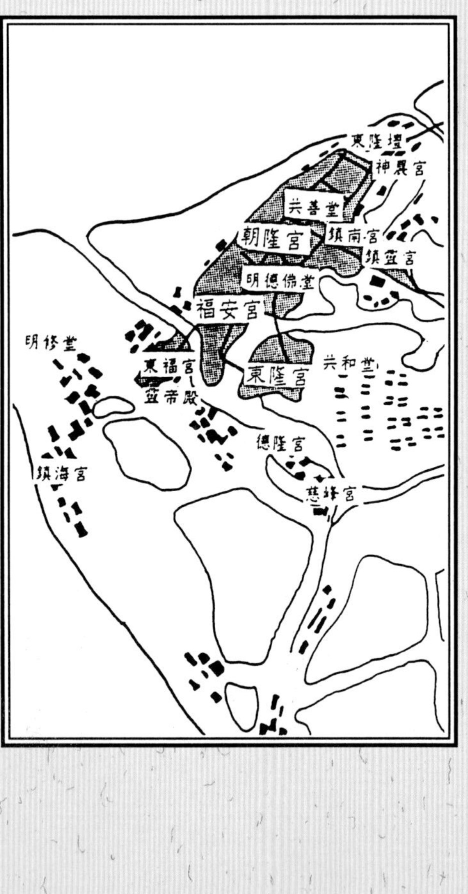

臺灣光復前後東港市區主要廟宇之分布情形（引自 伍政祈 1995：25）

東隆宮的興建時間與地點，從廟宇與地方發展的關係言，應是早在康熙末葉移民入墾日眾日廣之時，即因當時渡海冒險之初，新墾地仍多瘴癘，為護佑移民的心理，乃奉祀從原鄉請來的溫王爺香火，所以在地人多比較傾向康熙年間（三十三或四十五年）建於鹽埔一帶的說法。因為王爺定居於此，東港興隆有望，所以宮名「東隆」，至今鹽埔村猶有王爺佃地，其數相當可觀。不過李芳廉則採取歷史觀點，而取「建於乾隆年間」之說，因當時才有記載移民漸多，開闢日廣。等到乾隆時期已是適宜人居、貿易發達的港區，王瑛曾就稱許東港，「西臨大海，港道甚闊，可通巨艦，有商船到此裝載米豆貨物。」而原先因水土毒惡，移建赤山巔的巡檢司公館，已賃住於港東里崁頂街，原因即是「開闢既久，風氣日和，東港、赤山村落紛闐，瘴癘不作，無煩輾轉遷徙矣。」（《鳳山縣志》卷二公署）雖則瘴癘之患逐漸消除，但是水災之患卻仍一再影響王爺廟而迫使輾轉遷移，它自是也與東港市街的形成史密切關連。

在溪東的鹽埔一帶所建立的移墾區，由於連年海水的侵蝕，土地流失；加以下淡水溪「兩岸相距三里許，夏秋水漲，或寬至四、五倍不等。沿溪田園盧舍，常被淹壞。」（盧德嘉 1895:50）所以一遇水災，溪水下注，海浪拍岸，致使部份墾地、家園迭遭陷沒。王爺廟即因水患之故，隨著居民的移居而多次遷移：先遷到鎮海里，後來鎮海里及其廟基又遭海水沖蝕，才再次搬遷到目前的東隆里。

民國六十六年重建以前的東隆宮舊貌（正面）

民國六十六年重建以前的東隆宮舊貌（右側面虎邊）

早期東隆宮的興建情況記載不詳，目前所知的凡有清咸豐、光緒、光復初，較近的一次是民國六十六年重建，迄七十三年竣工，前後七年。咸豐時期的興建曾流傳有一則神木漂來的神奇傳說：「據說王爺化身為老者前往福州挑選福杉，吩咐印上『東港印記』後拋入海中自會漂來。木材商發現翌日木材漲價，想要反悔，後來經老者的顯夢，才如約拋入海中，結果漂至崙仔頂（今鎮海里）。木材商後來親來東港私訪，才知是王爺顯靈。後經崙仔頂釀酒的蕭光山以牛車運載，另一同業洪足烏負擔經費，遵照神示於鎮海里建成巍峨的東隆宮。凡此所說的化身購買木材、飄來海邊，都屬於神木漂來母題，也符合東港船仔頭原為木材上岸處，稱為「杉仔港」的港口特色。這段傳說中蕭、洪兩人的熱心建廟事蹟，標幟著咸豐重修的歷史事實。第二種史料則是盧德嘉《采訪冊》所錄的，說是「光緒十三年陳順源號募建，十七年洪朝輝重修」，共建成「屋九間」，是當時屏東王爺廟中規模較大的一座。第三次則是民國三十六年，因清末到日據時期，異族統治壓抑本地人的信仰，加以戰亂失修，廟貌已呈衰頹之勢。臺灣光復之後，地方仕紳即著手進行修建，乃由蔡糞擔任管理人，林庚申、蔡朝取擔任總經理，陳聯豐、張萬寶任會計，在地方頭人的贊助下共同完成。這次改建後規模壯麗，逾於前規，成為屏東縣較具規模的王爺廟，配合原本就有特色的迎王祭典，成為遠近馳名的廟宇，所以民國六十三年經屏東縣政府列為古蹟。

東隆宮於民國六十三年經屏東縣政府編列為古蹟

古蹟級的東隆宮也如同其他古蹟寺廟一樣，木結構有一定的年限，且殿宇較狹小，逐漸不敷所需，所以有人倡議改建，歷經一再討論後，乃決定於民國六十六年拆除重建，由重建委員會推動，大力募款，在各界善信大德的捐獻下，決定改建為現代化鋼筋水泥的結構，仿華南重簷式的殿宇。在改建的過程中仍保留可使用的舊建材，如木料與石材等，融合入新的結構中，特別是廟頂仍保留了木構建築。其間凡經七年，至民國七十三年始告竣工，並於該年仲秋隆重舉行「入廟安座」的入火儀式。依照臺灣廟宇落成的慣例，待內部裝飾完成後就要舉行慶成醮，民國七十七年恰逢戊辰科平安祭典，故一併盛大展開，一時蔚為地方的大事；三年後辛未科祭典又舉行醮尾圓醮，醮事科儀即由有地緣關係的林邊鄉崎峰村林德勝道長主持，在傳統的道教七朝「火醮、水醮及五朝清醮」科儀中，一心誠敬地祈求合境平安，東港興隆，為全鎮鎮民表達期待「東隆」的心理。

民國六十六年以後，重建工程進行中的東隆宮廟宇主結構完成情形。

民國六十六年以後，東隆宮重建工程進行中的木雕構件製作情形。

在宮廟建築完成之後，由於適逢臺灣的經濟發展良好，地方人士也在漁業生產及相關產業上獲致可觀的成就，整個社會具有較佳的經濟實力。而本

地原本的迎王祭典，在民國六十二年（癸丑）科以前，基本上王船是以紙糊竹構為主，在癸丑科正式改變為木造王船，華麗宏偉饒富特色，經由諸種媒體的大力報導，又逢社會各界熱心推動臺灣的民俗文化，「東港王船」因而成為本地祭典的標幟；而由祭典委員會制所推動的平安祭典，使外地有交陪的宮廟、本地的壇堂有意願前來參加，隊數增多，廟埕的面積就略顯不足。由於委員會組織的動員力，決定更完備地規劃廟前的空間，使之能顯現王爺廟的正大格局，並符合祭典所有的陣頭、王船羅列的實際需求，就朝向規劃廟埕及牌樓的方向進行。

東隆宮廟埕整建之前的舊牌樓與天壇（天公廟）景觀

民國八十六年，遷船繞境時王船經過雄偉的新建山門，構成了丁丑正科平安祭典的新圖像。

早先在完成正殿的醮事後，就決定拆除天壇、香客大樓，並於廟埕周邊構築圍牆，使廟前的活動空間為之擴大，然後再在正前方興建牌樓作為山門

，門內側左邊建一永久性王船寮，右邊則建戲臺，這一改建計畫經歷長久的擘畫、動工，在民國八十六年（丁丑科）迎王前舉行慶成醮。至此整體建設已大體完成，使慶成的水、火醮與迎王的送船，都能在廟埕上集合後，就堂堂皇皇地從山門進出，當宏偉的王船從山門中推出的一瞬間：金碧輝煌的牌樓、余大千歲的王船，配合後方堂皇的東隆宮，在擁簇的旗海、人潮中，構成了丁丑科平安祭的新圖象。此乃緣於東隆宮在廟宇重建主體建築後，能有計畫的進行規劃，而持續擴建廟埕前的廣場廊牆、戲臺、王船寮，使得東隆宮的整體規模更為完整，山門（牌樓）的規模號稱全臺第一，整個設計氣勢宏偉、富麗堂皇，而全面貼金箔（安金）的精緻作工，也讓整座山門望之金碧輝煌光彩耀人，至此東隆宮的整體建築結構始算完備。

一般言之，信眾感戴王爺的威德默佑，歷代捐資奉獻，以建造巍峨廟堂；而負責建造廟宇的工匠與藝師也莫不將最巧妙而美好的技巧與裝飾藝術一一表現於殿堂之上，使之彰顯出神聖空間的特色。讓信眾感受主祀神與陪祀諸神的神威護佑，在香火繚繞的殿堂中具有巍峨的氣勢。類此神祇透過有形的信仰空間，兩者一體共同凝聚為信仰力量，即是社廟表現其「以社會民」的社會、宗教性格。廟宇主體建築的設置，成為信眾許願、祈福及解厄的神聖空間：平常是個人與群體祈福還願的公共空間，在廟會慶典時則集體集會，表現其為信仰凝聚力的神聖場所。因而東隆宮前壯闊的廟埕，即是溫王爺神誕期前來刈香、進香的眾多神轎與香客聚集的最佳場所，也是三年一科迎王祭典時神轎與陣頭參拜展演的開放空間，乃是民俗表現其嘉年華會式節慶歡會的展演場所，其「鬧熱」足以吸引許多信眾前來。

故東隆宮擁有建置完備的神聖空間，以之彰顯溫府千歲的王爺神格。當壯麗的山門（牌樓）建置完成後，表示重建二十年的廟宇終於完全落成，乃於民國八十六年國曆十月十六日配合全國文藝季「東港王船祭」的開鑼典禮，並為雄偉的山門舉行盛大的剪綵儀式；又接著在十月十七日迄十月二十五日，舉行「九朝慶成水火祈安清醮」，慶祝廟宇及山門整體建造落成，禮請專業的道長以疏文上奏天庭稟知此一慶成喜訊，也昭告地方百姓及十方善信，並借此為地方祈福納祥、驅除邪祟，祈請天地眾神庇佑，使全鎮百姓得以「四時無災、八節有慶」；東港一地「風調雨順、合境平安」，這一平安和樂的生活情境，正是本次舉行慶成祈安清醮的基本宗旨。

東隆宮新建山門落成，配合八十六年文藝季舉行盛大的剪綵儀式。

清領之初東港地勢低窪，多屬平埔族（力力社、茄藤社、放索社）的活動區域，直到乾隆、嘉慶年間閩粵移民始日漸遷來，其後才逐漸發展成人口聚集的港口街鎮。當時泉、漳、粵籍的漢人先後入墾定居，尤其泉籍人士先到，因而形成本地頗具地方特色的聚落，各聚落內的廟宇與鸞堂也四處林立。其中東隆宮的溫府千歲，在傳說中被視為唐代救駕有功的忠勇之士，皇帝敕封為王爺，生前為代替天子巡視天下的大臣，其後溫王爺及其義結金蘭在海上罹難後，才被皇帝追封為「代天巡狩」，成為沿海閩疆的海上守護神。東港的位置濱海，居民多從事漁業或經商，常往返海上，需冒著風浪之險；加上寄寓東港後，又需面臨瘴癘之鄉的肆虐，因而仰藉神靈默佑乃是自然的趨勢。溫府千歲即是神靈威顯，其信仰活動漸趨繁盛，民眾深感其護佑善信的靈顯事蹟，故王爺信仰興盛不衰。

自清代以來，溫王信仰逐漸散布全臺，分靈廟眾多，這些廟堂與東隆宮歷屆的執事長期交往，形成諸多的交陪廟。每逢溫府千歲的神誕慶典、或是三年一科的迎王祭典，多會特地前來共襄盛舉，可見溫王信仰強烈凝聚著東港子弟與外地信眾的情感。東隆宮悠久的歷史與擴建迄今的規模，具體展現出歷代信眾對溫府千歲與代天巡狩諸千歲的感念，故其信仰至今臻於鼎盛。諸善信長期以來奉獻其個人的財力與人力，捐資奉獻，建造巍峨廟堂，以彰顯出溫王爺與諸神的神威護佑。這次建置完備的東隆宮為了慶祝山門及廟埕的整建完成，因而舉行盛大的「九朝慶成水火祈安清醮」，為地方植福納祥，祈求合境平安，期望能帶來更多和樂安祥的新氣象。

⊙本篇作者／李豐楙、李秀娥

【貳】溫王神蹟篇

溫王成神的諸多傳說事蹟，早期也許是從「內地」隨著移民群流傳過來，被保存在新墾拓地上。不過環繞著溫王及其結契金蘭所形成的信仰與儀式，東港地區的移民又會「在地」繼續創作新傳說，借以合理化其信仰行為。其中最能表現出民眾關心的問題所在，就是溫王爺的擇地建廟，在卜建之後不僅發展為東港本地信眾的信仰核心，而鄰近聚落有交陪（交往）關係的寺廟也常有往來，自然形成溫王爺的祭祀區域內所共同流傳的神話傳統，同時也擴及輪值蒞境諸大千歲的巡狩區域。這些神蹟的廣為流傳，不管是東港在地，抑是相鄰區域，所有的信眾為了支持、肯定其信仰，就不斷創作出諸多具有在地色彩的神蹟神話。這些至今仍不斷流傳的地方聖跡傳說，從東港的地理變遷、東隆宮的遷移改建，就可理解其創作活動的緣由及其中所隱藏的深刻意義。

【一】王爺示現，神木漂來

在民間信仰的神蹟中，「神木漂來」母題為神靈顯聖的象徵，民眾常以神木漂來顯現神明蒞降的神異性，以之作為神靈降臨及肇建宮廟的依據。它也曾流傳於東港地區，〈溫王傳〉就記載康熙四十五年（1706）：「東港海岸上，發現神木漂來，神靈顯示溫王欲在臺灣定居，放棄飄浮生涯。」於是東港居民「將神木與建溫王爺廟」。基本上將傳說的年代定在康熙年間，不能簡單地只是解釋為東港人有意將建廟的時間推早的說法；而是反映出較早的移民年代，當時移民較不易適應的，就是瘴癘及水土不服，在淡水河的下游當時是多厲、多癘的地區，故需由官方設置邑厲壇、無祀祠祭祀，以使疫癘不生。從康熙二十三年起因區內港口形勢的重要，而開始設置下淡水巡檢司署後，初期即因「水土毒惡，歷任皆卒于官，甚至闔署無一生還者」，故有遷移駐所之議；直到五十一年巡檢趙元凱移建於淡水赤山之巔，才有「秩滿轉遷」的情況。所以康熙末葉東港居民所面臨的生存困境，促使他們攜帶溫王的香火前來，開始只建簡陋的祠祭場所，從移民開發史推測是符合事實的，不過在後來改建神話的敘述中卻出現了「神木漂著」的神蹟故事。

吳朝進先生所錄的就有一種較樸素的說法，其中所保存的即是東港人的共同願望：「最初王爺願在東港定居，是因本地人民，生活樸素，民情風俗敦厚，地靈人傑，願在此處庇佑民眾。各信徒相信

王爺是為地方造福，東港興隆有望，故王爺廟在當時稱為『東隆宮』，現鹽埔村尚有王爺𤲞（佃）地，其數相當可觀，當時王爺建廟在鹽埔村的溪東。」在康熙五十八年，由於大量的移民入墾，「兆民日眾，人居日廣」（陳文達《鳳山縣志》二），即設港東、港西二里，初期設置市街的地點即在東港溪西岸鹽埔仔莊的東方（約今新園鄉烏龍村），居民較早在此奉祀溫王並建有小祠廟。由於「神木漂來」說比較具有神聖性，也就成為其後建廟時將建材神化的母題，因而一再被地方人士所傳述。

傳文所載的神木漂來母題，本地人的傳說大多用以解說建廟的神蹟。時間是在原建於鹽埔的東隆宮被大水沖毀之後，因準備遷建而缺乏所需的「福杉」，因此傳出了漂來福杉的傳說，它至今仍在民間流傳。根據吳朝進所記錄的，凡有三節：「建廟王爺顯靈　化身訂購木杉」、「欲發橫財　商人得病」、「屢顯威靈　王廟落成」，此處即據以分析其情節結構：

(一)地點　福州木材行（臺灣民間以福杉爲建廟的上等木材，故地點也說成福州）

(二)化身　一個白髮蒼蒼、五部鬚、身穿深青色長衫、頭戴碗帽、腳穿草鞋、手執一枝黑骨煙吹、背一個包袱的老人。（王爺化身老者出場）

(三)購木　問明上等材價格，註明大小、長短、用途尺寸，然後付款。（木材符合建廟之用）

(四)運送方法　只要寫明「東港溫記」後，即抛入海中。（奇特的運送方式）

(五)老人快速不見。（神奇的消失方式）

【以上爲顯靈購木】

(六)老闆反悔　木材隨即漲價，老闆悔約而不出貨。（情節逆轉一）

(七)老闆惡夢發病　老人現於夢中催貨，老闆病倒。（情節逆轉二，懲罰毀約者）

(八)病癒奇蹟　急抛木材後，隨即病癒。

(九)木材漂來　木材漂至東港崙仔頂（上岸地點也是請王所在）

【以上爲神木漂來的主要部份，以老闆的反悔、受懲及兌現來強調王爺的靈顯。】

(十)老闆查訪　搭船到東港（爲揭開謎底的開始）。

(十一)漁民巧遇　有一長一短的香樟木先漂到小琉球，再漂到崙仔頂被拾作爲壓茅屋之用，入夜會發出一盞光芒。

(十二)老者顯靈　託夢「我是溫府王爺，奉命前來東港上任。」要求用香樟木雕刻神像

(十三)真相大白　兩人到廟中認出王爺的神像即是夢中所見的（揭開老者身分之謎）

在民間文學中特別是與神仙有關的，化身顯現為一種奇幻的表現手法，一方面讓閱聽者在逐漸揭開謎題的追索中體會到其中的趣味；一方面讓智慧老者的原型性人物出場，用以象徵一種超自然的能

力。類此神木漂來的神蹟故事，其實是象徵神靈的再度蒞臨，民眾乃將它複合於建廟傳說中，解說了木材、廟宇的神聖性，也再度增強了王爺的靈力。由此可見民間傳說所具有的靈活、自由的創作力，常會有意組合多種的資料來源，所以神木漂來用以雕像、建廟，乃是一種「層累地積成」的神話傳說現象。

東隆宮曾在民國三十六年再一次重修，由於修造廟宇乃是地方上的大事，就會傳出一些相關的傳說再度賦予新意義。由於年代較近，因此再度發生的建材神話也略有改變：發起改建者及前往購材者都有確切的記載，即林庚申先生其人其事，而發生地點則是在嘉義，也是光復前後阿里山林場的木材集散地。這次木材商陳老板（闆）也是在收取定金後，同樣又發生檜木行情漲價而反悔的事情。經管理人林庚申稟告王爺後，陳老板就無緣無故地生病了，病中夢見老者現身加以警告；先是不聽，經交涉無效後，陳老板及其妻均一同看見一位老者再度示現，給予告戒，終於讓木材商悔悟而如數交貨。在這一則中將購木一事同樣結合木材商反悔和王爺於夢中示現，可以看出從難題的製造到解決，都是東港民眾有意將建廟的木材神聖化，借以彰顯神明的靈顯。在民間流傳的建廟傳說中這是常見的類型，用以象徵一座公廟的興建需要凝聚地方上的人力、物力，而每次改建也都需要重新加強其對神明的信仰力。在臺灣的村鎮社會中，類此宮廟間隔甚久才需要再度進行的興建大事，民眾常會創造出新的神話傳說，借以支持、肯定他們的共同信仰，因此需要經由一連串的語言、動作的象徵以合理化其行為，由此凝聚、整合聚落內民眾的向心力，共同完成一件龐大工程的繁雜大事。

東隆宮現任董事長之父林庚申，是東隆宮於民國三十六年重建工程的主要負責人。

【二】吉地建廟，王爺護境

在國人的民俗信仰中，風水地理的講究是基於

神聖宇宙觀的和諧而有力，如何經由各種大小宇宙的配合、感應，產生一種比較有利於人的位置和方位。廟宇常是與角頭或全地區的共同命運有關，因此如何點到一塊比較有利的好所在，就成為大家共同關心的問題，因為這是命運共同體的象徵。在東港的移民史上，東隆宮的遷移是與東港的自然環境的變遷、人文環境的形成有密切關係的，因而為了「東港興隆」的共同期望，在本地就流傳有兩種風水傳說，用以解說東隆宮的建廟地理所具有的神聖性與神秘性。由於深具本地風光，將這一則則風水傳說放在東港的開發史上就可解讀出其中所透露的隱微意義，正是東港人期望借由東隆宮的命運表現出大家心裏深處的的共同願望。

第一則是有關東隆宮較早建廟的地理傳說，流傳的時間較早。由於東港的地勢低窪，河流貫穿於區內，即承受下淡水溪、東港溪及後寮溪諸溪之水，也常受海潮侵蝕砂岸，所以一遇大水就易於氾濫成災。在光緒二十年東港曾遇到一次較大的海嘯、山洪，因而就傳出了海螺穴的傳說。吳朝進先生曾有一段質樸而有趣的文字敘述：

> 當時王爺廟建在鹽埔村的溪東，惟該處沒有防浪設施，致砂土年年被海水沖崩。不久王爺廟便沈浸在水中，且在廟基四周起浪，附近民眾已遷居安全地帶，只有王爺廟屹立在海中，但廟基勢將崩陷。由本鎮一位篤信王爺的信眾登高一呼，大喊「搶救鎮殿王爺神像要緊！」眾信徒本是王爺信仰的，急駕駛竹筏將下頭角（今之豐漁里、興漁里及鎮海里之一部份，俗稱浸水莊仔；暨八德里、朝安里各一部份）所有之大轎（神轎，現在存放在東港區漁會舊辦公廳，已破壞，且有一百餘年悠久歷史），準備將神轎之頂蓋掀起，欲將王爺鎮殿神像載走。受強風巨浪所阻，竹筏靠近廟基時，惟前殿被巨浪襲入，無法進去。改道設法搶救神像，費盡九牛二虎之力，終將神像安置在神轎內划走。離開廟時，忽聞雷鳴之聲，瞬間廟基無影無蹤，崩塌海中，波浪沖天，正是「霹靂一聲驚巨響，水花浮騰滿天飛」，此乃奇蹟。在廟基之下，海螺成群，密佈海面，（據稱廟基下層是海螺穴，俗稱倒退嚳穴），游回入大海，當時搖鐘網魚，漁民在三天內爭取捕獲海螺甚多，此乃奇蹟。

文中所稱的一位篤信的信徒，本地人有說是林合的，即前往嘉義購木的林庚申的先人。這段搶救溫王爺神像的事跡至今仍流傳於東港地區，就是海螺穴的舊址，至今也仍有人會遙指鎮海里東邊的海面，說是海螺穴的所在。將海螺聚集於廟基的自然現象，轉化為王爺廟的聖地神話，確是濱海居民基於夙來的知海習性和海洋信仰所附麗而成的，頗能表現漁民對於海中生物及企求守護神信仰的想像力。

光緒二十年，海嘯沖毀位於崙仔頂海邊的東隆宮舊廟時，搶救出溫王爺金身者，據傳即是現任董事長林雲騰的先人林合。

第二則即是發生在目前東隆里的現址，據當地人說是「遵照神示擇地」的，這是民間不經風水師堪地而由神明指示的擇地法，而其靈驗性也比較高，吳朝進也曾記載新廟址的穴地傳說：

自建廟竣以來，東港地區地勢較為低窪，每逢潮滿期間，常有海水倒灌，山洪急洩之水患時，民屋普受侵襲之苦。惟東隆宮從來沒有浸水，此乃是一大奇蹟，此地勢地理乃為「浮水蓮花穴地」。

在正殿前的廟埕前方有些地勢較低，故在建廟前曾由鄰近的農村如下廍、三西河等有牛車的村落，發動運土來填實廟前較低窪的廟埕。農民基於對王爺的信仰，大家都熱烈地參與這一神聖的任務，所以其後千歲爺蒞境所巡狩的區域也就包括相鄰的農村，表現王爺神威所被之「境」。

東隆宮正殿與後殿之間的水池，即為象徵「浮水蓮花穴」的吉穴所在。

從東港祭典史言，較早還有南州鄉曾到東港請令牌回鄉舉行祭典。有關南州與東港的關係，從自然地理環境言，原是具有相互補益的一個文化、生活生態區，所以原本的交情、交陪關係也甚為密切。由於南州未靠臨海邊，故特別前來請令；後來才因人事糾紛、因居民意識的增強而中止。對於這一種較早期交情傳統的記憶，就曾有一位熟悉鄉史、地理的耆老說了一段發人深省的地理傳說：指出東

隆宮所得的穴是蓮花池斗燈穴，其蓮花脈理是與鄰近村落聯接的：據說南州有一水池（今為塭仔）常會生長蓮花，為整支蓮花的頭部；其莖部伸展，經過牛埔仔；而根部則在東隆宮所在的穴地，所以東隆宮也是整個東港的根基所在。稱為「蓮花池斗燈穴」，也就是它關聯東港全體居民的共同命運，溫王爺在此吉地上坐鎮，也就成為一種命運共同體的象徵。廟中一位年長的執事者就曾特別指出：新建東隆宮的臺階常會顯現有水痕，即為地氣的發揚；而正殿與後殿之間至今也特別留有一座水池，就是象徵吉穴的所在。

從東隆宮的多次遷建都是與東港居民的開發、建設有密切的關係，在市街形成史上，不管是木結構或慶成的鋼筋水泥仿華南重簷式建築，都成為東港地區的一處地標，其巍峨高聳的飛簷、富麗堂皇的黃瓦，以及鐘鼓樓敲鐘擂鼓時聲音所及的區域，都會讓全體東港鎮民產生一種共同體（community）之感，在視覺或聽覺上，全體共同體的成員都能遙遙仰見翹起的一彎飛簷、或在鎮內的任一角落遙聞鐘鼓交鳴的悠揚聲音，凡此都使大家在社區內相互具有一種連帶感。因此東港地區所傳播久遠的風水傳說，更加深了大家對這座神聖場所的一體感，蓮花的根部越是強而有力，所發的蓮花也就越能臨風生姿，象徵共同體的命運也是大家共同的榮耀——而斗燈即是大家「元辰煥彩」的象徵。所以在東港平常市街的開闢、鄰里房舍的設置，舉行祭典時特別搭建的牌樓、懸掛的燈彩，也就是由此中心輻射向東港的各角頭，構成溫王爺所管轄的整個境域，它同時也是輪值王爺蒞臨巡狩時全體居民期待平安的「闔境」。

東隆宮巍峨高聳的殿宇建築，在廟宇落成之後即成為東港地區的地標。

對於神廟、神像的堅定信仰，是民間社會精神文化的具體表現，也是一種民族文化的象徵。所以在日本統治臺灣的時期，對這一種蘊含民族精神的祭祀文化就一直想要予以壓抑甚或消滅，因而曾發動一次「萬神昇天」的舉動，想借此焚毀神像，最後雖不果行，但仍在臺灣人的心理上留下了一段深刻的記憶。東港曾流傳的溫王爺神蹟傳說中就有一個關聯及此一毀廟焚神像的行動：

> 在日據時代，日人曾屢次想將全省的大廟加以拆除，並將神像予以焚毀，而東隆宮亦不能倖免。當地警察機關有一天派了一位警察擬將王爺神像拿去焚毀，可是一時肚痛，返家後，竟不治而死。這件事無疑地增加民眾對王爺的信心，後來日政府以民眾抗議日趨激烈，拆除該廟之事遂罷。

類此神明懲治惡徒的傳說類型在日據時代常見，尤其懲罰的對象正是象徵日本威權的「警察」形象，其實只是民間傳說中所反映的臺灣人對外來征服者的不滿和不平情緒。

總之，有關溫王定居、擇地及建廟所附麗的傳說，折射地反映出東港居民在移民、開發時共同的心理需求，大家對於共同信仰的溫王爺，自然會傳述其靈顯事蹟，也因之表現出全體居民借此關懷共同的命運，因此吉穴傳說正是當地人用以加強其共同信仰的力量。類此的寺廟地理傳說類型在民間傳說中是頗為常見的，它又常能適應不同地區的自然、人文環境而調整、創造出新的神話傳說。由此可見其傳承性與變易性，正是民間社會所自然參與的集體創作現象，在不斷地口頭傳播中繼續創作，而且每逢發生較大的變動事件時，就會刺激、引發新的創作活力。所以東隆宮作為溫王的鎮殿場所，其兩次擇地、兩次興建都有新傳說自然產生，民眾不僅以此展現其活潑的創作力，也借此加強、肯定他們共同要完成的鄉鎮大事。東港從過去到現在都能維持一個漁業兼農、商的鄉鎮社會，因而居民至今仍能保持傳統社會的信仰習俗，在充滿神聖而又神秘的虔敬氣氛中，一如往昔地敬祀神明，也一再傳播有關神明的神話傳說，深信其不可思議的神秘力量，確是與鎮內所有的成員都能息息相關，這是寺廟文化與民間傳說的關係，它具體表現了民俗文化的固有特質。

【三】神威顯赫，護佑鄉土

關於溫王爺在平常期間所表現的守護神性格，就是要維護境內的安全與安寧，保疆衛土，闔境平安，正是鎮民所仰望於王爺的神威所在。其中有一則神蹟故事是發生在日據時代，由溫王爺託夢於中

田憲兵隊長，讓這位日本憲兵隊長體認中國神明的神威：據說中田夜晚睡覺時，聽見有人要他急起「捉土匪，保護民眾」，經連番催促後，不得已起床，裝束武裝，帶槍騎馬，趕到土城（今東港中學對面即土城城門），看見「大群土匪被身穿武裝、前胸及背後各書有『溫』字號衣者在後追趕，前面匪徒四竄逃走。」天明後查問民眾，才知道是「王爺派兵相助，始趕走土匪。」這是屬於神明派遣神兵相助的類型，讓日籍的中田隊長成為溫王神威顯現的見證者，這是民間常見的神明陰護居民的神蹟傳說。

其次即為神明收伏部屬類型，民間常傳說神明展現神威以壓服來犯的各種精怪、強人或其他法術高強者，使之成為座前的屬從，收伏來幫助其辦事。東港所流傳的是有一位澎湖的符仔師前來鬥法而被收伏的故事，其情節單元可排列如下：

人　　物：澎湖符仔師（澎湖至今仍以法師、小法出名）

法術能力：神通廣大，能驅神鬼及精通山醫命卜相。（法力高強則收伏之後越能奉獻其法力）

平素作為：常玩弄大小神明，與之鬥法；也常為人驅邪捉妖，除病安宅；但都拒絕報酬。（表示其人雖恃法自信，但本性不錯，作為後來成為神的部屬的伏筆）

作法方法：以雙手合掌抱拳遠遠地向神像打去，神像面上就會油漆脫殼，則其神永遠不靈威；又以腳上草鞋左右揮掃，神明即被驅集禁在大櫃內，經人聞到呻吟聲，才請法師釋放出來。

前來試法：聞悉溫王爺神通廣大，就渡海前來，準備較量一下。

試法情形：到達東隆宮後，正要「舉手抱舉（指）打跨王爺神像，舉目見王爺神像五部鬚沖直，怒目圓睛。面部流汗」即伏地求饒。

返家結局：法師懇求「王爺公饒小法回歸，看見澎湖山，死亦瞑目。」果然渡海見到澎湖嶼後，即吐血而亡。

收伏成神：據相傳該法師係被王爺勸服，成為正神，在案桌前專司籤筒，協助王爺驅邪治病，山醫運途，懸壺濟世。

這類神明收伏部屬的情節常見於諸神傳說中，都是按照一定的敘述模式而發展其情節：凡有試法者、試法及鬥法的過程、被收伏後即安排成為部屬。民眾在敘述時，為了預伏其終將成為部屬的條件，一定誇言其法術高強、桀傲不馴但心地不壞，以表明其所隱藏的神性。而對於試法方法的重覆出現，顯示敘述手法的模式化，不過在面對不同的神明時，卻可能發生各種各樣不同的結局。類此素樸的口述文學自有其傳承技巧和規律，顯示同一情節單元的反覆使用，不僅是一種創造力、想像力的代替品，而且是經由模式化以期引發閱聽者的習慣反應

，讓講述者與聽聞者在瞬間的臨場感中獲得共享其質樸地「說故事」的趣味。

東港東隆宮香火鼎盛，為高屏地區重要的王爺廟之一；蔣故總統經國先生在行政院長院內，亦曾於民國六十五年七月造訪。

附錄一　溫王顯靈奇蹟

據傳說古時澎湖有一名符仔師神通廣大，能驅神鬼及精通山醫命卜相，件件皆靈。在當地時常玩弄大小神明，與之鬥法，小神不敵，大神懼怕、恐惶，神不在像、不安於廟。每以雙手合掌抱拳，遠遠向神像打去，神像面上油漆脫殼，則其神永遠不靈威。曾將該嶼的大小神鬧得神號鬼泣，有來歷之大神雖不怕，但也迴避其抱舉，可見其符法高深。

據聞有一次，將自己腳穿之草鞋左一揮、右一掃，將神明即驅集禁在大櫃內。有人聞大櫃裡有如人呻吟之聲，民眾探知符法師作祟，乃代向他講情，始釋放，化一道清風飛出去。且常為人驅邪捉妖、除病安宅等工作，均拒絕任何報酬。該法師為顯示其法力高深，所向無敵，自恃其才，到處驅神捉鬼自樂。聞悉台灣東港東隆宮溫王爺神通廣大，曾化身到福州訂購建廟用木材，一定是尊神通靈威大神，香火鼎盛，來頭不小，欲與之較量一下。故隻身渡台，訪問至東港，問明東隆宮，有人跟他進入廟內，但見該法師一見鎮殿王爺神威，自思名不虛傳。既到非做不可，準備舉手抱舉打跨王爺神像。舉目見王爺神像五部鬚沖直，怒目圓睛，面部流汗。此時該法師騎虎難下之勢，進退維谷時，見勢不妙，為顧生命，伏地求饒，說：「王爺公饒小法回歸，看見澎湖山，死亦瞑目。」旁邊好奇民眾不知底細，默默而觀。據聞該法師渡過台灣海峽，看見澎湖嶼之時，在船上大叫一聲，口吐鮮血而亡，符法師（得）到此下場。據相傳該法師係被王爺勸服，成為正神，在案桌前專司籤筒，協助王爺驅邪治病，山醫運途，懸壺濟世，使王爺愈靈威。

⊙本篇作者／李豐楙

【參】建築格局篇

丁丑年（民國八十六年）東隆宮新建山門（大牌樓）成，始於民國六十六年的整體空間整建，終於告一段落，至此達到歷年來最為完備的格局。這項歷時長達二十年的整建工程，對具有悠久歷史的廟宇來說並不是最久的例子，但在整個台灣傳統廟宇建築史上，仍是相當耗費時日的過程。尤其在台灣近代經濟繁榮、建築技術驟進的八十年代之後，其整建過程愈見其工程規模的浩大。從新建山門以至廟宇建築主體的後殿，成縱身主軸線格局的東隆宮整體建築空間，面積凡有一千七百二十八坪，若與其他大格局的廟宇相較並不是規模最大者，但在東港地區則是其他廟宇所無法望其項背的，因此壯觀的牌樓、深廣的廟埕以及高聳的祭祀空間，已是東隆宮建築空間的特色。這三項特點能夠齊聚的，在全台廟宇中也是少見，尤其是此次新建落成的山門號稱全台第一，其規模創下傳統牌樓式山門的紀錄。因此本宮特地舉行一場「九朝慶成水火祈安清醮」，上稟上蒼、下告黎民：此一建築上的壯舉並標示二十年來整體建築空間的整建完成。

【一】格局完整，恢弘大度

東隆宮整體的建築空間格局，遵循著漢民族傳統宮殿式建築的成例，以縱身長、橫面窄的型態，將各建築主體或空間依縱身中軸線成左右對稱分佈，由前至後分別為：山門（牌樓）、王船寮與王府戲臺、外廟埕、廟埕左側的淨瓶觀音像以及王馬與馬伕像、水溝（王爺腰帶）、東隆街、旗杆、四天王像、石獅、台階、內廟埕、銅獅、前殿（包括中央的三川殿以及左右兩側的龍虎廳）、金爐（龍廳左側）；然後是拜殿、正殿及左右兩廂（兩廂樓上建鐘鼓樓各二座，後面一組屬天壇）、後天井水池；後殿（三層、三樓為天壇）及後殿左右之廚房及廁所等（東隆宮平面圖參附圖）。在由組群分佈所構成的格局，東隆宮除了祭祀空間的主體建築（從正殿到後殿）與整體空間相較略顯窄促之外，整個空間格局可謂相當完整而合乎傳統型制。尤其從正前方透過山門門拱望向廟宇主體，其視覺上的穿透感予人優美但又恢弘大度之感；而由山門門拱、中軸線兩側與盡頭的建築屋頂等所交織而成的線條，也構成了多采多姿的天際線，故成為相當動人的廟宇建築空間之美的新例。而在縱身狹長的空間格局中，兩組最高聳的建築體——山門與廟宇，一前一後的建構足以增強整體空間的完整性；而從廟宇前殿步口望向山門，其恢弘大度的空間格局，亦能予人建築藝術上的「狀美感」。

東隆宮建築格局，採傳統宮殿式建築之中軸線式前後佈局，圖為由山門望向正殿之宏偉景觀。

整建之後的東隆宮廟埕寬敞，靠近山門之左方為新建的王船寮，右方為王府戲臺。

東隆宮建築群的座向，在現址初建時即採坐東朝西，面向東港溪出海口的方向而建，這也是在台灣廟宇建築傳統上，除了坐北朝南之外最常採用的座向。坐東朝西的方位是因為在台灣本島的自然地形，東為中央山脈、西為西部平原與台灣海峽，故有大環境「地理」上的考量；此外西方也是閩粵之地，是台灣漢人血緣文化的根源，因此西向的座向亦有濃厚的信仰根源上的認同感。此凡源於閩粵祖籍地的唐山情結，曾是以「移民」性格著稱的台灣傳統漢人文化的主要特徵之一，自然也會反映在台

灣漢人所創建廟宇建築之上。類此面向西方漁港的東隆宮，也標示著溫王爺護衛泰半以漁業為生計的東港善信，地方耆老更希望仰藉溫王爺的庇佑，能使東港地方隆盛，這也是「東隆宮」名稱的由來。

在東隆宮建築群所建構而成的整體空間格局，中軸線盡頭的祭祀空間建築——殿堂即是空間中的主體。其建築主體座落於民間舊稱的「浮水蓮花」地理之上，整體建築群為四周環形馬路所圍繞，並築於高約一公尺的基座之上，亦有便於防洪的需要。雖然殿堂建築群在佔地面積上與整體相較略顯侷促，但建築群格局堪稱完整，仍保持著傳統四合院殿堂式建築的組群模式，為一平面縱身三進式，混合第三進（後殿）樓宇式之閩南式風格廟宇建築。正殿為前後殿及兩廂所圍繞，第一進前殿正面分為三坎，中間一坎為三川殿，闢有三門是通向正殿的主要出入口。左右兩坎各為龍虎廳的獨立式祭祀空間，龍廳供奉境主尊神，三年一科平安祭典期間則移作為「中軍府」；虎廳供奉水仙尊王，平安祭典期間則將境主尊神移來同祀，丁丑科則作為溫府千歲的臨時行宮。其次龍虎兩廳在後方靠三川殿處亦留有與正殿相通的出入口，故就外觀而言前殿三坎成為三座並列殿堂的態勢，亦可視為「五門殿」，這是民初以來台灣新建或重建的規模較大廟宇所喜用的作法，遠望之下顯得尺度恢弘而有大廟的氣勢。

東隆宮正殿區分為三坎，成為宏偉的「五門殿」大廟態勢。

在三川殿之後由一座軒式拜殿與正殿相接，由於縱身深度不足故而正殿與前殿之間無法有預留合院建築主要特徵——中庭的足夠空間，這也是台灣近代廟宇的趨勢之一；所幸拜殿並未完全遮蓋住前

院的空地，在與兩廂之間尚留有狹小天井（龍虎井），而不至於使祭祀空間過於陰暗、悶熱。龍虎廳之後為半開放式的兩廂（護龍），分別闢為販賣部、油香部以及預備空間，而正殿與兩廂之間亦各置一深長小天井（日月井）並設置洗手台，增強了採光性及祭拜上的方便。正殿神龕區分為三個部份：中央主神龕供奉溫府千歲，供桌周圍並置高度及腰的木製欄杆，以維祭祀空間的聖潔；左右神龕則分別供奉註生娘娘與福德正神。正殿之後隔一小中庭與後殿走廊相接，中庭闢一座半圓形假山水池，中間置一尊站於龍頭上的魚籃觀音像，緊貼正殿後檐牆面向後殿而立，水池中並飼有各色錦鯉，俗信水池即為「浮水蓮花穴」的中心。

東隆宮正殿與兩側護龍之間留有日月井，圖為由天井仰望後殿天壇之景觀。

東隆宮正殿供奉主神溫府千歲，兩側偏龕供奉註生娘娘與福德正神。

後殿為三層騎樓式建築，一樓闢為辦公室、接待室、會議室等場所，二樓中央神龕供奉六眼造型的倉頡聖人，左右神龕則供奉至聖孔子與亞聖孟子神像，並兼做圖書室、閱覽室空間。三樓天壇為原位於山門現址位置的天公廟遷建而來，中央供奉玉皇上帝，兩側各奉祀南斗星君、北斗星君、太上老君、觀音佛祖及值年的太歲星君。在傳統慣例中，廟宇建築群通常以正殿最為高聳，以示對主神的尊

崇，近代由於廟宇建築有日漸往高度發展的趨勢，乃有將後殿建得比正殿高的情形，但須是主神為天公（玉帝）方能為民間所接受。故東隆宮後殿的天壇即奉祀玉皇上帝為漢人傳統信仰中的至上神，雖然在高度上比正殿高，並不違反民間一般的認知。

東隆宮後殿三樓為「天壇」所在，主要奉祀玉皇上帝。

除了作為祭祀空間主體的殿堂建築群之外，前殿之前為石板鋪地的內廟埕，兩側置青銅製仿故宮石獅的北方式坐獅一對。銅獅高約一丈，左雄右雌，雄獅做戲球、雌獅做戲子狀，為民國七十一年頂中街施媽福率三子所獻。內廟埕前以七級石階拾級而下，石階之前為外廟埕的範圍，石階盡頭兩側置高約三尺之南方式石獅一對，標示著內外廟埕的區隔；石獅之前有一丈尋高的石雕四天王像，護衛廟宇的。從石階前以迄山門為外廟埕的廣闊範圍，外廟埕為橫過廟宇前方的東隆街所分割，靠近廟宇一段與內廟埕現加蓋有鐵架浪板頂棚，有舉行重大祭典如建醮、平安祭典時，作為祭拜空間之用。廟宇左前方靠東隆街處置有標示著主神「爵位」的旗杆一座，旗杆約有四層樓高，立於高約八尺的兩層式水泥造須彌座之上，座上有民國丁未年（1967）前任管理人林庚申所署的勒石文字（參宮廟裝飾篇所列），紅色的圓柱形旗杆下粗上細，上段置二方斗，斗身分別書「國泰民安、五穀豐登」並各插五色五方旗一組，下段裝置相對的上龍下虎雕像，高聳的旗杆與廟宇結合成為一個整體建築群，表現出王爺廟莊嚴堂皇的氣勢。

廟前過東隆街後有一水溝被認為是王爺的「御帶」（腰帶），中間一段加蓋做為通道，水溝兩側以石造欄杆圍護，使得靠山門一大段的外廟埕空間更形完整，平安祭典時更鼓亭即置於靠東隆街一方的欄杆之後。外廟埕左側水溝欄杆之前有青銅製王馬及馬夫像，為台南三寮灣東隆宮所獻，王馬前為圓形小水池，池中置石雕淨瓶觀音像，其間並植有老茄苳樹兩株；右側則以圍牆與民宅相隔。外廟埕的前半部靠山門處，左有王船寮、右有王府戲臺，為形式相同的長方形、單簷歇山頂式建築。緊接著兩座建築之後即為中軸線最前端的山門；山門前為光復路，路中原為大排水溝，為王爺三條腰帶之一（第三條在廟宇後方），現已在正前方一段加蓋，做為通道和大型車的臨時停車場，亦使山門前方多出一片寬闊的活動空地，在視覺上亦較為完整而宏偉開闊。

廟埕左側立有青銅鑄之王馬及馬夫像，為三寮灣東隆宮所獻。

王馬像與王船寮之間置有立於圓形水池中的石雕淨瓶觀音像一尊。

綜觀東隆宮整體空間的格局，約略依中間一條主軸線而前後、左右次第分佈，由山門前方往廟宇主體運動，則兩側動線一縮（山門以及王船寮、戲臺）、一張（外廟埕前段），再經一縮（水溝圍欄）、一張（東隆街），與又一組的縮（旗杆、四天王與石獅）、張（內廟埕），最後至廟宇前殿之前，此三組比例不一的縮、張現象，構成了一個大小（陰陽）有致的動線，充分傳達出傳統宮殿式建築格局的空間藝術之美。故東隆宮建築空間的此一特點，在眾多座落於街鎮聚落內的廟宇中，也只有少數歷史較悠久的大廟如台北保安宮、萬華龍山寺、鹿港龍山寺、台南開元寺等方能具有如此格局。

【二】結構嚴謹，材精質美

台灣傳統廟宇建築體的結構，主要有屋頂、大木作、牆壁、內檐裝修、外檐裝修、柱子、欄杆台階等數個部份。有關建築結構在此即以各主要建築單體（前殿、拜殿、正殿、後殿、鐘鼓樓、山門）為基礎，就以上這些部份分別加以說明。首先在構成建築物結構素材方面，完成於民國七十三年的主體建築廟宇，屋頂楹樑仍維持傳統的大木結構方式製作，而牆體則是以鋼筋水泥配合疊磚、石材為主體，並大量混合使用近代化風格的磁磚，在材料使用上除了具有傳統木構建築的特色之外，故大體而言，雖然具有幾分的現代風貌，但仍不失傳統木構建築的輕巧優美感。此次改建負責東隆宮廟宇外型設計者為屏東的資深建築師梁紹英，而整體建築結構的設計施工則為梁紹英建築師與其子梁嘉宏合作的成果。

❖ 前殿

第一進之前殿正面為進入廟宇的第一道關卡，亦是視覺上所關注的焦點，由於位置顯著，故較為一般廟宇及營造的匠師所注重。東隆宮三川殿與龍虎廳正面前檐牆及廊牆的素材皆以石材為主，大木結構則以木構樑架混合鋼筋水泥結構，並以傳統木雕鑿花裝置。屋頂結構的豐富變化亦是近代台灣南方式廟宇的最大特色之一，東隆宮第一進三殿的屋頂結構皆採歇山頂架於硬山頂的「假四垂」式，中間三川殿的屋頂比兩側龍虎廳略微抬高，合乎傳統建築上中央高於兩側的主從原則。屋頂楹樑結構亦以木構為主，上鋪飾以傳統板筒式琉璃瓦及剪黏裝置，楹榱結構則幾乎成為純粹裝飾的作用。傳統「假四垂」屋頂在上層歇山頂與下層硬山頂之間，通常會預留採光、通風空隙以利香煙的排出，東隆宮也不例外。

在樑架結構上第一進三殿皆採二通三瓜五檁式疊架而上，中檁繪置太極八卦以為厭勝設施，檁柱及瓜柱皆顯得粗大，以配合鋼筋水泥結構的厚重感。三川殿的前檐牆大楣之上以獅、麒、象、豺各一對並列為斗座，斗座之上依例做數層連栱直上二架檁之下，而在斗座連栱之前並做斜上的斗栱網目、垂花吊籃與三架檁相連，是近代做工較為考究的廟宇常見的作法，網目之前中央置直書的「東隆宮」匾。前檐樑（壽樑）上亦置四獸斗座及斗栱網目，垂花吊籃、人物豎材點綴其間，顯得十分華麗，斗栱皆由直向與斜出的兩種造型各異的螭虎栱所構成，但龍虎廳的斗栱結構則由直向的螭虎栱與斜向的曲形如意栱結成網目，與三川殿的網目結構形成不同的變化。

東隆宮三川殿正門之上網目結構華麗考究，中間置「東隆宮」直式匾額。

第一進三殿的步通上依例作獅座代替瓜柱來承載樑架，三川殿步通上的獅座為左獅右象配置，步通下作木雕員光，步通於出檐柱處作木雕裝飾的豎材、吊筒、雀替，員光於出檐柱處則作成標準的螭虎栱，兩側廊牆頂端亦作單面露出的獅座、步通、員光等結構以及雀替、吊筒、豎材等裝置；龍虎廳的步通結構組作法類似三川殿，但獅座上瓜柱則於靠外側增作人物豎材裝飾。三川殿大通與點金柱之間作飛鳳雀替，二通之下看樠與一般傳統木構建築相較之下略為粗大，二通之上則作四層相疊之束木，使三川殿的大木結構顯得綿密厚實。東隆宮在大木結構上使用了相當多的螭虎栱，螭虎栱是傳統漳州派匠師在大木結構的主要特色之一，可見東隆宮的建築在結構上有相當明顯的漳州派風格。

東隆宮在大木結構中大量採用了「螭虎栱」造型，顯現出典型漳州派匠藝風格。

前殿由於在縱身深度上稍淺，故將前檐牆落於二架檁之下，而將前點金柱退後並隱於前檐牆之內，是異於傳統的特殊作法；因此屬於傳統寺廟三川

步口裝置重點的左右廊牆之龍牆虎壁寬度與面積，在東隆宮前殿中也略為縮短。此外，由於在建築物的高度上比傳統類似格局的廟宇為高，因此也在牆堵結構上增加了立面的分段，由上至下共分為六段之多，也是一般寺廟少見的作法。在柱子結構方面，第一進三殿的前檐柱皆作高浮鏤雕式雙龍石雕龍柱，且在廊牆靠前方的斷面也裝置相同風格的半圓形龍柱，這種作法似乎為近代新建廟宇所大量採用，成為一種新的裝飾趨勢。而三川殿的後檐柱亦作石雕龍柱裝飾，在一般傳統廟宇中也是較為罕見者。

東隆宮前殿牆堵高聳，立面區分為六段，是一般傳統寺廟少見的作法。

在裝修方面，東隆宮第一進三殿內檐裝修的頂棚皆採露椽的「徹上明造」方式。在外檐裝修部份，門是廟宇重要的進出口，因此門神裝置是不可少的廟宇守護力量。東隆宮的門神裝飾不同於傳統廟宇的平面彩繪門神，而是以木雕高浮雕並安金的方式，作成半立體式的門神；以木雕門神取代傳統彩繪門神，除了省去了一段時間之後必須重繪的困擾之外，亦使門神裝飾顯得突出而厚重，這似乎是晚近新建廟宇的趨勢。三川殿的中門與龍虎廳的大門門外依例設置左雄右雌、及腰高度的石獅一對，除了具有穩固大門的作用亦可發揮護衛廟宇的力量；三川殿兩邊門則作馬背形石枕各一對，亦是合乎慣例的作法。

❖拜殿

東隆宮拜殿位於三川殿之後、正殿之前，前後屋簷與兩殿相接，連成為不中斷的室內空間，而較顯不出一般傳統廟宇拜殿作為中介空間的特色。拜殿為一四柱的亭軒式建築，屋頂作成歇山式，這與一般傳統南方是廟宇之將拜殿屋頂建成捲棚頂式的習慣有顯著的差異；屋頂主結構為木構樑架所造，上鋪設琉璃瓦及各式陶燒與剪黏裝飾。拜殿在高度上比三川殿、正殿皆低矮些許，在正面寬度上也不

如正殿大，故未完全遮蓋住原屬於中庭的空間，而不致使殿內過於陰暗，亦利於空氣之流通。在大木結構上，拜殿的樑架亦採二通三瓜五檩式，四柱與大通、壽樑之間作木雕雀替，二通之下作浮雕看棈，二通之上則作三層相疊的束木，瓜柱與楹檩之間則作螭虎栱疊斗，使原本即顯粗壯的檩架結構更形堅固，也增加了檩架的美觀。

東隆宮拜殿棟架結構採二通三瓜五檩式，渾厚有力。

拜殿的四柱則作單純的圓形柱，上下同粗，柱頭作與三川殿後點金柱相似的蓮花座與蟠龍浮雕文裝飾，柱礩則作圓缽式造型，在整體建築中顯得較為秀氣柔和。

❖ 正殿

東隆宮正殿的屋頂形式亦為假四垂式，但在高度上比前殿屋頂高出許多，但由於為左右各兩座鐘鼓樓以及高聳的後殿所包圍，故在建築群中顯得遜色不少，不若一般傳統宮殿式廟宇正殿一般，具有高聳突出的型態特徵。正殿的大木結構為三通五瓜十三檩所構成，中間的歇山頂抬高處則為四點金柱所支撐，頂棚上結八卦形藻井，藻井的斗栱間並點綴以三十六天罡神將人物木雕豎材，顯得相當華麗、密實；點金柱與大通之間作鰲魚雀替，除了結構上的固定作用之外，亦作為厭勝裝飾設施。前點金柱與前檐柱（龍柱）間頂棚則作捲棚頂裝飾，這也是台灣傳統廟宇在正殿步口慣用的作法；捲棚頂左右步通上各置相向的獅象造型獅座各一對。

正殿牆壁內外壁面皆以白色磁磚鋪設，步口左右各留有通往兩廂的側門。兩側山牆的山尖處作陶燒人物與鑲瓷的額頭墜飾，但不若一般廟宇會在山尖處結合磬形壁飾留有通風口的作法；左右山牆下則作一道橫披式人物故事陶燒裝飾，使得大片以磁磚鋪設的山牆不至於太過單調。正殿是廟宇祭祀空

間的中心、重心，故一般廟宇在內檐裝修上都十分注重，東隆宮正殿的內檐裝修除了頂棚複雜的藻井之外，神龕隔斷的裝修亦極盡精緻、華麗之工藝手法。正殿以後副點柱與後檐牆之間的空間作為供奉主神溫府千歲的主神龕，這也是一般大格局廟宇慣用的作法；主神龕兩側作木雕龍柱與木雕花鳥柱各一對以及透雕螭虎紋飾的三腳花罩，上方則作斗栱網目裝置。兩側神龕則較主神龕為內縮，以示主從地位的區分。

東隆宮正殿以後副點柱之間作為主神龕所在，供奉主神溫府千歲神像。

東隆宮正殿於頂棚上結八卦形藻井，作工華麗、密實。

正殿的前檐柱（前副點柱）作二龍在上、二龍在下的四龍式石雕龍柱，在傳統廟宇中較為少見；而由於龍柱的柱身龐大，在不甚寬敞的步口空間中略顯得擁擠。除龍柱之外的四點金柱與後副點柱，則與三川殿及拜殿一樣作單純細長的圓形石柱，故不至於佔用了太多正殿寶貴的祭祀空間。

由於近代台灣街鎮在高度的都市化發展之下，建地取得日漸困難，故廟宇也由於地坪不足所限，加上附近民宅的高度亦有日漸增高之趨勢，更由於

近代建築技術的提昇之助，在建築整體比例上也有往高度發展的情形，這種在東港地區亦不例外。東隆宮的主體結構為鋼筋水泥配合木構樑架形式，由於在往高度上發展的技術限制較小，故殿堂內部更顯得高聳，給人在仰望時視覺上很明顯的崇高感受。

❖後殿

東隆宮的後殿在正殿之後，與正殿之間隔二門與一小天井，為三層樓宇式建築。後殿的三樓為天壇所在，在天壇走廊上可透過正殿與前殿裝飾華麗的屋頂眺望山門，天際線在紛雜之中自有另一種綿密的美感。後殿一二層前部皆作騎樓形式，三樓天壇則為殿堂式步口廊。後殿屋頂為歇山頂之上更加一層「假四垂」頂的形式，上小下大層層相疊，重重疊架的屋頂亦襯托出天壇主神玉皇上帝神格的至高無上。

天壇的大木結構的風格與裝置與前殿、正殿相彷，步口廊則較前殿寬敞許多。殿堂內各神龕之前通樑與點金柱間的大木結構分別作藻井頂棚。天壇三層屋頂的簷下皆裝置以由如意斗栱所構築成的網目結構，網目間並點綴以垂花吊筒與飾以三十六天罡的豎材裝置；步口廊上之大木結構作成三段式頂棚裝飾，頂棚周圍亦飾以與簷下裝置相若的網目裝飾。前檐牆落於前點金柱與前檐柱之間，正面留有五門，以示主神之尊貴；在材質與裝飾上亦以石雕為主，中門前則置一對石雕麒麟作為門鼓，在台灣廟宇中十分罕見，其他四門前則依例作石獅裝置。步口廊前以四根石雕龍柱作為前檐柱，使得步口廊顯得相當華麗壯觀。

東隆宮後殿屋頂在歇山頂上架一層「假四垂」頂，重重疊架的屋頂襯托出天壇主神玉皇上帝神格之至高無上。

東隆宮後殿於欄杆柱頭置麒麟塑像，形成一種相當特殊之視覺感受。

殿堂中分別闢為五段神龕，四根前點金柱是名為「春夏秋冬」的石雕龍柱，為東隆宮重建之前的舊廟文物。後殿二樓與三樓的走廊、迴廊外側以及兩側通往鐘鼓樓的通道，皆有鋼筋水泥造上鋪白色磁磚的欄杆圍護，欄杆面堵並以陶塑加以裝點，欄杆之上每隔數尺即作青銅外觀、玻璃纖維塑、頭朝下方的麒麟造像，作為柱頭裝飾，使形式單純的欄杆不致過於單調，而成排的麒麟裝置遠望之下亦在視覺上形成一種華麗特殊的感受。

❖ 鐘鼓樓

東隆宮在正殿兩側、兩廂之上建有兩組鐘鼓樓，左鐘右鼓。前面一組建於龍虎聽之後的一樓廂房之上，為溫府千歲府所屬；後面一組則建於靠天壇的兩層樓廂房之上，為天壇專屬。兩組鐘鼓樓皆作四方石柱、亭軒式歇山重簷頂建築，惟天壇鐘鼓樓的屋頂則一反慣例，作上簷寬大、下簷窄小的形式，與標準上簷小、下簷大的溫王府鐘鼓樓一上一下成為巧妙的搭配。唯若不瞭解東隆宮廟宇為溫王府與天壇合祀的特殊情形，乍見配置有兩組鐘鼓樓的東隆宮廟宇建築時，難免會有錯愕的感覺。

【三】山門宏偉，美輪美奐

甫於民國八十六年十月十六日正式剪綵落成啟用的山門（大牌樓），是東隆宮整體信仰空間新整建完成的一個里程碑，為執事者所特別重視。牌樓原址為舊天壇所在，天壇遷建合祀於東隆宮後殿之後，原址曾做為香客大樓與圖書館用途，拆除之後方於民國八十四年農曆正月間破土興建。山門的興建前後歷經兩年九個月的時間始完工，總工程費耗資新台幣八千餘萬元，其外型、氣勢確是堪稱全台

首屈一指，亦顯示出東港鎮、甚至是本省民間經濟力量之雄厚。山門位於東隆宮外廟埕的最前端，前方即為夾著排水溝的光復路，右方與另一座新修建的廟宇「溫府正修堂」相連，左方為穿過廟前九十度右彎之後的東隆街。故就近幾成空曠之地而無超過它的建築物存在，使山門在視覺上愈形突出，成為東隆里街區的另一個新地標。

新建落成的山門，是東隆宮整體建築空間整建完成的里程碑。

山門的造型大體延續近代閩南式建築風格，主體為鋼筋水泥結構並飾以石雕及安金木雕，其規模尺寸則創下台灣現有閩南式牌樓之記錄，目前堪稱全台第一。山門的造型亦為負責設計東隆宮廟宇外型的梁紹英的作品，木雕為東港本地的黃錦樹雕刻師率領其徒眾所負責；木雕部份的油漆按金亦是由本地的師傅陳銘誌、邱添瑞負責製作；至於石雕部份及屋頂（含剪黏陶燒等瓦飾），則為負責製作原廟宇瓦飾的北縣泰山徐俊三，故在外觀上頗能保持與廟宇一致的風格特色。

東隆宮新建山門為三坎式造型，各坎之上置一座單簷歇山式屋頂。

山門頂棚一景。

山門約有五層樓高，寬約三十公尺，其形式為三門、四組複柱、七頂式牌樓建築，正面分為三坎，各坎之上為一座單簷歇山式屋頂，中間屋頂略高於兩側，除區分主從之外，亦使正面外觀看起來穩重且有變化。在造型風格上大體可歸為閩南式，其型制又兼採用屋軒式設計，故其三座主屋頂為方形的歇山頂，而非一般牌樓式的狹長廡殿頂或硬山頂，再加上其門柱每一組皆為前後二柱式而成為有縱身深度的形式；但在正面寬度上要比進深大上許多，故就寬深比例而言，則予人帶有屋軒式山門的感覺。

東隆宮山門頂棚作木雕安金藻井結構，結構繁複華麗。

山門三門中的中門在寬度上與高度上都略大於兩側的邊門，四組門柱為方柱式，柱子四方飾以浮雕石雕，柱腳則鋪設及肩高的暗紅色花岡石板；各柱腳外側並置石獅，是傳統南方式山門的常見做法。門拱以上、屋頂以下的牆堵、雀替、楣枋等則作安金木雕裝置，各門的頂棚並作木雕藻井裝飾，內外皆顯得金碧輝煌，是傳統閩南式山門少見的作法。中坎屋頂下前後正堵前置黑底金字的「東隆宮」匾額，前後的邊堵則作圓底的「風調雨順、國泰民安」字樣，亦作黑底金字，顯得莊嚴穩重。兩側門柱之上更各作一屋頂，門柱之外並各作一小型護室

，上鋪琉璃瓦屋頂，故就側面看恰成三層由上向下順勢外伸的重簷屋頂，是一般牌樓山門少見的作法。另外山門三座歇山式屋頂之下亦仿木構建築作斗栱網目及雀替吊籃等裝置，雕鏤華麗精緻。

夜間的東隆宮山門，在燈光照射之下，特別顯出其金碧輝煌的景象。

台灣漢人的傳統信仰即是「社會」：以社會民進行祭祀，並沒有嚴格的教義與信徒組織，亦無西方制度化宗教之具有單一的教主或宗教領袖，因此廟宇即成為民間重要的信仰中心。由於傳統文化中具有濃厚的神靈信仰，再加上移民墾殖等類似因素的影響，凡有移民聚落的地方就有廟宇的建立，也會成為聚落的發展中心。因此以廟宇為核心的祭祀對象（神祇）、祭祀空間（建築物）、文物等，就成為認識台灣社會及傳統信仰的最佳對象。在民間文化中，廟宇因處於聚落中重要的公共空間之地位，除了是公共事務處理的中心，也因為比其他的公共空間較具有開放性與親和性，加以建築裝飾與文物的豐富，就成為重要的休憩中心、教育中心，故台灣傳統廟宇乃有民間的藝術館與社教中心之譽。

東隆宮即是東港地區歷史悠久的廟宇，也是街鎮內三座公廟中規模較大的一座；由於本地的居民對守護神溫府千歲的虔誠信仰，又加以本地有三年一科迎王平安祭典的活動，故百餘年來東隆宮早就成為東港地區的信仰中心。在台灣民間傳統中，一些歷史較為悠久且香火鼎盛的廟宇，通常都會有一些共通點，即是廟宇建築規模宏偉、廟埕空間寬廣、廟宇文物豐富等，在東港地區東隆宮在這些方面即是本地其他大廟所無法比擬者，甚至成為高屏地區、或南台灣的王爺信仰重鎮。

⊙本篇作者／謝宗榮

東港東隆宮建築空間平面圖

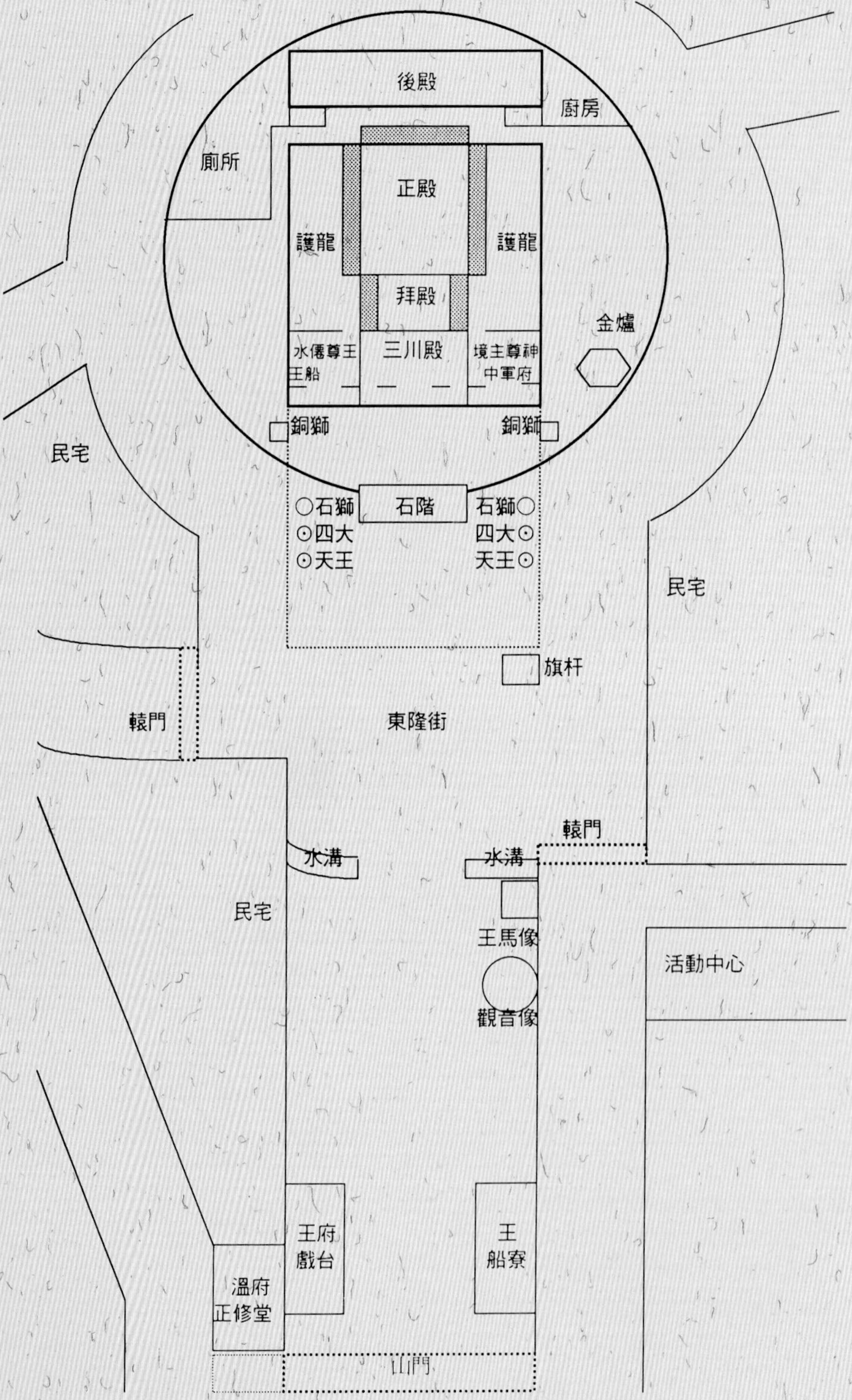

繪圖／謝宗榮

[肆] 宮廟裝飾篇

傳統閩南式廟宇的最大特色是重視建築體各部份的裝飾，尤其近年來新建或重建而財力較雄厚的，常將整座廟宇裝置得華麗繁複，其中又以各殿堂的屋頂以及前殿步口廊部份尤為裝飾的重點所在，經濟力雄厚的東隆宮自不例外。傳統中國式建築裝飾與西式建築裝飾最大的不同，是其裝飾乃源於緊密結合木造結構的組件而來，而非西式建築裝飾是在結構之外另行附加的現象，故建築體各部份的裝飾幾乎皆是就結構本身加以美化的作法。這種裝飾作法直到近代，由於鋼筋水泥漸漸取代傳統木構樑架成為主要承力結構，裝飾方有日漸成為附加而上的趨勢。但源於漢人傳統審美觀念的堅持，近代新建的廟宇即在建築裝飾上仍固持傳統外觀的風格，方不致使近代式以鋼筋水泥為主結構的建築在外觀線條上過於生硬，東隆宮的各建築體正是屬於如此折衷式之風格。寺廟即是祭祀性的公共建築，其意義也就包含了傳統漢民族的審美、習俗、信仰觀念，甚至是人生觀，凡此均反映在包括格局、裝飾在內的諸般建築元素上，尤其是各種成組存在的故事、人物、花草等裝置，除了作為裝飾上的審美需要之外更深具趨吉避凶、護衛廟宇的厭勝功能。寺廟的裝飾也因為視覺上的「可及性」而在不同的部位有主從、強弱的秩序層次之分；視覺上較為顯眼的部份如前殿的步口廊牆壁、正殿神龕、屋頂等，裝飾之量往往較為偏多，在做工上亦較為精緻考究，反之較不顯眼處如各殿的背面、側牆、廂房等則常會減低裝飾量。

【一】裝飾典麗，巧藝精工

台灣寺廟建築在裝飾手法上常見的凡有剪黏、泥塑、陶燒（交趾陶）、彩繪及木雕、石雕、磚雕等方式，但由於近代廟宇的裝飾漸趨華麗，再加上鋼筋水泥的比例結構增加，傳統木構、磚造建築較常使用的木雕、彩繪、泥塑、磚雕等裝飾也日漸減少，如前殿前檐牆壁堵的木雕窗櫺隔扇等多為石雕所取代，廊牆的泥塑、交趾陶、磚雕等壁飾亦為石雕所取代，大木結構、內檐裝修部份的彩繪裝飾則為木雕或按金所取代等。這種裝飾風格的漸變，近年來重建的東隆宮亦不例外，由新建的山門至廟宇殿堂，彩繪的減少使裝飾幾盡為石材與金箔等兩種主要顏色所二分。

屋頂的裝飾（瓦飾）在近代新建廟宇中，尚能保持傳統一貫的風格，以剪黏陶燒為主要的裝飾手

法，甚至漸有恢復增加交趾陶以取代剪黏的趨勢；唯由於鋼筋水泥結構承重力度之增加，瓦飾亦有日漸繁複巨大的情形，如近年新建廟宇的屋脊厭勝物（如龍、塔、三仙等）日漸巨大甚且佔滿整道屋脊之上，東隆宮的瓦飾情況亦不例外。而近年新加入瓦飾素材行列的磁磚，也為新建廟宇所大量使用，由於磁磚片缺乏傳統瓦片的弧度與曲度，裝飾風格偏於生硬，但東隆宮則磁磚瓦飾與新式剪黏陶片（乃專為剪黏用途而燒製，非如傳統的瓷器破片所剪成形）混合使用，尚稱精緻，頗有西式建築鑲瓷裝飾的趣味。

在裝飾原則上，傳統寺廟建築的裝飾原則，約可區分為：上下分段、左右分區、核心環套等三項（李乾朗 1976:80）。上下分段的原則用於直立面的裝飾，如牆堵部位可仿人體結構分為頂堵、肩堵、身堵、腰堵、群堵、基腳等部份；左右分區的原則用於橫面部位的裝飾上，如樑枋可分為中間的枋心（垛仁）以及兩側的垛頭等；而核心環套的原則即採層層相套、框內有框的作法，形成漸進式的變化，如各壁堵、窗櫺、神龕、匾額等部位的裝飾即是。

裝飾題材方面，傳統建築裝飾常用的人物文（故事、神仙等）、動物文（龍、鳳、獅、虎、麒麟等瑞獸）、植物文（牡丹、四君子等）、自然文（山川、日月、雲水）、幾何文（菱紋、卍字等）、器物文（暗八仙、旗、磬、瓶等）、混合文等等，亦為新建廟宇所沿用。而不論何種裝飾題材幾乎都有一個共通點，那就是吉祥、厭勝的意義往往成為裝飾的主要寓意，相當程度反映出傳統漢民族的信仰觀。關於負責東隆宮這些建築裝飾的主要匠師，凡有木雕：林榮坤（已故、負責前殿與正殿）、黃錦樹（後殿），石雕：東港的石進義、臺南的陳永隆，彩繪：臺南府城的丁清石、潘岳雄，剪黏（陶塑）：泰山的徐俊三等。

裝飾的主要部位也一如各主要建築結構一般，由上至下約略可區分為屋頂、大木作、內檐裝修、外檐裝修、牆壁、柱子、欄杆台階等數個部份。關於東隆宮的建築裝飾，即以各建築體為主，就上述這幾個部份配合各種裝飾手法、題材來加以說明。

❖ 屋頂

東隆宮的屋頂結構由於主要為鋼筋水泥配合木構樑架所構成，承載力度較諸傳統木構建築要增加許多，故各屋脊及其裝飾亦比傳統木構建築為巨大繁複，屋脊之上下馬路之間寬度加大，亦增加了裝飾的面積。主要屋脊如正殿與後殿最上一層歇山頂

正脊、山門三座屋頂正脊等，皆作成脊上加脊的「西施脊」，使屋脊顯得較突出。屋頂上的主要裝飾仍分佈於各屋脊之上，裝飾雖則繁複巨大，但尚不致過於綿密地覆蓋在整座屋頂之上，屋頂主要為黃色板筒式琉璃瓦所覆蓋，瓦飾則分在各正脊上方與脊肚、燕尾下山尖，以及戧脊上方和各垂脊盡頭的「排頭」部位。

東隆宮瓦飾以小片磁磚配合傳統剪黏方式製作，間飾以各種造型之陶燒人物。

東隆宮各殿正脊尾端飾以剪黏行龍，龍身上置有陶燒之武將人物，成為人物帶騎的瓦飾形式。

裝飾的手法主要為陶燒、剪黏配合部份鑲瓷作法，裝飾的主題凡有：三川殿歇山頂正脊上方的雙龍朝三仙，後殿最上一層歇山頂正脊與山門中坎正脊上方的雙龍護塔，前殿龍虎廳歇山頂正脊上方、鐘鼓樓正脊上方和山門兩側屋頂正脊上方的雙龍搶珠，各殿硬山頂正脊尾端的騎龍武將，各正脊脊肚與垂脊排頭成組的陶燒故事人物，各正脊燕尾下的龍（鰲）頭、倒爬獅，以及各垂脊上方的捲草等等。除了捲草、故事人物、花卉蟲鳥等裝飾之外，雙龍朝三仙、雙龍搶珠、雙龍護塔等裝飾主題皆帶有濃厚的厭勝作用，成為保護廟宇的無形力量。

東隆宮三川殿正脊脊飾（中）為「雙龍朝三仙」，鐘鼓樓脊飾作與正殿正脊相同的「雙龍搶珠」。

屋頂裝飾的形式，中國傳統南系建築（南方式）與北系（北方式）建築在外觀上最大的不同之處，就是北系傳統建築的屋頂在裝飾上，通常只有正脊尾端的鴟吻以及四條戧脊之上的仙人蹲獸，這些瓦飾通常也都是與屋瓦同色的琉璃製品，除此之外鮮有其他裝飾；而南系傳統建築的瓦飾則繁複得多，在裝飾手法上多用與屋瓦不同素材的陶燒（交趾陶）或剪黏等，甚至在色致上也顯得色彩絢爛而非單純的屋瓦顏色。

東隆宮正殿正脊燕尾之下的「倒爬獅」，造型精緻可愛。

東隆宮各殿垂脊尾端「排頭」部位，以成組的陶燒故事人物造型裝飾。

在裝飾內容上，傳統南系建築比起北系建築除了增加許多品類各異的裝飾物之外，主要的瓦飾——屋頂厭勝物的形象亦有很大的不同，如主要厭勝物中的「鴟吻」，在北系建築中是作張口含住屋脊尾端、高蹺尾巴且背上有「箭靶」裝飾的龍頭形狀；而在南系建築中則因為正脊兩端喜作成「燕尾」形式，將鴟吻移於燕尾之上且未做箭靶裝飾，成為較為完整的龍頭魚身之鰲魚形狀，稱之為「蚩尾」。在中國古代神話傳說中，「蚩尾」是東海上的一種怪獸，每當其高翹尾巴時就會降雨，故傳統營造匠師將其形象塑於屋脊之上以剋制火煞，乃藉其具有帶來雨水的力量以保護木構建築，是典型具有防火功能的厭勝設施。原始蚩尾的形狀是作成高翹尾巴的鰲魚形狀，日後即被不解其原始意義的匠師在鰲身加上了四隻腳成為龍的模樣，清末之後，蚩尾的身軀更被平置成為攀在屋脊的「行龍」形象，甚至有作成回頭望向中央的樣子，如東隆宮三川殿、正殿、鐘鼓樓等正脊上的蚩尾即是。除了形狀的改變之外，蚩尾的身軀也日漸加大，成為與中央主要厭勝物（三仙、寶塔、火珠等）幾乎佔滿整道屋脊的態勢，東隆宮的正脊厭勝物即為這種趨勢的眾多例子之一。

此外在早期的台灣傳統廟宇中，亦有在正脊燕尾之下山尖頂端加塑鰲頭作為厭勝裝置的例子，東隆宮亦沿用此習慣，在三川殿與鐘鼓樓正脊燕尾下

，即有龍頭狀的裝飾作為厭勝設施。其次，除了蚩尾、花草等瓦飾是以剪黏手法裝飾之外，其他的瓦飾如正脊中央的三仙、寶塔、火珠以及脊肚、排頭上的成組的故事人物等，皆以陶燒手法製作完成後再將成品組合於瓦上裝置，是沿襲傳統的作法，但東隆宮包括新建山門在內的瓦飾，並未使用傳統的交趾陶方式製作，故無交趾陶容易日久褪色、風化的缺點，十餘年下來仍能保持鮮豔的釉色。

東隆宮三川殿正脊尾端之下有剪黏龍頭裝飾，為傳統建築中之「蚩尾」衍生而來，具有厭勝的功能。

❖ 大木作

傳統木構建築在大木作方面的裝飾手法通常以彩繪為主，但南系建築則習慣上會合併使用較多如小木作的雕刻手法，尤其是近代以鋼筋水泥作為主要承力結構的建築成為主流之後，由於木構組件已不用負擔建築上的承力功能，故大木作乃有日漸以雕刻為主要裝飾手法的趨勢。傳統木構建築大木作的彩繪裝飾，其原始作用是為了保護木材的減少受濕氣、蟲蟻的侵蝕，其後才逐漸發展出本身獨立的裝飾地位。傳統建築彩繪在風格上主要凡有「和璽彩繪」、「旋子彩繪」與「蘇式彩繪」等三類，和璽、旋子彩繪等內容以圖案為主，多用於北方式建築；蘇式彩繪繪畫性較強、圖案性較弱，則多用於江南廟宇與民宅、庭園中，台灣廟宇彩繪亦屬於蘇式彩繪風格，但隨著長年在地化的變遷之下，已發展出與江南不同的藝術風貌。

大木作的裝飾部位主要有楹檁、斗栱、通樑、壽樑、大楣、瓜柱、獅座、員光、雀替等。楹檁裝飾主要為中楹樑上的太極八卦彩繪，在傳統文化中，建築也被視為縮小尺度的「宇宙」，中脊楹之上的八卦即被視為宇宙的中心，以象徵天地開泰，也是傳統木構建築屋內的主要厭勝物之一，具有保護建築免受邪祟入侵的重要功能；傳統建築在建造過程中常要舉行重要的「上樑」儀式，以示主體建築結構的確立。東隆宮第一進三殿的中楹即繪有太極

八卦厭勝設施，正殿與後殿天壇則在中楹之下以層層疊架的斗栱疊作藻井結網，以象擬水藻、井宿之厭火，故為厭勝而兼有辟邪的功能。

東隆宮前殿「步通」之上作彩繪裝飾，主要的主題為「四不足」與四聘賢，圖為「四不足」之一「漢武為君欲作仙」；步通之上為象形斗座，之下為以「封神演義」為內容的木雕員光。

斗栱在傳統木構建築中由於富有重要的力學作用，故其裝飾通常以彩繪為主而不作雕鏤裝飾，但近代台灣廟宇則常將簷下的斗栱組合成網目結構，斗栱本身除了延續傳統在形狀上有關刀栱、螭虎栱、如意栱等區分之外，匠師常喜在網目之間加上橫向的雀替與垂直的吊籃裝飾，甚至加上官將人物的豎材裝置成為華麗繁複的外觀。這種裝飾法在東港地區似已成為慣例，東隆宮自不例外，如各殿的簷下以及各主神龕上方的網目裝置即是。而斗栱的形狀，除了前殿的龍虎廳簷下網目部位做如意型之外，其他地方則多作螭虎栱形式，線條較多變化，彩繪亦屬素雅。

通樑與大楣、壽樑在傳統建築中是迄今尚保存彩繪裝飾手法慣例的大木作裝飾部位，尤其是前殿的步通與大楣更是彩繪裝飾的重點。台灣傳統廟宇中的通樑、大楣彩繪裝飾題材，通常為具有教忠教孝或醒世意義的歷史人物故事，如東隆宮第一進三殿的步通彩繪主題即有：孔子問禮、志公度梁武、范陽得道、鍾馗試劍（以上三川殿）、石崇巨富苦無錢、蟠絲洞、伯牙操琴、漢武為君欲作仙（以上龍廳）、嫦娥照鏡嫌貌醜、彭祖焚香祝壽年、太極圖（周敦頤）、斬蛇起義（漢高祖）（以上虎廳）等；其中的石崇巨富苦無錢、漢武為君欲作仙、嫦娥照鏡嫌貌醜、彭祖焚香祝壽年等四個主題，合稱為「四不足」，具有相當特殊的醒世意義，也使用在三年一科迎王平安祭典的王船船堵的彩繪上，是民間藝術發揮倫理教化功能的最好例子。故事人物式的彩繪也見於其他位置的通樑上，如正殿、後殿的步通，各殿的大通等，彩繪多用墨線加彩式，間也有以黑底描金的方式行之，繪畫性相當強。類此眾多的故事彩繪，除了題上內容主題之外並未落款，但用筆洗鍊流暢，設色素雅，堪稱佳作。

除了彩繪之外，大木作的其他部位如員光、雀替、獅座、吊筒、豎材等則多用木雕按金方式裝飾。這些部位的裝飾也是大木作中雕鏤較為精細之處，除獅座仍沿襲傳統為圓雕之外，員光、雀替、吊筒、豎材、看櫥等早期所用的手法為淺浮雕方式，以避免過多的雕鏤影響力學結構；但近代則有逐漸加深雕鏤的深度，甚成發展成為透雕形式，雕刻主題則為成組的人物故事，內容不出歷史典故與小說演義中的情節如三國演義、西遊記、封神演義、白蛇傳等，在透雕按金的裝飾之下，使這些大木作部位顯得金碧輝煌。東隆宮各殿中尤其以前殿與後殿步口等部位最為精緻，雕刻風格結構緊密、造型樸拙是民間藝術中頗為精彩的作品。

至於獅座方面，東隆宮在前殿正面大楣、壽樑以及各藻井底端的通樑之上，通常會以獅、麒、象、豸等四種動物形象並列的方式設置，而各殿步通上的獅座則以單獨一獸的形象呈現，通常為左獅右象，正殿步口捲棚頂之下的獅座則作成左右各一對相望的獅像形象。較為特別的是，龍虎廳步通上的獅座之上更附加人物主題的斜出豎材裝飾，使獅座風貌更具變化。獅座的裝飾手法通常以木雕按金方式處理，各通樑上的獅座在體積上通常較其他部位來得巨大，反映出可承負屋頂巨大力量的強度，在形象雕鏤上亦顯得有力卻又不失有趣動物可愛的拙趣。

東隆宮三川殿後步通之下作飛鳳雀替裝飾

大木作結構中除以上裝飾之外，在各殿點金柱與大通之間的雀替在裝飾之外，其實具有明顯的厭勝功能，是殿堂內重要的厭勝設施之一。東隆宮正

殿、後殿、拜殿等的四點金柱雀替依傳統作鰲魚形象，與屋頂的蚩尾同樣具有剋制火煞保護廟宇的作用；三川殿的點金柱雀替則作飛鳳形象，以作為變化；而拜殿四柱的鰲魚雀替上則更分別各加上八仙中的兩位形象，是較為特別的作法。至於新建的山門在大木作部位的裝飾，則全採用木雕按金的手法，裝飾主題一如傳統的故事人物、龍鳳瑞獸等，雕刻面積較為龐大，使得整體裝飾顯得特別壯觀。

東隆宮三川殿步通出頭置垂花吊籃，員光出頭作螭虎栱結構裝飾。

東隆宮後殿天壇簷下金碧輝煌的斗栱網目與垂花吊籃等裝飾。

❖ 內檐裝修

台灣傳統廟宇的內檐裝修主要是在頂棚、神龕、隔斷等部位，南方式建築的頂棚的裝修並未如北方式建築般以附加天花的方式行之，而是採露椽的作法，在重要部位的頂棚如三川殿、正殿等，則以斗栱疊架作藻井裝飾，藻井本就為厭火之意，故傳統慣例皆在其結構上繪以各種水草圖案，而在頂端

中心則繪太極八卦或蟠龍作為厭勝設施。東隆宮的三川殿由於進身深度不足，故並未如台灣其他大型廟宇在中楹之下作藻井裝置，而採徹上明造的頂棚；正殿後殿頂棚由於是在神龕位置上方，故依傳統作藻井裝置，而東港地區常見的在藻井斗栱間加上吊筒、雀替、官將人物豎材的作法，在東隆宮中也是裝飾特色之一。而特別的是在新建山門的三座頂棚上，亦別出心裁的作按金木雕的藻井裝置，入夜之後在燈光照明之下顯得更是華麗非凡。

東隆宮新建山門的頂棚作安金木雕藻井裝置，入夜之後在燈光照射之下顯得華麗非凡。

東隆宮神龕裝飾手法以木雕為主，浮雕透雕並用，圖為主神溫王神龕裝飾。

神龕是廟宇供奉神祇的位置，也是廟宇祭祀空間的中心所在，民間往往延請功夫傑出的匠師加以華麗精緻的裝修，以凸顯對神明的崇敬心理，故神龕的裝飾通常是廟中最為精彩的木雕藝術所在。東隆宮神龕的裝飾即以供奉主神溫府千歲的正殿主神龕最為華麗精緻，雖然在歷年來香煙薰染之下，仍可見其精巧的雕鏤工藝。主神龕的裝修手法以木雕為主，浮雕透雕並用，由中央向外側延伸為螭虎主題的透雕三角花罩與連續數堵的浮雕隔扇，以及隔扇前方的一對花鳥浮雕柱（內側）與浮雕龍柱（外

側）。最內層隔扇之上雕有圓框字樣的對聯一副，內容為「東啟晨曦慈光生瑞氣、隆殿煙凝香火兆千祥」，顯示出信眾咸信溫王爺為具有靈顯神威且慈悲為懷的神靈性格；神龕上方則為數層斜面向上的浮雕大楣以及加上吊筒雀替裝置的斗栱網目。整座神龕的裝修皆以金箔貼附裝飾，雖經香煙的長年燻染，但在幽暗的金箔光澤之下亦透露出莊嚴之氣氛，與神龕中身軀巨大、慈目低視的鎮殿王爺神像相映之下，令人倍感神聖卻又溫馨。神龕背景則作巨大的浮雕蟠龍壁飾，龍首突出、龍目猙獰，威嚴之狀油然而生。

除了頂棚、神龕之外，傳統廟宇通常會作局部的隔扇作為內檐裝修，但東隆宮因各殿堂內部與台灣其他大廟相較之下並不算寬敞，故並未做神龕之外的隔扇裝修，只在正殿主神龕前供桌周圍作高度及腰的木製欄杆，以區隔出閒人勿進的神聖空間，欄杆面堵上作故事人物的木雕按金裝飾，欄杆柱頭則作蹲坐姿勢的木雕獅子，顯得金碧輝煌。

❖ 外檐裝修

廟宇建築的外檐裝修是指露在外面的門窗而言。門是廟宇殿堂的出入口，位置明顯而重要，門的裝修主要為門板、門框及其附帶設施如連二楹、門鼓石、門枕石等。門板的裝修及一般人所熟知的門神裝飾，門神的圖像傳統作法是以彩繪手法為之，是廟宇建築中彩繪藝術的重點部位，亦是傳統繪師發揮功夫的好所在，近年新建的廟宇則有逐漸以浮雕門神為裝飾手法的趨勢，一來除了免去了經年累月之下的褪色斑駁而需要重繪的麻煩，再者也使門神顯得更加立體感且更具懾人的威嚴氣勢。事實上在漢人宗教傳統中，門神不只是廟宇中的一項重要裝飾，亦是信仰崇拜的對象，門神設置的作用在鎮守廟宇的重要出入口，以達到守護廟宇避免邪祟的入侵，因此也具有厭勝物的作用。傳統南方式廟宇的門神常見的組合有秦瓊與尉遲恭、加官與晉祿、溫康馬（岳）趙四大元帥（通常用於道廟）或風調雨順四大天王（通常用於佛寺）、韋陀與伽藍護法（用於佛寺）等；但北方式廟宇或一些官祀廟宇（如孔廟、祀點武廟）；崇奉恩主公（關聖帝君）的廟宇等，則通常不作門神裝飾而代以乳釘朱門，以顯示其敕封的身分。

東隆宮為民間信仰的道廟，其門神依次為：三川殿中門的秦瓊與尉遲恭，左右側門為朝官（文官），龍廳虎門神則為溫康馬趙四大元帥。秦尉一組的門神是道廟中常見的組合，四大元帥也是道廟常用的門神題材，而朝官門神則標示著溫府千歲生前是具有賜進士出身的爵位功名，且成神之後又曾受玉帝冊封為代天巡狩的欽差王爺神，故以秦瓊、尉遲恭和朝官為門神是合乎體制的作法。而東隆宮的門神一如近代新建廟宇的趨勢，在裝飾手法上亦以高浮雕的木雕為主，但在木雕上以按金方式修飾，則是較為少見的例子；雖不似其他彩繪或木雕門神一般具有繽紛的顏色，但所顯現出的金碧輝煌外觀，亦相當特殊。

天壇中門以一對石雕麒麟作為門鼓，造型樸拙有力，亦是較為罕見之做法。

東隆宮三川殿中門兩旁置以石獅，造型樸拙有趣。

在門神之外，門的外側緊接門框而設置的門鼓或門枕石是固定門框的重要附件，也是外檐裝修的裝飾重點。早年廟宇中的門鼓通常作成附於方形臺基上、側面則具有螺形紋路的直立圓形鼓狀，是古代「龍生九子」神話傳說中「其形如蚌、性好閉」的「椒圖」，近代新建廟宇則往往直接在鼓面上雕以龍紋，或是以石獅取代門鼓的地位；而不論是椒圖或是石獅，都具有護衛廟宇的功能，也是廟中重要的厭勝設施之一。東隆宮的門鼓即不作傳統形式的椒圖，而是在三川殿的中門、龍虎廳的大門以及後殿天壇最外兩側的邊門等位置各置一對石獅，三川殿的側門與後殿天壇的中央邊門各置一對馬背形狀的門枕石；而較為特別的是，天壇中門則以一對石雕麒麟作為門鼓。這些門鼓石雕的素材是採用黑灰色的玄武岩，在材質上雖不若傳統喜用的隴石（

花岡岩）或青斗石來得堅硬質美，但不論是前殿的三對石獅或天壇的一對麒麟，在造型上皆樸拙有力，線條亦未做過多的雕鏤而呈現出流暢的形式。

至於窗戶方面，由於台灣近代新建的廟宇有在前檐牆增加使用石材的趨勢，故傳統廟宇建築中的窗戶往往為透雕的石雕窗櫺所取代，而不作可以活動開闔的窗戶裝置，故常被合併於前檐牆一起裝飾處理，東隆宮前殿與天壇的窗戶亦是如此。

❖ 牆壁

廟宇殿堂牆壁亦是傳統裝飾的重點所在，尤其是位於前殿正面的前檐牆及廊牆，由於是整座廟宇視覺焦點之所在，故為傳統雕刻匠師發揮其匠藝的重心之一。而其他的牆壁則在側牆山尖之處有較多的裝飾，其餘部位則往往保持素面而不作裝飾。

台灣清末之前的廟宇，在前檐牆部份上保有許多木構面的素材，在裝飾手法上也以木雕及彩繪為主；民國初年以後的廟宇則逐漸以石材取代了木材，裝飾的手法當然就以石雕為主。前檐牆的石雕手法是廟宇石雕裝飾中最為豐富之處，就雕鏤的深度來分，由淺至深一般有：陰刻的「水磨沈花法」、淺浮雕的「壓地隱起法」、高浮雕的「剔地突起法」、單層的透雕法以及多層透雕的「內枝外葉法」等五種。東隆宮前殿前檐牆的石雕手法即具有上述中的三種，以三川殿中門兩旁的牆壁為例，由上而下主要為：身堵（窗櫺）的內枝外葉雕、頂堵腰堵與裙堵的剔地突起雕、身堵與裙堵邊框的壓地隱起雕；水磨沈花雕與單層透雕法在東隆宮則未見採用。檐牆壁柱則與各門門框相互配合，採方形石柱方式，上有填上金漆的對聯文字雕刻，是東隆宮重要的文物與裝飾藝術（對聯內容參下節所列）。

東隆宮三川殿廊牆石雕多採用「剔地突起」法的高浮雕方式裝飾，主要裝飾重點為中間一段的「龍虎堵」，圖為雕有「龍堵」（降龍羅漢）的左側廊牆。

前殿廊牆的裝飾亦是廟宇中重要的部位，尤其是兩側相向的身堵，由於習慣上有左龍右虎的裝飾

而有「龍牆虎壁」之稱。傳統木構並用磚造的廟宇建築，常會在廊牆上以泥塑、交趾陶或磚雕的手法裝飾，近代廟宇在石材大量使用之後便逐漸以各種不同的石雕來裝飾。東隆宮前殿的廊牆裝飾亦是採用如前檐牆類似的手法，只是由於三川殿與左右龍虎廳相連而以廊牆相隔，且無透光與空氣流通的需求，因此廊牆的石雕便未採用透雕方式以保持廊牆的完整。

東隆宮前殿前檐牆裝飾重點為上段身堵上之「內枝外葉」法的透雕窗櫺，以及下方裙堵的「麒麟堵」。

東隆宮前殿、天壇前檐牆與前殿前檐牆，由於在高度上比傳統木構建築為高，再加上前殿廊牆的進深較淺，因此壁堵立面便作比傳統廟宇有更多的分段，以廊牆為例由上至下區分為六段之多，這也使得在傳統廟宇中頗受重視的龍虎堵在比例上較為縮小。此外，東隆宮在前殿四道廊牆的切面前端、墀頭之下並置有與龍柱風格相仿的半圓形石雕龍柱，但由於與廊牆相連，已失去柱子的功能，而成為裝飾意味濃厚的石雕裝飾；這種在廊牆前附加半柱形龍柱的作法，使得廟宇正面的石雕更形繁複，也幾乎已成為台灣近代許多規模較大廟宇的裝飾趨勢。

石雕裝飾的素材為與石獅、龍柱相同的題材相同的黑灰色玄武岩，在裝飾題材上傳統慣用的主題如：龍虎堵上的降龍與伏虎、裙堵上的麒麟（麒麟堵）、成組的故事人物（窗櫺）等，亦為東隆宮所用；而東隆宮在三川殿龍虎堵之上的四大天王裝飾主題，則是一般道廟較為少見的。在雕刻的風格上，不論透雕或浮雕皆堪稱渾厚有力，由於是在外觀上是單純的石材原色，在色彩上雖不若傳統木雕與彩繪壁堵之豐富，但在裝飾風格上則頗為一致。

至於在側牆的裝飾方面，東隆宮各殿的山尖處依傳統慣例作「鵝頭」裝飾，如正殿山尖有作成懸掛狀的菱形壁飾，四邊以深藍色鑲磁裝飾雲紋，中央則裝飾陶燒故事人物，下懸陶燒葫蘆、兩側則懸陶燒花朵，整組鵝頭裝飾在米白素面磁磚襯托之下

亦顯得秀氣可愛。而各殿的側牆上方在屋脊之下亦以各色鑲磁與陶燒作雲紋與花草的點綴性裝飾，在屋頂繁複的瓦飾之下也特別顯得素淨，頗有可觀之處。而正殿兩側的牆壁在一樓高度之處，各做一道橫披式的成組故事人物陶燒裝置，也在稍嫌單調的牆面之上特別顯得突出，陶燒人物帶騎的姿態生動，樹石景物造型也樸拙可愛，可見製作匠師的用心與功力，由於所在的位置不高，易於觀看，百年之後亦將成為珍貴的寺廟文物。

東隆宮正殿山牆鵝頭裝飾，在素面磁磚襯托之下顯得秀氣可愛。

❖柱子

在廟宇建築的柱子方面，早期台灣的作法是以石柱、木柱並用的方式，石柱多用於視覺上較為明顯的部位，如各殿堂的前簷柱（龍柱），或四點金柱等；其餘部位的柱子則以木柱為主，並在柱上加上裱布鋪土之類的髹漆裝飾，顏色傳統上皆以朱紅為主。近代廟宇在石材使用增加之後，頗有全部以石柱作為支撐的現象；而且也因為近代鋼筋水泥建築的普遍，牆壁不若傳統木構建築之不負重量，使柱子承重負擔減低而增加了裝飾性，因此雕花石柱的使用便更加豐富多姿了。

東隆宮前殿龍柱，為近代新建廟宇常見的龍柱形式，龍身上佈滿人物帶騎裝飾。

東隆宮的柱子不論是獨立存在的簷柱、點柱，或是隱於牆壁之間的山柱、附壁柱等，皆以石材為主。除了山柱與附壁柱較不明顯之外，其餘柱子皆施以不同程度的雕飾，大致可區分為雕花柱與素平柱兩類；前者如前殿、正殿與天壇前簷柱的龍柱，後者如各殿之內的點金柱與附點柱。在傳統廟宇建築中，雕花柱是石雕裝飾的重點，尤其以龍柱佔絕大部份，通常廟宇皆會以較好的石材聘請匠藝高超

的石匠雕造。早期的龍柱石材以閩南的「隴石」（花岡岩）為尚，清中葉以後則多見本省特產的「觀音山石」，近期由於兩岸的交通，福建的「青斗石」日漸增多已成為新建廟宇石雕裝飾的主要素材，龍柱的材質亦然。早期的隴石龍柱因石材硬度較高故在雕鏤程度上較淺，柱身切面以圓形為主，形式則採一柱一龍，龍頭多在下半段朝上，線條上也較為單純有力；清中葉以後的龍柱則雕鏤程度較深而成高浮雕，柱身切面為八角型，形式仍為龍頭在下朝上的一柱一龍，但龍身浮凸且增加了人物帶騎、禹門等裝飾，使龍柱整體在寬度上顯得較為巨大；近代龍柱則更加深雕鑿程度，內枝外葉的石雕手法被使用於龍柱之上，龍身型態愈形複雜，人物帶騎等裝飾亦較多樣，使得柱身形狀已不明顯，在形式上則打破一柱一龍的慣例，而成為一龍在上一龍在下的模樣，而且使用的位置也增加了不少。

東隆宮的雕花柱皆為龍柱，且在數量比起傳統廟宇多出不少，前殿廊牆的四根半柱若不計算在內，第一進三殿與正殿步口各置一對，天壇步口及殿內各有四根，而三川殿後步口以龍柱為簷柱是較為少見的作法。龍柱的材質為黑灰色玄武岩，雕鏤繁複，形式多為一柱雙龍式，但正殿一對龍柱則為一柱四龍形式，四個龍頭一大一小成為一組分居住的上下段，是相當少見的作法。而天壇殿中的四根龍柱名為「春夏秋冬」，柱身雕鑿程度較步口龍柱為淺，形式則為龍頭在上的一柱一龍式，據傳為遷建之前的天壇舊物，其形式似為民初與近代之間的過渡風格，在台灣較為少見，頗為特殊。而在後殿一樓騎樓與天井相隔處，則留有一組據傳為清末遷建於現址時的樑柱結構——一對石雕龍柱、一組壽樑與雀替，以及石獅一對，龍柱石獅皆為觀音山石所雕；在龍柱造型上明顯至最晚為清末之前的風格，圓形柱身上蟠附的龍身並不算十分浮凸，為龍頭在下形式，龍身之外並飾以雲紋而不作人物帶騎裝飾，造型風格相當特殊少見，保存完好是民間石雕藝術的精品。

東隆宮後殿一樓走廊，留有一組清末遷建於現址時的龍柱、石獅、壽樑等結構，龍柱造型簡單有力，堪稱是民間石雕藝術精品。

龍柱之外，東隆宮三川殿的後點金柱、正殿的四點金柱與附點柱等，皆採素平的圓形石柱，柱身線條由上而下略為加粗成平直線，在柱身則飾以填金漆的對聯文字雕刻（對聯內容詳見附錄），在眾多雕花柱之間，特別顯得素淨秀氣。而新建山門的四對門柱則以鋼筋水泥為主體結構，在方形的柱身上則裝置各式神仙故事人物、花鳥瑞獸等黑灰色玄武岩石雕裝飾，石雕手法也多為浮雕形式，在龐大面積的金黃色木雕枋堵襯托之下顯得風格突出，而柱身下半段鑲鋪兩段式的暗紅色花岡岩，使柱身顯得穩重；各柱外側並各置有青斗石雕石獅，使得山門更形穩重。正背面石柱的正面中段，以石刻描金方式各書上兩對對聯文字，行草筆法流暢有力、書法結構嚴整，是現代文字藝術的精品（對聯內容參下節所列），金黃色的字跡在黑灰色石材襯托之下，與上方的安金木雕相互輝映增加不少山門的藝術性。

柱子的柱礩部位也是石雕裝飾的重點之一，早期木構建築中的木柱也常會以石材作為柱礩的材質，避免木柱下端為地上濕氣所侵蝕。柱礩的石雕裝飾式樣相當繁多，一般可分為筋紋式與雕花式兩大類，前者如圓缽形、覆缽形、蓮座形、瓜稜形等不一而足，切面通常為圓形；後者常見的會在柱礩周圍分段，而飾以代表八仙的器物（民間稱為「暗八仙」）或其他動物、花鳥形象，切面多成圓形或八角形。東隆宮的柱礩，在雕花柱方面則配合柱身作暗八仙、花鳥、動物等裝飾，素平圓柱則作光滑無紋飾的立缽形，風格顯得一致。不論雕花或素平，東隆宮的柱礩在造型裝飾上皆顯得洗鍊優美。

❖ 欄杆台階

欄杆台階的裝飾較為台灣廟宇所忽視。在欄杆方面，台灣廟宇一般規模較大的廟宇會視需要在月台周圍或殿堂迴廊周圍至欄杆，欄杆一般為及腰高度，形式有牆垣式與柱欄式兩種，柱頭則多以小型坐獅裝飾，材質有石造或磚造的不同；而小型廟宇則通常不置欄杆，以避免使空間顯得侷促。此外，早期的廟宇通常會在前殿步口廊前設方置約人身高度的木製柵欄，但現代新建的廟宇則早已捨棄這種作法。

至於台階方面，傳統廟宇一般皆以石材平素砌成，數量則視基座高度而定，但各正身前方台階中段的「御路石」（陛石）則是傳統廟宇裝飾的重點。御路石的作法由傳統宮殿建築而來，原是宮殿台階中皇帝專用的通道，上面飾以雲龍花紋；台灣廟宇的御路石則顯得短小而斜度不一，通常由整塊的石材製成，上雕蟠龍圖案，是廟中十分重要的石雕裝飾。傳統廟宇的御路石在雕鑿程度上較為平面，造型線條亦較為單純，近代新建的廟宇則有日益加大且雕鏤浮凸繁複的趨勢，成為廟前醒目的裝飾。

後殿二三樓欄杆柱頭的玻璃纖維塑麒麟，造型精緻、線條流暢，氣勢不凡。

後殿欄杆面堵飾以故事人物陶燒裝飾，作法十分特殊。

東隆宮與其他大規模殿堂式的廟宇相較，各殿堂由於平面空間並不特別寬敞，故只在後殿二三層與兩廂、鐘鼓樓走廊周圍作欄杆裝置。欄杆的材質為鋼筋水泥牆垣式，各立面鋪設與牆壁同色的米白磁磚，靠外側的立面則飾以陶燒製成的故事人物堵，使得素平的牆面顯得華麗而有變化；各柱頭則裝置仿青銅的玻璃纖維塑麒麟，麒麟作舉前腳頭朝下的造型，單獨視之各個顯得造型精緻、線條流暢，而成排觀之，則予人壯觀、氣勢不凡的視覺感受，確是罕見的作法，為東隆宮廟宇建築的特色之一。至於一般傳統廟宇建築中不可或缺的御路石裝飾，東隆宮則並未設置，乃是較為罕見的作法。

【二】楹聯書銘，辭體精湛

楹聯是傳統廟宇中至為重要的文獻資料，一向也是傳統建築裝飾中不可或缺的，廟宇建築中在各門框（柱）之上以及殿堂內外各柱子之上，通常都能見到地方文人雅士所題撰的各式楹聯，其內容表達了信眾對神祇的崇敬之情。楹聯所書寫的文字字體或楷或隸、或行或篆或草，成為一種典雅可觀的文字裝飾藝術，也是欣賞中國古典文藝的好目標；此外在早期民間廟宇尚未普遍注重文獻歷史的保存時，這些楹聯內容也就常成為探究信仰沿革、甚至是早期鄉土面貌、開發史蹟的媒介。

東隆宮除了雕花石柱群之外，各門柱、點柱、壁柱等部位之上，也依傳統慣例而裝飾有成對的楹聯，楹聯內容依其所在位置的不同，凡有關於敬頌各殿主神者、描述廟宇殿堂者、側寫廟宇景觀者，變化多端，不一而足；其共通的特色即是皆以「藏頭詩」的對聯呈現法，寓地名、神祇名號、宮名等於聯對之中，對對均見巧思，值得仔細品味。東隆宮現有的楹聯內容豐富多樣，在字體上也是楷、隸、行、草交錯有緻，其中筆力雄健、章法嚴謹或線條流暢者各擅勝場，鐫刻在灰色石柱之上，經由時間自然的風蝕，特別顯得端莊嚴謹；尤其是拜殿四點金柱上的兩對字形成古鼎形狀的對聯，文字造型特殊而具創意，曾為已故歷史學家林衡道讚為東隆宮廟宇藝術的最大特色。以下即將廟中各楹聯依照其所在的位置詳列於後，既保存史料，亦可供信眾賞鑑其藝文之美。

❖旗杆勒石銘文

東隆宮溫府千歲旗杆重建紀念

王旌高聳入雲霞　威震群魔寂無譁

國慶昇平漁滿儎　神恩普澤萬民家

陳辛夷題

發起人　張連　蔡登旺　孔贛　鄭汶川　鄭添登

東隆宮管理人　林庚申

丁未年甲辰月吉旦　莊榮華書

❖前殿對聯

◆三川殿

中門內側／東第安居霖雨沾大地、隆尊顯赫神光照眾生，呂尚書題。

中門外側／東港開基卜世卜年天並壽、隆宮定位發祥發福地鍾靈，板橋陳承恩題。

左門／東道主帥邦家保衛、隆中大計民族重興，

黃星題。

右門／東魯為京人文薈萃、隆聖美奐廟貌堂皇，
黃星題。

廊牆／東道西行日月循環光天德、隆儀盛典春秋
俎豆謝聖恩。

後點金柱／東德高明永振東漢雙司馬、隆恩浩大
威靈隆中一臥龍，鐘禮堂撰。

◆龍廳（境主尊神）

神龕／顯赫神功能濟世、鎮靈威武卻妖氛。

神龕座下／威靈顯寶島、功業震中原。

前點金柱／東山疊疊鍾靈千古、隆德洋洋保佑萬
方。

大門內側／東顯神靈北狩南遊客、隆盛香火西來
東渡人，陳庚申題。

大門外側／東魯奇才封進士名垂青史、隆功神勇
殲逆賊澤被蒼生，陳庚申題。

側門內／不怕熱淚靜塵世、獨把法心悟禪機。
賞罰全由正直施（橫批）

側門後／皇恩浩蕩長留海、厚德巍峨獨配天。
福善禍謠窺天理（橫批）

後門前／心田勤耕享善果、仁宅永住參天工。
天道何親惟親善人（橫批）

後門後／積善常承千神護、修身庶免百惡侵。
魔從意生意誠魔滅（橫批）

◆虎廳（水僊尊王）

神龕／護駕功高皆景仰、出巡碧海盡欽承。

神龕座下／聖心昭日月、神威耀九州。

前點金柱／東宿啟明東港開泰、隆宮鍾靈隆山降
氣。

大門內側／東海蓬萊乃神仙境地、隆山五嶽是道
法根源，陳庚申題。

大門外側／東嶽貫太行起歷域逮大武、隆恩驚浩
瀚巡碧海泊鵬灣，陳庚申題。

側門內／心地芝蘭自芳香、意境虔誠皆道德。
是非不出聰明鑒（橫批）

側門後／燈焰光輝呈瑞色、香煙盤繞結祥雲。
依仁行義養己身（橫批）

後門前／通法門嚮賢嚮聖、盡人道為舜為堯。
道在人踐人定道弘（橫批）

後門後／鐘帶潮音騰寶殿、日月法眼照天心。
神明普佑不佑邪類（橫批）

第一進廊牆（龍虎廳兩側相對者）／
東港奠定法歷代聖賢道統、隆得金榜繼漢
家豪傑雄風。

東迎晨曦光彩繽紛蒙神庇、隆華祭典香煙繚繞顯威儀。

❖ 拜殿對聯

前點金柱／東里豪光十分普照、隆宮聖德百世流芳，林庚申敬書。

後點金柱／溫容嚴格尊崇明府、王道康平信仰老爺，林雲騰撰。

❖ 正殿對聯

主神龕（溫府千歲）／東啟晨曦慈光生瑞靄、隆殿煙凝香火兆千祥。

左神龕（註生娘娘）／一塵不到神靈地、萬善同歸頂禮門。

右神龕（福德正神）／赫濯神威千古仰、尊嚴師道百王欽。

前點金柱／東流入海萬派會同宮前長禮拜、隆德如山千峰積立殿後遠包羅。

後點金柱／東魯聖經東港師承斯文一脈、隆山寶藏隆宮德望濟世萬方，林玉書撰。

後副點柱／東方明矣青天白日光華復旦、隆德大哉赤子蒼生保養推恩，穎川寶崑敬書。

山牆壁柱／東殿巍峨畫棟朝飛五彩雲、隆宮壯麗雕梁暮潤四時雨。

東風借計經頌破曹惟智略、隆恩冊錄史傳護駕表忠貞。

東有蓬來天恩造化神仙境、隆華漢甸王道功治富貴家。

東津匯鎮閩粵人神齊薈萃、隆盛景象台澎萬物仰供需。

左側門內／三溪長流匯東港恩波浩蕩、百嶽巍峨拱隆宮神威霹靂。

幸福樂無疆（橫批）

左側門外／一代孤忠三十六賢齊殉難、神功永耀奠基東港護南台。

太平皆有象（橫批）

右側門內／海靜波恬共仰神光普照、民安物阜咸沾德被無私。

香火結祥雲（橫批）

右側門外／東海顯靈波瀾不驚魚蝦滿、隆威千歲繞境清平五穀豐。

燭光呈瑞色（橫批）

❖ 後殿對聯

◆天壇

中神龕（玉皇上帝）／尊玄穹道統萬天聖主、稱無極法周諸天神靈。

中左神龕（南斗星君）／南極星輝光海宇、京華香火佑蒼生。

中右神龕（北斗星君）／七星閃耀指迷惘、五色光分別是非。

左神龕（太上老君）／坐臥青牛石洞煙霞繞、騰翔白鶴蓬壺歲月長。

右神龕（觀音菩薩）／南海生輝念慈航普渡、西天在望觀法界皆春。

中門／玉緯一卷渡愚昧皈依華寶、皇墳三書指迷津淬勵清修，陳石柱敬書。

中左門／玉策降仙島幈幪疆土、皇祇達蓬瀛沛澤蒼生。

中右門／玉旨綸音拯眾生疾苦、皇道金書醒世人迷津。

左門／天昭日月燦爛星辰光宇宙、公表山河磅礡正氣耀中華，陳庚生敬書。

右門／威震九天太武山頭雲放彩、德配三公大鵬灣上浪生花，陳庚生敬書。

前中點柱／玉墀引玉階玉玉清殿、皇經述皇典皇皇極閣，李閭東敬題。

前副點柱／玉台高高遠矚三界因果、皇恩蕩蕩分辨世間善惡，李閭東敬題。

前側點柱／極目望海疆憶是來年蓬島、計萬家燈火盡歸此處樓台。

後中點柱／玉虛勝境喜雲鶴獻瑞朝陽冉冉東起、皇大明德猶騰龍行空道統日日隆昌，李閭東題。

後副點柱／天道昌明赫濯威靈千古仗、公理昭彰尊嚴師表百神欽，陳庚生題。

山牆壁柱／攬勝洗心西北海天窮遠目、登殿輸誠東南日出照高樓。

太歲星君神龕／地極天星扶危力、九宮八卦度厄方。

◆先師殿

中神龕（倉頡聖人）／創字揚文漢學仰光華、史司褒貶朝綱扶正氣。

左神龕（至聖先師）／杏壇禮樂冠華夷、道冠群儒百世師。

右神龕（亞聖孟子）／道德文章昭日月、尊封亞聖千秋祀。

❖山門對聯

正面中柱／東海騰雲龍天麗日群賢集、隆中起鳳
錦繡山河進士居。

正面側柱／艦影婆娑琉球出海千層浪、漁舟唱晚
東港迎歸萬里船。

背面中柱／望重朝廷進士勤王扶社稷、功垂邦國
代天巡狩護舟神。

背面側柱／海碧天青萬人拱仰神賜福、花紅柳綠
一樓風月兆平安。

在台灣傳統信仰文化中，香火鼎盛的廟宇通常在經過一段時間之後即會進行不同程度的修建或重建工程，信眾以之表示對主神虔誠的信仰，雖然這種情形常造成建築與廟貌不易完整地保存，但卻使廟宇建築空間比較能適應當代信徒的實際需求，持續保持民間文化與信仰中心的功能及地位。東隆宮自清末由海邊遷建至現址以來，迄今不過百餘年的時間，但在廟宇的修建上卻已歷經數次的重大重建工程，尤其是自民國六十六年以來的重建更是工程浩大，凡歷經二十年的整建，整體建築空間雖早已不復原貌，但空間規模的完整、各建築體的華麗宏偉則是頗為可觀。

總之，東隆宮作為一座王爺廟，整體空間與建築裝飾的藝術，確是台灣許多廟宇所不能及；八十六年新建山門的正式落成使用之後，東隆宮的整體空間可謂已達於相當完整的地步，為此執事單位決定在丁丑科迎王平安祭典前，先舉行一場「九朝慶成謝恩水火祈安清醮」祭典活動以資慶祝，這次規模特大的醮典乃蔚為東港地區的一項信仰大事；亦將東隆宮宏偉精緻的建築廣為昭告人神二界。

⊙本篇作者／謝宗榮

新建山門裝飾做工精緻，圖為正脊尾端之剪黏鴟吻。

[伍] 組織經濟篇

東隆宮在東港地區的公廟地位，完全表現在其組織及相關活動上，由於地方公廟乃是地方上各角頭有力人士所要爭取表現的公共事務，所有地方上有頭有臉的頭人都想在競爭中爭取出面的機會，以示其素來擁有的身分地位，並借此表現其有服務鄉梓的熱誠；更重要的是借由參與寺廟等一類公眾事務，從中得以擁有相關的政治、經濟的實質資源與榮譽、名望等文化資源。在中國古人所意指的「社會」意義中即同時兼含有社會與宗教性格，這種地方組織從平常的管理組織、年例式的活動，到迎王的祭典組織及相關的祭典活動，都一再地顯示地方公共事務即是人人努力爭取參與的社會行為，也需要在此中相拼以求拼出其應有的地位。類此競爭性在東港當地人士的拼陣式行為中，具體表現在各種組織活動中，展現其豐富的人力、財力等社會活動力，故具有旺盛的草根性格。它在東港本地既已經歷了兩百多年的發展，衍變至今而在當前的現代社會中，也正被有意轉化為一種積極而有力的社會力，乃是當前「社區總體營造」中，有心人士想要予以成功轉化的民間力量，從東港地區的醮典組織中，確有諸多值得深入觀察的微妙之處。

【一】族姓聚居，組織穩固

在漢人遷臺之前，下淡水溪以東曾為平埔族西拉雅之支族（馬卡道族）所分布的區域。約清順治四年（1647）年，屏東平原上分布有八個平埔番社，被稱為「鳳山八社」。乾隆二十九年（1764）《重修鳳山縣志》中明確指出「平埔熟番共八社」，即東港溪以北五社：麻里麻崙、大木連社、阿緱社、搭樓社、大澤機社；東港溪以南三社：力力社、茄藤社、放索社。據李國銘考證其中與東港地緣較有關係的為後三社：力力社應在崁頂鄉的力社，茄藤社址應在今南州鄉七塊村的番仔厝，放索社則在林邊鄉的水利村（翁淑芬 1997:17-18）。

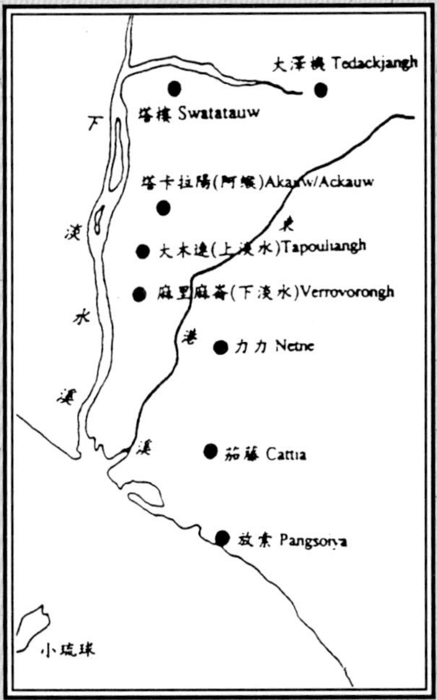

清初屏東平原上平埔族「鳳山八社」的部落分布情形（引自 翁淑芬 1997:18）

在明鄭時期，東港、茄藤港為移民登陸的口岸，與漢人船舶寄碇之所，附近已為漢移民所闢——應屬「民墾」。其後丁兵涉下淡水溪南移者日多，約在1670年，已有人至烏龍、三叉河、下廍、內關帝開墾，錯落於平埔族聚落之間，蹼耕荒地，開始農業定居，並漸次形成聚落；也有部分僑居於海濱地帶，經營漁業形成漁村，逐次向內陸發展（宋增璋 1980:146）。

清康熙三十五年後（1696）大量客家人遷移來臺，因府治附近已無餘土可墾，聞悉下淡水東岸有大量荒埔未開，於是南下沿下淡水、東港兩溪流域入墾屏東平原，並在東港溪兩岸形成頗大的粵籍聚落，發展至康熙末年朱一貴事變時，已有十三大庄、六十四小庄，成為龐大的「六堆」組織。在這段期間漳、泉二籍人士也以其人力、財力的優勢，分別由三條路線移入：北沿下淡水溪而上（屏東、九如、鹽埔、里港），中沿東港溪、隘寮溪而上（竹田、崁頂、潮州、萬巒），南沿海岸線南下（南州、林邊、枋寮、佳冬、新埤），匯集向鳳山八社所有的土地拓墾（石萬壽 1986:74-75），所以屏東平原發展為漳、泉、粵三籍與平埔族等長期共同混居的局面。

東港地區漢人的開發，在清領之初康熙年間，凡有來自廣東的鄭雲雯及彭朝旺；雍正年間則有泉州安溪人許徵、汀州永定人范高唐、福州府不詳縣籍的薛迪奏及漳州府漳埔縣人藍仲等（曾明得:25-26;廖立宇 1987:66;伍政祈 1994:23），所以初期入墾的包括有廣東客人及泉州、漳州等三籍人士。整個開發的形勢，到乾隆年間又有大量移民入墾，以泉籍為多，其中同安、惠安、南安和晉江等縣分居多。當時（1736-1755）在今東港的市街地區、市街的東北及海濱等地皆有初步的開拓，以蔡、鄭、張三姓為主。乾隆二十五年（1760）清廷正式允可攜眷之前，移居者比較零散；此後則漸多舉族而來，像泉州同安人黃氏一族墾拓樹林頭一帶，聚族而居形成聚落，號稱「同安居」，即今東和、中興、興臺三里（即頂頭角局部、下中街一帶），其後裔至今仍為東港望族。此外泉州南安人洪崇移入，即以今市區中心地帶的朝安里為根據地（即下中街）；泉州人陳隆、紀受華與泉州安溪人許九諸墾首，在本區東北一帶墾拓埔仔莊（今新勝里、同埔仔角）；同安人蔡曲開墾今市區東北部之荒埔，其後同籍者蘇、洪、張、陳諸姓相繼移入，先後墾成「埔仔口」（即今埔仔角）和「新厝仔」兩聚落（今新勝、頂新里）。其後蔡氏後裔繁衍興旺，為該區首姓，至今亦為東港望族。同安人蔡經也相繼而至，卜居

安海街。泉州人鄭欣、鄭劫、蔡和等相率移入，經營今東隆里一帶（即安海街部份）；廣東人邱某則墾拓今鎮海里海濱一帶（李芳廉 1982:13-14;李豐楙 1993:67;翁淑芬 1997:29-30;曾明得 26-27;廖立宇 1987:66;伍政祈 1994:23）。由此可知乾隆時期移民主要的開拓地區，即當今下中街、頂頭角局部、埔仔角、新厝仔、安海街、崙仔頂等一帶地區，規模已具，奠定東港開發的基礎。

嘉慶年間泉州許姓入墾今八德里一帶（即安海街），至今仍為該地首姓。道光年間晉江阮薛、薛添祿攜眷經商於今頂中里（即頂中街），並有伍姓也移居來此（李芳廉 1982;李豐楙 1993:67;曾明得 28;廖立宇 1987:66;伍政祈 1994:23）。可知嘉慶年間仍以拓墾今安海街為主，迄道光年間才擴及今頂中街一帶。至於莊母新街一帶，嘉慶元年（1796）即有泉州府晉江縣人蔡添條者率其家族僑居於此，但尚未見有店鋪之開設。後因此處溪寬水深，適於船舶之寄泊，迄同治四年（1865）時，已擁有 150 餘戶之繁榮市肆。後因迭遭洪患，溪岸崩潰，船舶出入不易，商務悉被東港所吸取，從此變為農業聚落，故寓以新起市街之意，名之曰「新街」。（李芳廉 1982:16;曾明得 25-26;廖立宇 1987:66）所以新街早在嘉慶年間既已開發，至同治年間商業極為繁榮，其後因水患所致才沒落為農業聚落。

整個東隆宮的祭祀活動，基本上即以東港先後開發所形成的市街為主要範圍，此乃緣於東隆宮的遷移與主要移民群有關，因其座落於本區域內正是社會力、經濟力較強的聚落。從早期的四縣分發展為目前的七角頭，在平常的東隆宮年例祭典及三年一科的迎王祭典活動，至今仍以各角頭的公廟及相關角頭廟為中心共同參與，分別展現其實力。類此由當地頭人凝聚、整合其整體的人力、物力，在祭典活動中彼此之間既相拼又合作，確能展現出臺灣民間「輸人不輸陣」的族群心理，這是淵源於東港開發史上族姓的共同榮譽感（李豐楙 1993:67）。七角頭是經歷長期的演變而成，在相關祭典中形成七個既競爭又合作的區域組織，此乃是東港歷史發展的自然結果，成為宗教與社會合為一體的「社會」結構。

在臺灣的鄉鎮社會中常以角頭廟或公廟為核心，聯繫各家各戶，凡角頭廟或公廟有年例拜拜或較大型的廟會活動時，即透過丁口制或股份制等讓各家戶自由捐輸，使之得以參與地方上的公共事務。由於彼此之間有競爭性（相拼）也有交陪性（相幫），因而形成強烈的參與感以爭取表現的機會。東隆宮自創設以來例需從各角頭內選出耆老（頭人）

代表該角頭擔任廟務，這些頭人即由角頭內有頭有臉、有服務熱忱者擔任，所以大姓中諸如林、許、蔡、洪、黃及邱、鄭等姓，在各角頭內家族聚居，族中長老也擁有較多的發言權；至於其他雜姓、小姓就需加倍努力才能爭取到自我表現的機會。臺灣社會如同中國其他地區，其與宗教結社有關的即是「社」，社之所在既有社壇（社屋）、社樹，也會有社祀，因本地為移民社會之故與地方祠廟密切連結，也就形成各種迎神賽會的民俗活動，故其社會組織也較為複雜，卻始終以祖籍神、廟宇與祠堂為其社會基礎，東港的地方組織亦復如此。常借由各角頭上的主要宮廟來整合、凝聚社群，而角頭內的頭人又依據其社會身分、知識能力以及參與意願，在東隆宮的諸般祭典事務中分別擔任各種董、監事的角色：分別代表各自的角頭參與各項公共活動，它也就成為一項本地人所公認的榮耀的神聖職務。

東港早期移民即是以泉、漳籍為主所形成的四縣分，其後各自組成其鄉社組織：凡有同安同鄉會、晉惠同鄉會（惠安、晉江）、南安同鄉會及霞漳同鄉會（漳州），所以在年例溫府王爺誕辰（十一月一日）演戲慶賀時，四縣分的居民就依地方傳統而擁有優先演戲祝壽的特權。這四縣分移民所分布的聚落，在東港鎮內由初期的聚居其後又逐漸分散，兩百多年來已經歷長時間的變化，才逐漸發展為當前的七角頭。光復後歷經劇烈的社會變遷之後，商業區逐步擴充、新住宅區日漸更新，而社會階層流動也比較快速，整個東港也在地方派系的分合上逐漸展現其新貌，成為政治勢力上互有消長的局面，凡此錯綜複雜的變化，自是也具體反映在東隆宮內部的組織上，經由整合之後而形成職掌其組織運作的核心。

東港的七大角頭乃是鎮公所行政區劃的基礎，卻也是歷史發展所形成的祭祀區域，它能配合東隆宮所有的祭典活動，發展而成嚴密的聚落組織，目前崙仔頂、頂中街、下中街、安海街、頂頭角、下頭角、埔仔角等七個角頭，其中除了埔仔角是在日據時期小琉球退出祭典後，才由埔仔角的仕紳陳阿助、陳秋金父子積極爭取參與迎王，部份則由頂中街一帶的獅陣成員補充，終使埔仔角成為東港街內最新的七角頭之一。所以在日據早期迎王的角頭組織，東港鎮內主要是崙仔頂、頂中街、下中街、安海街、頂頭角、下頭角等六個角頭，還加上鎮外的小琉球一角，共同合成七角頭輪值參與迎王。小琉球之所以參加東港的迎王祭典，乃與東隆宮的建廟神話有關：據說在清咸豐年間建廟於崙仔頂時，由溫王擇定的福建香樟木，其中有一長一短，先漂到

琉球海灘，然後又隨風浪漂到東港崙仔頂，才被漁民拾獲。兩地人士引起爭議，經過地方人士的調解，大家以尊奉神明之故，共同協議以短的雕作東隆宮的鎮殿王爺，長的作為廟前的旗桿（旗柱）；並約定三年一科平安祭典時，小琉球的鄉民也送三千歲（池王爺）前來參加繞境（李豐楙 1993:65）。因而小琉球自清代以來便已固定參加而成為七角頭之一，直到日據末期才以風浪危險、往返不便為由，終於退出東港迎王的活動。

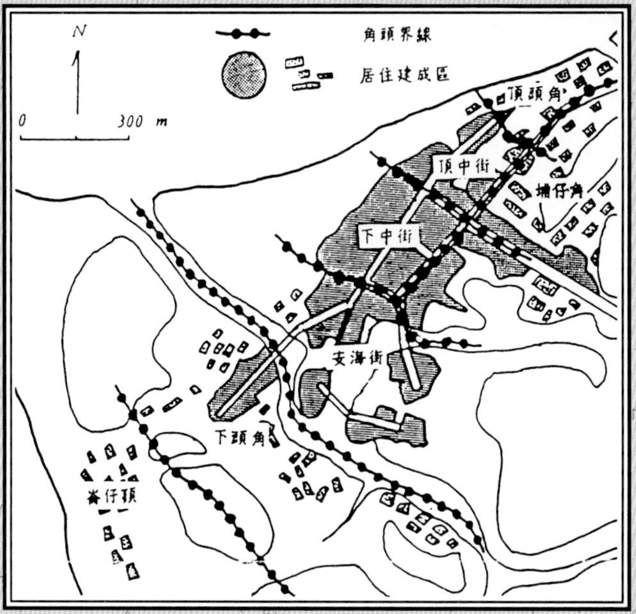

臺灣光復之後的東港七角頭分布圖（根據伍政祈1995:32增補而成）

整個東港的區域性聚落，形成為今日的七大角頭之後，在東隆宮平常或迎王的相關祭典活動中，都各自負有歷來傳承的基本任務，所以千歲爺巡繞的境域也必然優先巡行這七個基本的聚落範圍。等到光復之後實行地方自治，在行政區劃上，它也就形成現在的七個行政區，總共被區分為二十三個里。由於這一屏東平原西南方的臨海鄉鎮，剛好有下淡水溪、東港溪與後寮溪匯會流入海，就自然形成既有發展農業的農地，也有以海為生的漁業，並因之產生相關的商業和加工業，分別在鎮內各區域各自發展，隨著時代而有消長、興衰之勢。李芳廉先生較早曾綜合全鎮的生產經濟型態：指出農業區以興東、興農、興和、船頭及大潭、下廍等東北一帶農村為區域；漁業則為豐漁、盛漁、興漁、鎮海及嘉蓮、南平等，屬於沿海的漁村；商業區則比較集中於市鎮的中心地帶，包括朝安、興臺、中興、新勝、頂新、頂中、東和及八德里等；而工業則是配合漁業、漁產加工而興起的，分別散布於各區內。近年來則由於近遠洋及養殖漁業的發展較快，相對的農作面積也在日漸減少中，彼此之間自然形成互為消長的形勢（李豐楙 1993:65）。

總之，東港鎮在這些經濟生產各具特色的區域

內，長期堅定地支持其角頭上的公廟、角頭廟，穩定地傳承其轎班組織，也在東隆宮的內部組織及祭典活動中，分別根據其族性實力推舉頭人，代表其參與東隆宮的相關事務，表達對溫府千歲及代天巡狩諸千歲的虔敬之情。所以整個東隆宮相關的醮典、慶典及祭典活動，其實即是傳統迎神賽會中的「社會」行為，以社會民熱烈參與，展現臺灣「社會」的宗教本質。這種穩定而有序的組織及其動員力，平常既已固定存在，便於推動年例的慶典活動；而在非常性的建醮祭典期間，就明顯地表現在更熱烈的祭祀活動中，這就是成就醮典的主要動力。

各角頭穩定地傳承其轎班組織，成為平安祭典以及相關信仰活動的主要組織力量。

【二】調整組織，推動廟務

在東港地區的三座公廟中，東隆宮能發展到今日的規模，與它在高屏地區的眾多王爺廟中，逐漸形成其迎王祭典的組織及活動別具特色有關。在組織管理的運作上，從光復初期的保守，經歷林雲騰等眾執事人員的大力整頓之後，使東隆宮的內部組織逐漸完備，無論是經常性的管理組織，抑是平安祭典的祭典委員會制，都能因應整個臺灣民俗信仰的發展趨勢，進一步調整為比較健全的管理制度，較有效地主導了整個東隆宮的事務。故在近十餘年來，連續舉行了三次大醮典，也就是主體建築、山門及廟埕空間的擴建陸續完成，這些建築工程與醮典、祭典越發使東隆宮全臺知名。因此從管理組織的日漸完善理解其祭祀活動的運作，就可見東港社會的社會資源確是有諸多可資運用的潛力。

臺灣光復前，東隆宮在日本政府的統治之下，其迎王祭典在臺灣南部雖是有其歷史傳統，卻基於經濟、文化諸多因素，不克讓這類大型的祭典時常舉行；特別是到太平洋戰爭末期，在昭和九年（1934）迎完甲戌一科後就被迫暫停。在這種情況下，東隆宮的經營管理也只能趨向保守。臺灣光復後，地方寺廟的自然發展，因應政府所有民政、宗教法規的頒行，東隆宮重新籌組改建完成，迎王祭典也在民國四十一年（1952、壬辰科）恢復，採用抽籤制產生大總理，經歷四十四年乙未一科後，在地方角頭的提議之下，從四十七年戊戌科改變採行輪流制，由七角頭選出頭人分別輪流擔任，由大總理統籌辦理平安祭典的相關事務，整個祭典的經費與東隆宮平常的組織並不相涉。

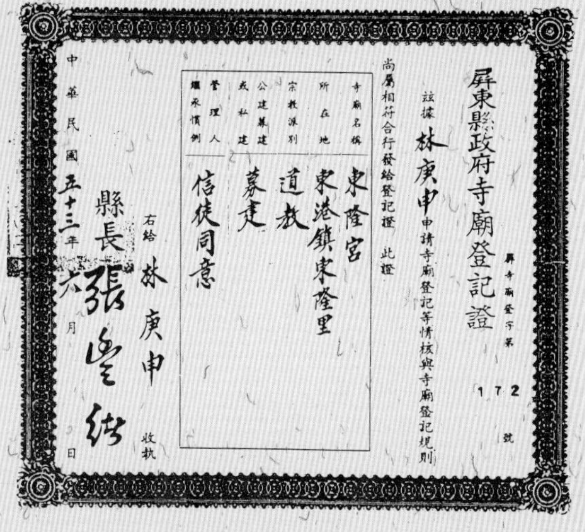

屏東縣政府寺廟登記證

屏寺廟登字第 172 號

茲據 林庚申 申請寺廟登記等情核與寺廟登記規則尚屬相符合行發給登記證 此證

寺廟名稱	東隆宮
所在地	東港鎮東隆里
宗教派別	道教
公建募建或私建	募建
管理人繼承慣例	信徒同意

右給 林庚申 收執

縣長 張豐緒

中華民國五十三年六月 日

民國五十三年，屏東縣政府所發給東隆宮的寺廟登記證書影本。

東隆宮的遷移、改建乃是地方人士的眾人之力，特別熱心之士自是擔負較多的責任，較早期東隆宮在民國五十三年成立管理委員會時，林庚申先生就因此擔任主任委員，並正式向縣政府登記（見所附證書照片），他本人負責平常廟務的管理工作，當時即分別聘請七角頭中比較熱心地方事務的頭人擔任委員，在分配上也儘量顧及各族姓的代表，以之表示其為地方公廟的公眾性質。惟人數並不多，約只一、二十人，整個組織也不甚健全，主要是維持年例的例行性祭祀事務，而較大的迎王祭典就委由大總理承辦。

由於東隆宮所具有的地方公廟的地位，在地方各股勢力的消長起伏中，自是也會形成各方爭取的目標，其中就涉及寺廟內的經濟利益與地方上政治勢力的平衡問題，類此現象正是一種地方「社會」表現在宗教活動的例證。一般說來，東隆宮正如同臺灣各地的寺廟一樣，其寺廟經濟的主要來源之一即是販賣金香的收入，通常都由廟方主導或轉租有意經營者，以之作為寺廟收入的財源。而東隆宮則有其特殊情況，乃是在日據時期尚未建立完全的制度以前，即由郭姓父子負責金紙、香等的販售，收入也歸其所有。當時日本政府的宗教政策有意壓抑臺灣的民族信仰，也有意不讓東隆宮的溫王信仰及迎王祭典擴大舉行，所以早期販賣金、香等收入也只是平平，並非是特別豐厚的大收入。不過這一情況在光復之後，隨著寺廟的日漸興隆，整個東隆宮經濟也隨之需作適度的調整。

東隆宮在光復之後年例式的活動逐漸恢復常態

，各地善信前來參拜者日漸增多；特別是迎王祭典的恢復舉行，從民國四十年初到五十年底，總共經歷了七科：民國四十一、四十四、四十七凡三科；民國五十、五十三、五十六、五十九凡四科。由於廟方與輪值擔任的大總理共同努力，無論是平常的香火與慶典或科年的平安祭典都有越來越興旺的發展趨勢。這時有關金、香的販售權益問題，地方派系介入東隆宮的管理所得等諸多資源運用問題，就逐漸引起地方各派的注目，也分別經由政治權力的介入運作，各方都想競爭以取得其主導權，這乃是公廟為地方上公共事務的社會本質。東隆宮的組織運作、管理事務，光復後曾經一度由蔡糞、林庚申擔任管理廟務之任，其後才多委由林庚申擔任管理之職。期間保守經營，發展較慢，直到民國六十年前後，緣於廟方有意改善財務，擬將販賣部收回經營；唯收回經營權一事卻引起糾紛，地方派系中政治勢力也介入其中：林庚申所代表的林派是原先擁有較多管理權的，而許派中一些較積極有力的則也期望能因此進入，並進一步掌握，這兩派勢力的消長，可以民國六十一年九月發生的代管事件為代表，當時許姓地方代表借由屏東縣政府所核發的號令，一面查封東隆宮的油香櫃，一面以「代管委員會」的名義公告，準備「正式接掌視事，執行代管任務」，而會址亦「設於東隆宮廟內。」

民國六十一年東隆宮因收回販賣部經營權而引起代管事件，圖為代管委員會在東隆宮成立辦事處情形。

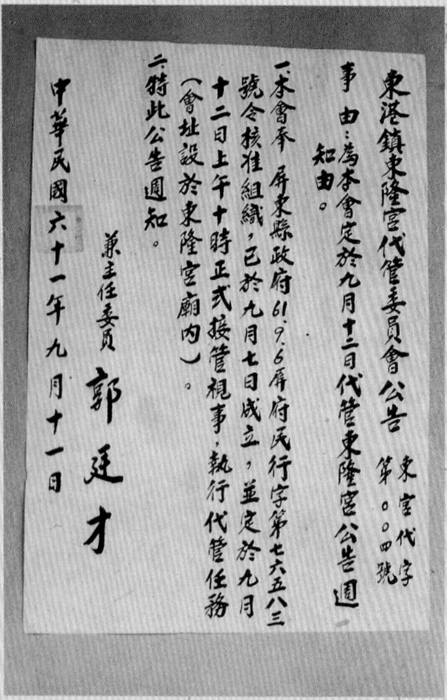

東港鎮東隆宮代管委員會公告　東宮代字第○○四號

事由：為本會定於九月十二日代管東隆宮公告週知由。

一、本會奉屏東縣政府61.9.6屏府民行字第七六五八三號令核准組織，已於九月七日成立，並定於九月十二日上午十時正式接管視事，執行代管任務（會址設於東隆宮廟內）。

二、特此公告週知。

兼主任委員　郭廷才

中華民國六十一年九月十一日

代管委員會所貼出的公告

從販賣金、香的權利問題而導出「代管」的問題，在寺廟經營、管理與地方派系政治勢力的密切互動關係上，其實東隆宮並非臺灣寺廟的特例。在這次的接管事件中，固然屏東縣政府也發出號令，進行查封接管的行動，不過東隆宮的管理事屬地方公務，而迎王祭典的地方大事逢科如期舉行，乃是超越地方派系而為全鎮七角頭的公共事務，因此官方所發出的代管法令就勢需與東港的地方勢力進行協調，始能比較圓滿地解決地方問題。這一次的代管事件與東隆宮內部原本的組織形式延續到民國六十三年，由於林庚申在任上過世，乃暫由其子林雲騰代理接管，直到民國六十五年到期新選之後才正式接任，開啟了東隆宮新的管理組織方式。林雲騰在接任新職務之後，首先與眾執事會商之後，決定將舊管理委員會改組，且將迎王的大總理制重新組織為公眾性的「祭典委員會」，並由第一屆委員會承接辦理整個迎王祭典的事務，取代舊的大總理籌辦制成為祭典委員會制，這是東港迎王祭典史上一個重大的變革，奠定了大規模舉辦祭典的基礎。

代管委員會查封東隆宮油香櫃之情形

民國六十五年，東隆宮管理人林雲騰改組管理委員會，並將平安祭典「大總理制」改為「祭典委員會制」。

東隆宮現任董事長林雲騰正式接任管理人時，所出示的信徒認證公告。

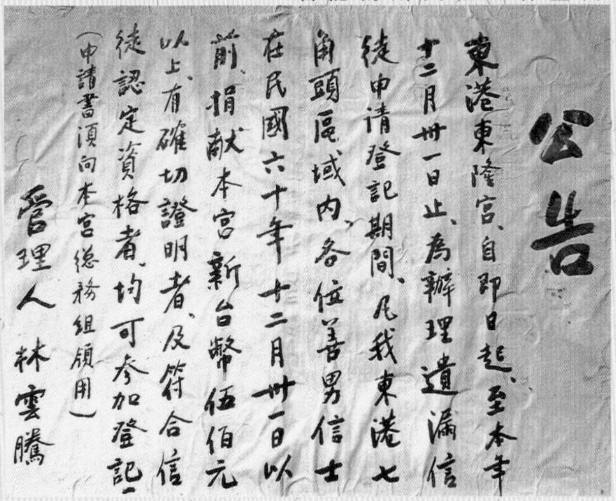

公告

東港東隆宮、自即日起、至本年十二月卅一日止、為辦理遺漏信徒申請登記期間、凡我東港七角頭區域內、各位善男信士在民國六十年十二月卅一日以前、捐獻本宮新台幣伍佰元以上、有確切證明者、及符合信徒認定資格者、均可參加登記。

(申請書須向本宮總務組領用)

管理人　林雲騰

在東隆宮內部重新組織管理委員與祭典委員會改組的情況下，林主委及所代表的林派勢力也勢需面對販賣部與代管委員會的壓力，從林庚申等人尚職掌廟務移轉到林雲騰的臨時代理，首要進行的事情即正式向法院申告催討，大力爭取將販賣部的經營權收歸東隆宮的公家所有，在經歷一段艱辛的訴訟程序之後，始經地方法院正式判決東隆宮勝訴，乃在民國六十四年三月二日正式向稅捐處申請營業登記，納入東隆宮平時及祭典期間的經營管理中。

特別是在改組為祭典委員會制之後，活動規模日漸擴大，各方善信熱烈進香，香火的販賣收入日後就成為整個寺廟經濟的重要資源，而這些收入本諸取之於公也用之於公的原則，也比較符合東隆宮作為公廟，則其財務亦為公共事務的精神。

民國七十三年經由林主委及眾執事的費心籌備之後，決定再行改組管理委員的組織，而向政府正式登記成立了「財團法人」。在開發東港的諸多族姓、族群中，兩百多年來經歷了錯綜複雜的發展衍變，從日本統治轉變為國民政府統治，由於採行地方自治制以進行基層社會的政治運作，各地基於其情況殊異的族群關係，也分別形成複雜的地方派系，各依其情勢滲透於諸般地方公共事務中。東港本地也同樣出現派系的分和，從較早的林派與黃派兩大主力，逐漸衍變為林派與許派，這種政治上的派系力量，多少也滲透入東隆宮的管理組織中。整個「財團法人」中的成員分配即是基於平衡而和諧的原則，兩派俱有而林派較多，根據東港地區的地方派系的發展，其實也正反映地方族姓間的競爭與合作形勢，由於漁業為地方上的主要產業，據此而組成的「漁會」也就成為重要的權力舞臺，就如同農業為主的農村中，農會即是地方勢力角逐的焦點。在東港漁會總幹事的競爭中原以林派為頭，早期的

競選情況比較單純，近十年來歷任的總幹事，大多由林派擔任，也多能與東隆宮配合，這也是為何火、水二醮一定要在漁會旁廣場舉行的原因。不過許派在漁會中也自有其實力，相互競爭與合作。這一情況也同樣見於財團法人的董事名單中，從在七十三年成立之後開始運作，直至八十五年又再次變更登記，除董事長林雲騰外，其他的董事依法選出的還有十四位，其中林派的佔九位，許派約有五位。在組成祭典委員會時，歷屆以來發展的結果也有林派居多的情況。可見基層社會中寺廟事務從社會學角度言，其實也是一種政治行為的延申，只是類似平安祭典終究是聖事、神事，故也應超越於派系、政治，因此在神明慶典或迎王的祭典活動上，確是由全鎮共同參與而不分派系地推動進行。

東港地區的地方派系與東隆宮的組織及經濟力，至為關鍵的厥為迎王祭典規模的衍變，在祭典期間販賣部的收入、各家戶的題緣金以及自由捐獻，如何完全納入東隆宮的管理？其間經歷了約二十年的衍變，始能進入較有效的經營，直接影響東隆宮的建築規劃，這也是為何要積極收回販賣部經營權的主因。從迎王祭典的籌辦制即可理解：東隆宮經營管理的改變趨向，臺灣光復後先採用「抽籤制」選出兩科的大總理，然後再改變為「輪流制」，這兩種情況均委由大總理全權負責祭典事務的經費籌措，就是每科在「請王」以後管理委員會即將職務、經費完全交由大總理所籌組的組織負責，所有的費用只能經由股份認股，而無法從販賣部之收得獲得較多的挹注：這種題緣金一股只有伍佰元，凡認股者可自願參加，祭典後分一塊豬肉、一個紅龜，並參加平安宴。類此籌募方式一般只能籌得四十至五十萬元左右（當時幣值），由於祭典的規模較小，參加的隊數不多，故祭典期間所有的收入只要收支能夠平衡即可，若有不足之處即由大總理想法貼補。由於受到經費之限，祭典規模不大，陣頭多由鎮內的各寺廟派出，約只三十餘隊，雖是比較日據時期的十餘隊已明顯增多，但能展開的祭典規模終究有所限制，基本上是因應戰後臺灣經濟發展初期的社會力，及東隆宮不甚健全的組織及經營，換言之在寺廟經濟上，平常並無法從香、金紙的販賣受益，而祭典也缺乏較大的經費的支持，放手擴大其舉辦的規模，因此只是由在地人保守舉辦的「地區性」祭典活動。

民國六十五年前後，針對這種保守的經營方式大力改革，經歷艱辛的調整後，從此二十餘年來其發展變化較為快速，主要的原因自是適逢臺灣的經濟已經歷初期慘澹經營的階段，整個社會展現出相

當活絡的經濟實力。在這種有利的政經形勢之下，新上任的林主委能諮詢各方意見，盡力收回販賣部，並改由「祭典委員會」承辦平安祭典；而對於東隆宮的內部組織，則在民國六十五年正式重新辦理信徒登記以奠定其基礎；又趁著民國七十三年東隆宮改建完成入廟時，依照政府的相關法令規定組成了「信徒大會」，由各角頭的熱心人士中選出信徒作為代表：各位信徒俱為終身職，經由法律程序始能登錄，人數固定約六十三至六十七人，信徒身故之後再行遞補，以維持其正常運作。再由信徒中選出熱心參與庶務者十五人擔任董事，從董事中產生董事長；另有監事五人，再選出一人擔任常務監事。這些董監事產生的過程及全體委員的名單，即是東港鎮族姓、地方派系經各方妥協之後的結果：林派為主也有許派參與，以之維持地方勢力的均衡局面，這是經由地方派系的微妙運作，共同推動相關的公共事務。董、監事的任期四年一任，從七十三年第一屆起至今已經五屆，是決定整個東隆宮管理、發展的核心，也展現其集體智慧的主導力量之所在。由信徒代表將所有的事務委由董事議決；而人數眾多的信徒大會則較少召開，通常是一年一次，聽取董事會的報告，並代表地方民眾提出興革的方向，至此已改組成功一切按政府的官方規定實施。

中元普度法會是東隆宮年中重大祭典活動之一

東隆宮依年例舉行的重大祭典活動，即是由董監事所管理的寺廟執事負責推動，其他各角頭則配合舉行。在廟內所奉祀的諸神明聖誕及相關的歲時節日中，除了年例的諸神明千秋聖誕會有大漢樂團的辦仙，並由諸善信自由祭拜外，較為隆重的凡有四大祭典：後殿最上一層有天壇，奉祀玉皇上帝，所以玉皇大天尊聖誕在正月初八、九兩日都演歌仔戲，另由東隆宮大漢樂團辦仙。其次就是水仙尊王千秋聖誕，在農曆十月初九、十兩日演戲辦仙。而中元普度法會則是年例中較為隆重的活動，根據本地特別重視「慶讚中元」，普施孤幽的精神，在七月鬼月的最後兩日，都要請道長啟建「一朝宿啟中元普度法會」。在民間這是規模較大的道教拔度儀式，以往曾請林德勝道長主持，今（民國八十六）年則請其授職弟子朱文成道長負責。在儀式進行時，依例是由七角頭所選出的該科的總理參拜，表示這是地方人士共同普度孤幽的心意。

主神溫府千歲的千秋聖誕是在農曆十一月初一，即在地人所謂的「王爺生」，當然是年例中重要的祭典行事。在民國七十三年入廟以前，只是依例由四縣分同鄉會及其他團體演戲辦仙；從七十三年起才開始舉行較隆重的祝壽禮儀，分別由七角頭總理及東隆宮祭典委員會委員，依古禮由內司唱禮，班頭排班，樂團奏樂，分兩組向溫府千歲祝壽，採用的即是隆重的「三獻禮」，由內司按照傳統禮儀鄭重地行禮祝賀，這是比較正式的獻禮，乃是前此所無的重大改變。而另一傳承古例的即是演戲祝壽，從農曆十月底起，逐日由較早來到東港的四縣分同鄉會成員醵金優先公演歌仔戲：依序於十月底為同邑（同安）同鄉會、十一月初一晉惠（晉江、惠安）同鄉會、初二南邑（南安）同鄉會；而霞漳同鄉會則在初三；其餘則是十一月初四造船工友會，初五八德、朝安漁船，初六東隆里漁船，初七電氣組。這些漁業團體既由林派主導，也經營較佳較有經濟實力，可在四縣分之後優先演戲，並同樣享有將敬果擺設於內殿之權利；初八起才由一般民眾公演歌仔戲，通常都要連演半月多。這種傳統規矩充分顯示地方組織及次團體的權力結構，各自擁有其社會、文化資源，在祭祀行為中極有「秩序」地依序展現其地位，當然根本之處仍奠基於東港信眾對於溫府千歲的崇敬之情。

每年農曆十一月初一的「王爺生」（溫府千歲千秋聖誕日），是東隆宮年例中重要的祭典行事。

從東隆宮祭典組織的發展演變，可以理解地方上不同族姓的代表人士對於公廟的參與，乃是基於公共事務就要開放讓大家公平參與的考慮，從清領至日據時期，原本較屬鄉鎮型態所自然發展形成的，是一種傳統的「社會」組織，自發自主地進行地方性的寺廟管理。臺灣光復以後隨著政治的開放、經濟的繁榮，地方派系也在東港社會中出現運作，這一力量也促使其組織逐漸改變為公開、民主的選舉方式，從信徒大會到董監事會，在管理運作上隨之漸趨完備。因而在林董事長與全體董監事的集思廣益之下，比較積極地推動年例行事，使七角頭的代表增加參與公廟的祭典事務的機會。而較重大的改變則是針對三年一科的迎王祭典，由於其規模大、動員多，所以原本比較保守、例行性的大總理籌辦制被調整，組成較固定的祭典委員會制，分工較細、動員力強，乃能使祭典規模能大大施展開來，自改變以來，就在祭典委員會的大力推動之下，活動規模愈趨擴大，使得七角頭的參與感也逐漸增高。由於組織規模逐漸完備，促使年例祭典與迎王祭典都有比較快速的進展，顯示其王爺廟的地位逐漸穩固，乃能成為南臺灣迎王祭典的代表。

【三】籌募經費，完成醮典

在東隆宮的祭祀活動中，主要的就是年例的祭典，特別是四大祭典；而重點所在則是三年一科的迎王祭典。因而類似東隆宮改建完成所舉行的「醮典」、丁丑年為新建牌樓而舉行的九朝清醮，對於東港人而言都是較少經驗到的特殊性祭典，其實這一情況在臺灣各地的寺廟行事中亦是如此，主要原因就是「慶成醮」只有在寺廟創建或改建完成後才會鄭重舉行，而寺廟建築在以往木結構的情況下，總要經過四、五十年之久，由於間隔甚久，從廟中執事到地方信眾，自是會有生疏、不熟之感。特別是東隆宮的迎王祭典，乃是由組織完善的祭典委員會所積極推動，動員力特強，因而如何善用祭典組織使慶成醮典能有效地推動，就成為東隆宮近三次醮典都結合迎王祭典先後舉行的特殊考慮，在經費的籌募使用上也就具有互為補益的功能。

在東隆宮沿革史上，較有案可稽的改建事蹟與建醮經過，從光復以後，就有林庚申等承擔民國三十六年的改建事宜，三十八年改建完成，竣工之後曾將部分剩餘的材料經由公議：決定捐予屏東縣立東港初級中學，輔助蓋教室二十四間。這是由於東隆宮以公廟之故，一向熱心地方事務，特別是教育事業。這一次的募建工作，由蔡冀擔任管理人，林庚申、蔡朝取擔任總經理，陳聯豐、張萬寶擔任會

計，齊力完成修建工作（乙丑科平安祭典專輯，p6）。由於林庚申亦擔任東港初中的主任委員，故促成此次的捐助。

這次的改建完成，在民國四十年入廟，而建醮大事則直到民國四十八年始隆重舉行，東隆宮平時的祭祀事務是由屏東萬丹頂社皮張景春道長主持，而此次建醮則委請鳳山蔡天來道長（長春）主持醮事，龍虎山第六十三代張恩溥天師還特別應邀前來，主持發表事宜，可見其隆重的盛況。這次醮典並未特別安排與戊戌科（民國四十七年）或延後與辛丑科（民國五十年）的迎王祭典一起舉行，因為這一階段的祭典乃採用大總理籌辦制，其活動規模較小，且經費獨立並不與東隆宮的祭祀相涉。

東隆宮光復後的再度改建與建醮是在民國六十六年，在丙辰科（民國六十五年）《平安祭典專輯》中就曾在「未來之展望」中，表達大家的第一希望即是「宮廟改建」，因為遷建現址後，「年久失修及逾齡，屋頂各部棟樑陳舊腐朽不堪，牆壁多處龜裂，隨時有倒塌而危及香客安全之虞，亟需改建以策安全。」（p11）故在完成丙辰科迎王祭典之後，就在翌年移廟，溫王爺暫遷至天公廟前暫設行宮，而迎王時也以之為「溫王府」，所以此後已未科（民國六十八年）、壬戌科（民國七十一年）兩科的迎王祭典，就權便在暫厝的臨時行宮內安王府舉行。這次的改建形制，由梁紹英建築師向方丁財借牌進行規畫，經過長達七、八年之久的經營，直到民國七十三年農曆八月十三日（上午十一時三十分）舉行入廟大典，也是由萬丹張景春道長主持。正式建醮則與戊辰科（民國七十七年）迎王祭典配合舉行，因為從民國六十五年改組成立「祭典委員會」制以後，整個祭典的主導及籌辦方式已有較大的變革。

戊辰年所舉辦的醮典是由林邊鄉崎峰道壇的林德勝道長主持，乃是一場「五朝水火祈安醮典」，在新建正殿中設內壇，而同一時間在漁會旁空地另設火醮、水醮的醮壇，林道長分組兩班道士分別舉行，內壇科事從農曆九月初一到初五，凡五晝夜；而火醮則在九月初一，水醮則在九月初二，之所以會有火、水二醮的安排，以火船、水船送出火龍、火馬、火獸及瘟煞、水煞，乃是新廟慶成而本地又濱海，故特別由林道長安排在漁會旁的空地設壇，並由七角頭的轎班出動輦轎，並扛送火船、水船以驅邪祟。主要的慶成祈安科事則是林道長按照屏東地區的靈寶派道法，鄭重地依科行事，上奏疏表，稟告仙尊，以表祈謝之意；諷誦寶經，禮謝諸天；並召請孤幽，登座賑濟。（康豹 1997）由於林道長

的特別安排，還在東隆宮廟埕上特設一「刀梯法會」，其弟子即趁此醮典的機會登刀梯升高功，亦上祈諸天醮事週完。

根據臺灣建醮的慣例，如果醮功順利則需在數年後舉行「圓醮」，即俗稱「醮尾」。依照此例，在辛未科（民國八十年）再次決定與迎王祭典配合，一樣先舉行慶成祈安清醮，然後醮畢再舉行迎王祭典。這次的醮事仍由林德勝道長主持，在規模上重新作安排，即先在漁會旁空地設壇，九月初二首開火醮，初三再行水醮，等送完火船、水船後，再回來東隆宮正殿所設的內壇，從九月初四到初八舉行「五朝慶成祈安醮」。這次的醮典與祭典配合先後舉行，規模略大於戊辰年，其整體經費的籌募與運用也略有增長，兩次的醮典時間都適逢臺灣經濟景氣良好的時機；加以東隆宮內部的財務管理，在經歷一段艱辛的調整之後，已獲致自主運用的大好時機，凡此都是促成規模龐大的醮典、祭典能夠順利推動的主因。

從民間建醮的經驗言，「建醮委員會」在籌募醮典的經費上，其中一種即是讓醮區內的善信普遍參與的題緣金，可用丁口制，由各家戶按家中丁口數付出；或可用股分制，即自願認購醮燈、醮彩，自由決定其認捐金額，兩種方式都會獲贈燈彩，故醮期一到，合境之內「張燈結綵」，既懸掛或紅或黃的醮燈，也在門楣上高掛一式的八仙綵，再配合擺設香案、供獻祭品、清圓，使整個醮區內自然充滿著醮典的熱鬧氣氛，東隆宮就是採用認購燈彩的方式。所以近三次醮典，都在迎王祭典尚未來臨之前就已先行展開，類此張燈結綵的景象，即是讓東港鎮民有種共同參與感，也是各家戶以此造成慶典將臨的氣氛。

一場醮典所使用的經費頗為可觀，故需要有其他的捐輸來源，採用自由參與的方式，既可依個人或各家的經濟能力、信仰需求及社會地位，決定其參加的方式：如送自家所信奉的神佛前來「鑑醮」（鎮內重要宮廟被迎請者之外），按丁丑年所訂的題緣金情況，金身尺三以上，每尊參千元；尺三以下為貳千元；物品每件伍百元、斗燈每斗伍千元，如果前來參加者眾，就有可觀的鑑醮費。此乃由於民間深信神佛參加鑑醮，既是參與仙聖神尊之盛會，亦可增強靈力。另一種較主要的捐輸款項，即是自願擔任「顧問」而捐輸顧問費，不僅在祭典期間可進入內壇隨拜，亦可在迎王期間繞境時坐顧問車，參加王駕遊行的行列。

在醮典習慣上民間各地較常見的則是「斗首」，這次在醮典日期決定後，就由東隆宮向各家戶、善信發出一分建醮的「斗燈首份受理辦法」，斗燈緣金表上清楚註明各首分的緣金數額：凡有爐主一名，所題緣金最大；其次是四大柱（正主會、正主醮、正主壇、正主普），每位三十萬元（依丁丑年），又為了增多籌措金額，尚設有副爐主若干名，每位二十萬元；副主會、副主醮、副主壇、副主普各兩位，每位十五萬元；又增加三主會等，共計三十六名，每位拾萬元。此外就是名目繁多的燈首，其總數可達四、五佰名。根據目前臺灣各地建醮的經費來源，斗首的數目多寡仍是比較重要的資源。

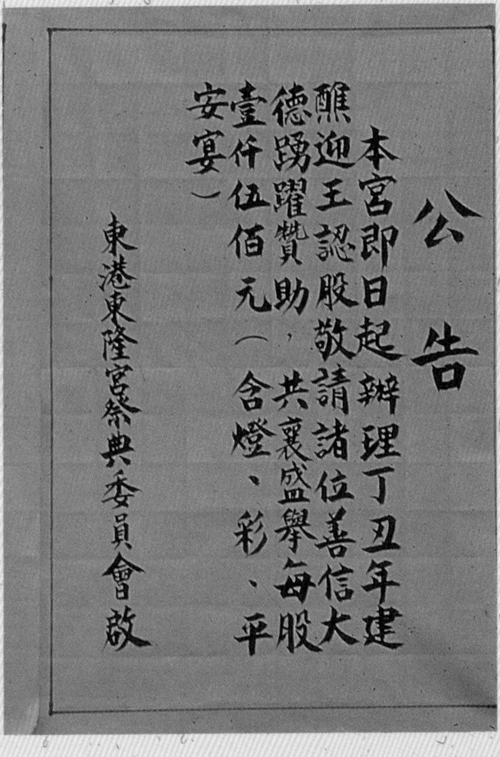
公告
本宮即日起辦理丁丑年建醮迎王認股敬請諸位善信大德踴躍贊助，共襄盛舉每股壹仟伍佰元（含燈、彩、平安宴）
東港東隆宮祭典委員會 啟

東隆宮丁丑年醮典與平安祭典合併採用「股份」制籌募經費，圖為認股之公告。

由於斗燈首分中比較重要的首分，有權進入內壇隨拜，代表地方人士面謁仙聖，得賜福祥，故一般情況都頗為熱烈，甚至需要在神前擲筊得連連聖杯，始被視為福壽雙全的福氣人，才有福分代表地方信眾進入內壇隨香。一般民眾在「拜斗」的習俗中，都深知斗燈乃是一家命運「元辰煥彩」的象徵，斗內所置放的吉祥物、辟邪物，五行俱全，寓意深刻：「拜斗」的意義乃是星辰信仰的遠古遺跡，古人所傳「南斗註生，北斗註死」，崇拜之則北斗星君可消災解厄、南斗星君可延壽賜祥。故東港地方的王爺善信凡參加燈首者，在醮典期間其斗籤上所書寫的一家名號，即在斗內諸多劍、剪刀、尺、秤及油燈等法物的護佑之下，既可辟除不祥、消解災厄，亦可增福延壽，添加祥瑞；等鑑醮功成，又可迎請斗燈回家，恭置神案上再點燃一段時日，以象家道興旺。在臺灣舊俗中，原本只要有一公斗置於醮壇正中，其福祥即為合境人士所共同分享；至於其他由各家戶自行認捐者數目較少。但是現時則多普遍採用各家自行認捐的方式，特別是在經濟情況比較良好之後，富上求福，蔚為風尚，因而成為建醮經費的主要來源。在本次壇內，鑑醮的神明在二、三樓特闢有鑑醮神位，而內壇則多為燈光通明的斗燈，成為光明、煥彩的內壇圖象。

各斗燈首中重要的首分有權進入內壇隨拜，故競爭較為熱烈。

從民國六十五年（丙辰科）到八十年（辛未科），十五年內整個臺灣經濟呈現高度的成長，因而類似東隆宮的醮典或祭典也隨之而有快速的成長，這不只是東港一地的繁榮景象，而是東隆宮自轉變為祭典委員會制以來，適逢臺灣經濟成長的飛躍、本土民俗文化的深受重視，配合迎王祭典規模的大幅擴充，凡此都有足夠的社會力促使廟方舉辦大型的醮典活動。從七十七年（戊辰科）建醮到八十年（辛未科）的醮尾，其間只間隔三年，而參與醮典的民眾仍是極為踴躍。在這種情況下，不僅可以彌平所有的開支，甚至都會有或多或少的盈餘。以民國八十年（辛未科）為例，由於該科迎王是在東隆宮慶成的「醮尾」之後舉行，所以在委員會的收支計算上固然分而為二，其實有些是相互重疊使用的。在醮典部份，整個油香收入凡有六佰餘萬元，其中包括鑑醮、斗首及各界題緣金等，在支出之後尚盈餘壹佰柒拾餘萬元，主要是用於醮典中的布置、道士費、演戲及期間的諸多開支。如果再算上祭典的盈餘，共達五百餘萬元，就可理解東隆宮發展到民國八十年，醮典與祭典的配合舉行，其龐大的開支乃是一場千餘萬元的經濟活動，這還不包括鎮內人來人往的消費行為。所以醮典、祭典的接續舉行，不僅表現東隆宮的祭祀活動既是宗教信仰的熱烈

表現，也是社會經濟力的豐饒象徵。由此即可知今之東隆宮之於東港，乃是一個活的社會資源，源源不絕地在歷科活動中，將無窮的社會、經濟力回饋東港社會。從純樸的濱海港鎮中的地方廟，逐漸轉型為南臺聞名的大廟，始能吸引如此旺盛的人氣，共同參與一場盛大的醮典。

由於近十年來，臺灣經濟的高度成就，景氣活絡也進一步刺激了祭祀活動的熱烈，各地的廟會大多有意擴大其規模，而在活動之後也多數有所盈餘，凡此都使相關的節慶、廟會熱絡地展開，因之能夠推波助瀾，大力擴張廟方在衡量收支的情況下，由於不虞虧損而增大其慶典的規模，在各地其實已蔚為風尚，以此表現地方的社會活力。東隆宮在民國八十三年（甲戌科）之後，進一步進行了廟埕廣場的整理、興建，原本廟埕前有一座天公廟，約在民國五十年新建，五十三年完成入火安座，為屏東地區僅次於屏東市自由路天公廟的一座。七十三年廟方將金身遷入新廟，而八十四年初拆掉舊天壇，配合山門的興建而作整體的規劃。新建牌樓（山門）就在八十六年丁丑正科適時完成，再度採取了先醮典後祭典的模式。

由於民間常有祭祀活動越辦越大的習慣，所以這次醮典就擴大成為九朝，在鑑醮、斗首及題緣金等連同油香的收入，總收入達六、五九九、三九二元，開支部份主要是用於祭典費二、九二一、四九九元、道士勞務費一、八〇〇、〇〇〇元，及其他食用、雜支之類，花費也頗為可觀，活動結算之後尚盈餘五一六、五一七元。隨後接著展開的祭典部分，由於新建牌樓的吸引力，加上文藝季活動的擴大號召，祭典期間各方善信大量捐入。整個販賣部收入即達六、四五三、三七四元、油香收入四、二五九、九八九元，加上其他收入一、二四五、六九一元，就有總數達仟餘萬元的收入。不過在支出部分也擴大許多：諸如廣告費二、六三七、三五〇元；祭典費一、六一二、九〇元；牌樓費一、三三六、五〇〇元，及食用購物雜費四、二八七、一五九元；補貼交際一、四五六、二八四元；戲金五十三萬、道士費二十萬及其他相關工資、修繕等，總支出亦高達壹仟柒佰捌拾萬元，其數目比較民國八十年的醮典開銷又增加許多。由此可知一場醮典與祭典先後配合的盛大舉行，乃是一場花費頗大的經濟消費行為，只有基層社會上擁有足夠的經濟力、動員力，才能如此有力地支持這一種動輒仟餘萬元的大活動，而其中尚不計義務服務及家庭、角頭的開銷，由此可知東港及各地善信所表現的，正是「社會」中的經濟性格，也是民間「香火廟」的典型。

總而言之，在東港的祭祀習俗中，早期由於每一次醮典的舉行，其間的間隔甚久，加以本地夙來並無歷史悠久的道壇，可以時常持續與聚落居民及寺廟連繫。因而較早期都是視情況需要而遠從萬丹請來張景春道長、或從鳳山請來蔡天來道長主持相關的道教事宜。近十餘年來，由於相鄰的林邊林德勝道長與本地人士夙有交陪，乃逐漸參與醮典及部分祭典事務。在東港社會經濟的轉型過程中，東隆宮內部的組織在改組之後，祭典委員會成為推動迎王祭典的主力，因而才會出現了醮典與祭典配合的模式。在廟方有意配合調整的情況下，醮典規模逐漸擴大，至丁丑年建醮已擴大為九朝醮，迎王祭典中的王醮也擴大為二朝宿啟。類此醮典和祭典的相與配合，在整體經費的籌募上較為便利，而在實際使用時也比較節省，由於活動期間投入之人力多、慶典之規模大，其吸引力也隨而增大，最終始能創造一場高達仟餘萬元的經濟活動。由此可知東隆宮與東港的互動關係，無論是政治勢力的均衡分配，或是經濟實力的供需關係，均能順應臺灣政經局勢的變遷，而得以有效運作其經濟成就，趁此良機完成連串的建設工程，以此彰顯出溫府千歲與輪值來巡諸千歲的「神威顯赫」（匾額上常見的贊語）。東隆宮每次完成其建設，在建築擴建之餘，又能隨即舉辦花費不貲的盛大醮典，其中顯示其社會力與信仰力的高度凝聚，因而透過東隆宮內部的組織、醮典祭典的經濟表現，都顯示臺灣基層社會的活力確有值得深思之處。

⊙本篇作者／李豐楙

懸掛於內壇兩側棚架之上之紫紅色圓形醮首燈

#《下卷》

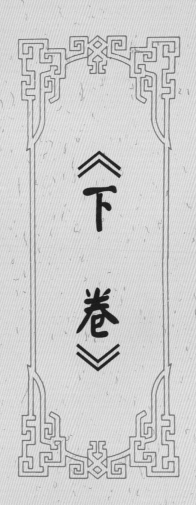

〔壹〕道長主壇篇

在台灣民間社會的慶成福醮中，如同中國大陸有些地區，道士是人與神之間的媒介者，他們各立壇靖長期傳承而能有專業的宗教職能，因之而能夠普受聚落內全體居民之所託，溝通信眾與鬼神，以表達下界百姓對於上蒼的感恩與祈願，並對孤幽世界的眾孤魂表現其悲憫與救濟之情。所以閩、粵相鄰諸省的道壇道士與庶民大眾，基本上多承續江西龍虎山正一道派的火居道傳統，道教信仰歷來既已滲透於迎神賽會、歲時節慶及生命禮俗之中，成為聚落信仰習俗與常民生活的一部分。其後兩地居民迫於生活壓力而陸續遷移來臺，也將這些「內地」習俗傳承、分布於各籍移民族群的信仰習俗中，其後並適應自然、人文環境而「在地」發展形成各地的風俗，其中有關慶成建醮即是中土古老的信仰文化遺跡。因此每逢聚落內新建或改建寺廟完成後即依俗隆重地舉行慶成醮典，在這種情形下都要依據舊俗行事，而首要事務就是慎選道長，選定足負重任的道壇掌壇者組成道士團，始能放心委託其主持關繫全廟、全境命運的醮事，絕不敢馬虎行事。這是緣於聚落內的公廟或角頭廟，即是地方上敬神事神的神聖建築，在動土開挖、擾動龍神之後，一旦落成自需謝土建醮，始能人神均安。道長的敦聘即是建醮大事：有時講究地緣關係，方便上即由本地夠格的道士擔任；有時則需多方探聽，聘請高明；目前亦有出現公開推薦，再經由人神共鑒的情形，在如此鄭重其事的情況下，始能聘請到職能優異者前來主持醮事。

【一】遴選道長，組團行科

中國道教自東漢末葉創教以來，蜀漢三張創立天師道，張（道）陵、張衡及張魯祖孫三代始創天師道符籙派，其後道治遷入關中，布教遍及華北，其後隨北人南遷又傳入江南，因而後世有張盛在江西龍虎山開創道業之說，歷史上稱為「正一派」。這一道派傳承符籙道法，在六朝時期與江南地區的三大經派互相吸納，其中即有上清經派以存想思真為主，其後發展為茅山道；有江蘇勾容二葛（葛玄、葛洪）之後的葛巢甫發展靈寶經派，其靈寶齋法風教大行，據傳後來即在江西閤皂山傳揚靈寶齋法；此外就是鮑靚的三皇經派。入唐以後茅山道最為帝王所敬重，而宋元以來則北方新興諸道派中，全真道創立「出家道」的制度，設置叢林，講究「性命雙修」的清靜修法。江西正一派則仍是父子相傳

，家設壇靖，形成「在家道」制，其極盛之時受帝王之命，一統江南三山（龍虎山、茅山、閤皂山）符籙，成為南方道教的主流。

閩、粵兩省與江西相鄰，傳承龍虎山正一派的符籙道法，傳法道士即依準其制，家設壇靖，散居於各地鄉關之中，其主要的職務即為聚落居民「設齋行道」。六朝時齋醮之制初立，歷經唐、宋時期的改革，明清時期在江南地區漸成定制，壇靖道士所行的即是結壇設齋，上為帝王家國、下為民家百姓，分別施行金（或玉）籙或黃籙齋法。齋醮的精神即是如《正統道藏》的首經《度人經》所揭示的，以濟度精神度死、度生：度生慶世者即是建醮祈福，消災解厄，度死度亡者即建齋拔度，超昇亡魂。類此紅白（生死）大事及解厄改運諸法，乃是火居道的常業，以之行道布化，傳揚道法；並以此為其世業，或父子相傳或師徒相授，經由拜師受度傳法，或前往龍虎山親受張天師的符籙。千百年來，在福建、廣東及江南諸省，建立一種深入基層社會的壇靖之制，道壇道士與聚落居民形成密切的供需關係。

明末清初閩粵之民遷移來臺，移民者日眾，在台灣各地分籍聚居，閩粵諸俗亦隨之傳入，在台灣初期方志中均特列有「風俗志」，其中即特別強調泉之俗行於泉、漳之俗行於漳，閩粵同風，俗同「內地」（或內郡、中土）。在初期「內地化」階段，風俗信仰、歲時節慶、生命禮儀乃是結合地緣、血緣所形成的「文化緣」（李豐楙 1994）。道壇道士即是依附於各種族群，故隨從移民而遷入定居，從事其世傳道法的宗教服務行業。由於移民分籍而居，泉籍多近海，漳籍多居平陸，而粵客或以人少或晚至，則分別萃居於台灣南部與北部近山地帶。由於各籍道士亦隨之散布於各籍屬優佔區內，在從事相關信仰、習俗時，乃隨從移民族群而定居，久而久之即在自然、人文環境的交互影響之下，終於逐漸形成各區的風格特色，這就是一、兩百年間的「在地化」（或稱土著化、地方化）過程。

根據晚近對於福建、廣東現存道士的實地考察，都能印證台灣道教諸派的分布情況，確是與各籍道法的傳統相符。也就是在原籍道士所行的專業職能，經歷兩三百年的衍變之後，兩者相較縱使在演法習慣、道樂唱腔上多少有些變化，不過主要的宗教職司則並未有較大的變動。一般說來民間所說的「烏頭師公」，既度生亦度亡，平常業務則多以拔度亡魂的齋事為主，而吉事則從作三獻以至建醮諸般祀神禮儀，從民家到寺廟俱為其行業範圍，由於吉事較諸齋事為少，故稱為「烏頭」；行內人也有

稱為「靈寶派」，除了所用的科儀書常稱「靈寶」某經，安真之時竟能保存六朝初的「靈寶五符法」，可知其確與靈寶經有密切的淵源。但總體說來就如其奏職必朝龍虎山、壇場必在師壇請「張道陵天師」、登棚拜表必手提天師「籙士燈」，也的確與正一派有關。其分布地區以往有：台北縣市泉籍較多的地區如萬華、淡水等、新竹市及鄰近市郊的村莊，以至新竹、苗栗、台中縣、彰化縣海線，而雲林、嘉義以南的諸縣市，凡台南、高雄及屏東均為這一派的道壇分布區，澎湖、金門離島亦屬之。至於「紅頭師公」乃以漳州南部及粵東客籍道士為主，傳承道法二門，平常多以祭改的小法為主，頭纏紅巾、手持牛角而行消災解厄的法事；而所行的吉事則是安太歲、安神位，作三獻以至建醮，也就是只行吉事而不作齋事，故被稱為「紅頭」，自稱為天師門下「正一派」。

屏東縣在移民族群的分布上，即近海多泉籍，東港即是在這一區域內。而道教派別則除了「六堆」等客屬優佔區外，多為天師派下的「烏頭道士」分布區。根據實地考察在屏東一帶也曾經產生諸多有名的道長，特別是早期方志上曾記載的王醮事跡，即是在康熙五十六年陳夢林編修的《諸羅縣志》中所載：「斂金造船，器用幣帛服食悉備；召巫設壇，名曰王醮。」另有乾隆二十九年王瑛曾重修《鳳山縣志》時，特別記錄了一則高、屏地區的王船史料；而從現存的早期文檢密記中，多可發現載有五朝王醮的詳細記事，可知屏東原是泉籍道士的分布區。從道法風格與地理形勢言，從高雄縣路竹以南，也即是曾文溪以南，自然在地發展為另一個道士圈，與路竹以北一帶以台南府城為中心的風格有所區別，長久以來一直維持一種比較明快的地方傳統。

在這一區域內，還有一種「道法」配合的閭山法，乃是源於福建閩北及福州相鄰區域，崇奉許法主，此派許法主所傳法的神秘聖跡即為「閭山」，根據派內傳說與實際地理的考證，說法分歧至今仍是難以指實其地。不過可以確信是福建北部一帶所盛行的巫法，其流傳、衍變的歷史相當古老，乃是目前中國大陸儺文化研究中的一大支，諸如端公、梅山派等一類，其行法風格較諸古來為神所降的巫師、乩童，已發展為一種通曉法術卻不行降神術的派別。由於其行法時服飾樸素如常，僅需頭戴額眉或繫紅巾、腰佩龍虎巾，並使用法索、五營旗及師刀等法器，而唱誦歌辭也較近口白，配合其樂器，故整體風格與道教之文言經典、嚴裝顯服者相較，確是比較富於庶民風格。在福建的傳布甚廣，從閩

北直到閩南的泉州地區，俱可見閭山派的法脈傳統，故有烏頭道士的「道」配合閭山法師的「法」，類此道法配合在台灣中南部即傳承同一法脈。

屏東一帶的法派正是閭山派，派中所傳授的法術常是配合神明事，由於閭山派所崇信的許法主，在行法時多有召請五營官將護壇、護境的法力，所以官將斗中都有五營旗，旗按五方色、五方數而召請五營兵將：即東營九夷軍、南營八蠻軍、西營六戎軍、北營五狄軍、中營三秦軍，乃是中原居中而邊兵守外的漢人本位觀，秦漢以前即是這種敵對形勢，卻被巫師轉化為守疆的邊防戍守力量，按照巫術性的思考原則：我既能洞悉汝軍的統兵元帥的名稱及兵將的服色、數目，我就不懼汝等；且能召請汝輩等歸服我方，反而變成一種防衛法力。在六朝初期的道書如《太極真人敷靈寶齋戒威儀諸經要訣》，既已出現明確的四營兵將的名目，可以推知確是古來相傳的巫法（李豐楙 1994）。不過有關張、蕭、劉、連四聖者何時出場；而中央統兵的李哪吒元帥，應是《封神演義》流行之後才附麗於舊說之上。類此召請兵將，衛護我境，乃是紅頭法中的調營法——中國西南少數民族中即是「安營紮寨」，只要行法一定先以五營旗召請，形成為地方守「境」的安五營法。從法壇上使用法索的靈蛇法具、師刀的法具轉化，都是南方蛇崇拜的遺跡，及器物法術化的巫術性原則；再加上祭煞、開火路等法術，多比較接近原始的不懼水、火的巫術，確是保存了原始巫術卻又在發展過程中也吸納了道教之法，乃成為南方民間社會中的法派。

在台南以南的地區，道教在醮壇法事中常需安排一部分的閭山法，諸如禳熒儀式中的去火煞，即是一種法術性的祭煞法。閭山法派所能獨立行使的法術，配合組成為成套的儀式，也常在宮壇或廟宇中自成一系，有些是幼小時學習，長大後作為業餘的宗教（神事）服務；有些則專業立壇，專門從事祭煞、改運等法事。不過在高屏及台南等地，法派中人多少總感覺這些法術相對於道教科儀，其法事規模、行法範圍及社會形象，總是一種「小法」。因而在這種宗教情境中，凡是學好小法而想專門其業的，有機會就想繼續精進而學「道」，如此「道法兼修」既是個人的精進其業，也比較能增廣其行業、重塑其形象。這次主壇的林德勝道長即是這一情況的成功例證，從其學習、精進歷程所獲致的多種專長，也完全表現在東隆宮的慶成醮與王醮科事中，乃是台灣南部道法交流的宗教現象的佳例。

東港本地長久以來既缺少歷史較悠久的道壇，因而常需遠至屏東市或萬丹鄉邀請道長，等這些道

長年紀較高之後，林德勝（法名大典）道長在相鄰林邊鄉崎峰村所立的集神壇，即因地緣關係而與本地地方人士夙有交陪，因而得以從戊辰年起即被聘請主持東隆宮的慶成建醮，並接續擔任辛未年的圓醮（即俗稱醮尾）事宜。這一次山門隆重落成，即是已有兩次的主壇因緣，也就在廟方的禮聘下，再度被遴聘主持丁丑科的建醮科事。不過除地緣、人緣諸關係外，更重要的還是要有豐富的主持醮事的經驗，始能勝任愉快。據林道長表示：自他昇任道長至今，所主持過的三朝與五朝醮典已高達一百七十一科，極盛時一年就有三十一科，而其弟子中經其傳度奏職榮昇道長者至今也有七位。因此目前屏東縣境內較被圈內人所認定稱許的道壇中，林道長的道務經歷及掌壇經驗堪稱翹楚；由於目前其春秋正富，年正四十二，在身段唱腔上，精鍊純熟，精微之處猶見工夫，確是足以擔當醮事重責，表現其獨特的道法風格。

林道長道法兼修，道教齋醮與閭山法術俱能擅長，因其家世原本即為祖傳九代的閭山派紅頭法師，九歲開始學習家傳的紅頭法術，又曾拜枋寮陳金德為師，專學神明事，如請神召營、開光點眼、祭煞、開火路、過刀梯之類，十三歲便已登過刀梯；後來為了精進道術，曾拜臺東蘇耀庭學習地理，如三元、三合、四大局及奇門遁甲之術。而本地傳統在精熟小法之後乃又專修天師道法，前後曾拜過多位師父：凡向小港蘇國顯道長學習齋事，前後六年，能作三朝功德，目前其所行的二朝已超過兩百科，功德事一朝的約有五百次的經驗。其後為了精進，又隨道士世家林園劉雅宏道長，學習醮事科儀，前後約三、四年，經劉道長指點早、午、晚三朝科的訣竅；此外又曾隨從柯通湖精修道教密訣。這些高功道長都是高、屏地區道教界的一時之選，在齋醮方面各有專攻，也自成其道門風格，其道長奏職即是在蘇國顯的門下，多年苦學之後也學到真實工夫，奏職陞級時在甲子年，時年二十二歲。而王醮科儀則因高、屏一帶逐漸失落其傳承的道法，故特別遠道師事臺南市道士世家曾椿壽（泛舟）道長，始能得識王醮中諸多訣法，故多年來所拜師學習的俱屬靈寶派道士的系統；此外又曾幸運地得到溪洲張先助先生生前所有的道教經書，其中即有道教內部秘傳的科事資料。由於道學弘博，所牽涉的道法極為廣泛，特別是與五術之學密切相關，迫於道務所需乃又從江西汪容駿博習易經、堪輿諸學，此外並曾到各地參訪過台灣另一派以「道法二門」為專長的正一派道壇，吸收其在科儀演出上的特色。類此道法兼修的經驗，使其主持醮事既能以正統道法

為主，也能酌量參用閭山派的紅頭法，形成道法兼用的靈活搭配，呈現出沉練優美又活潑生動兩者兼融的美學風格。

林邊鄉崎峰道壇的林德勝道長，自戊辰年（民國七十七年）開始，即為東隆宮主持醮事。

這次林道長為東隆宮所舉行的「九朝慶成謝恩水火祈安醮」與平安祭典的王醮，所組成的道士團成員即有多位為門下弟子，主要是以高雄路竹以南的為主，如此較能在科儀行事上，表現為比較整齊一致的風格：凡有高功高雄鹽埕朱文成、高雄鼎金吳東旭及蔡志民、柯培欽，又有吳超儀和李恆約兩位在這次慶成福醮中通過一百零八階刀釘梯的考驗，昇任道長的資格。這場醮儀中除了林道長在主要科事中親自擔任高功外，吳東旭道長負責早朝、玉皇經的啟闕、謝誥，朱文成道長負責晚朝、入醮及普度，因其書法特佳，故也負責所有文疏的備辦工作。其他道眾則是一批習常搭配的有經驗道士，凡有高雄大樹吳易龍，多任都講，楠梓林琨傑也是系出名師；又有顏榮信、孫守延、小港黃清泰、余俊雄、大寮張基皇、梓官許瑞森、新園林石三等道士，總共十餘人，皆是年輕一輩中的一時之選。其中吳易龍的唱腔工夫拿捏恰到好處，為主要的都講；而林琨傑則動作老到，任副講之位。經由林道長嚴格挑選並搭配之後，才能構成如此堅強又默契良好的道士團，足以在前場演法行科，不負東港鎮民之所託。

吳東旭道長擔任早朝高功

東隆宮丁丑年醮典中，擔任高功之一的朱文成道長。

高雄大樹吳易龍擔任都講之職

楠梓林琨傑擔任副講之職

【二】刀梯奏職，傳度弟子

近數年來，林道長花費心血整理手邊的手抄本道書及舊本的科儀書，親自利用道藏刊本及所藏的諸多善本重新加以校對，印製成精美的大字本科儀經典，罡訣、密唸悉數錄出，使用時方便周全，以之積極培育良好的道長人才，並藉此加強其班底的實力，使醮典科儀在演出時，道法能通貫而熟稔地完美配合。由於台灣南部道教界「登刀梯」奏職進昇高功的習慣已形成，它本來是閭山派的傳度法，卻因臺、閩隔離而逐漸被道教界所採用。不過籌辦一次「登刀梯」儀式，動輒耗費兩、三百萬，所費不貲。他顧慮到年輕道士的經濟能力，因此就常利用五朝清醮的機會，特別安排加入登刀梯奏職的儀式，一則為宮廟建醮的一系列活動製造高潮，吸引信眾的注目，使醮典的末日能配合其他的「登棚進表」與「登臺賑濟」，達到醮事的高潮；二者即利用媒體的轉播與宣傳，在萬千民眾與地方頭人的見證下，藉由如此盛大的活動、高難度的考驗，在社會共同的信仰下，使弟子奏職後能在地方上方便建立其公信力，穩固其地位。

爬刀梯奏職的信仰及相與奏職後配合的相關儀式，乃是淵源於古巫師、法師的傳統，類此昇天儀禮乃源自北半球薩滿教區的宇宙觀及其原始信仰，古人以北極星為天庭為天之中的天界信仰，而象徵是立於地之中的宇宙山和宇宙樹就可以通天達地，古巫正是擁有上下天地、交通神人的能力，被認為是天地之間、人神之間的的中介者。因此整個「登刀梯」的儀式就是一種「通過儀禮」的信仰遺跡，經由象徵昇天的媒介物攀登而上，如當境最高的山；筆直的樹木如樺樹、竹子、檳榔樹；或人造物如梯、橋等可藉以往返之物的陟登而上下。在空間上即代表由此界進入彼界再下降回歸此界，在身分上則是經由師長道主的帶領，弟子在上天諸天聖眾的許可下，接受授籙晉升道長而獲得仙職，始能領有官物、祿資、軍兵，才具有資格代天行化、助國救民、濟生度世，可說是神、人其證的神聖職能，而這些職能即清楚地載明於受籙的文書中。中國境內至今在東北的薩滿和西南民族的法師、端公等一類，都是在身分上接近巫師、法師職能的神職人員，由於信仰習俗上的實際需要，故至今仍保留登刀梯的傳度儀式與秘法，在台灣除了少數民族的巫師之外，較富盛名的就是鹿港以南的閭山法派，利用此一方式考驗新進法師的能力，並作為獲得上天承認為法師資格的神人見證。南部靈寶派道士之所以採用此一傳法試煉制度，一則南部靈寶派道士大多道法雙修，對閭山法自有其深厚的傳統與認識；二者乃因為早期移民在海峽兩隔的情形下，無法親至江西龍虎山受籙，因此吸取法派的特色而採用為替代的方式，由度師信香遠叩，並由嗣漢天師保舉，作為晉升道長的一項考驗與資格證明。如此道法的互相融鑄，南部的大多道士和民眾，就共同認知登上刀梯即為陟登天界，乃是晉升為道長或法師的一項必要條件。

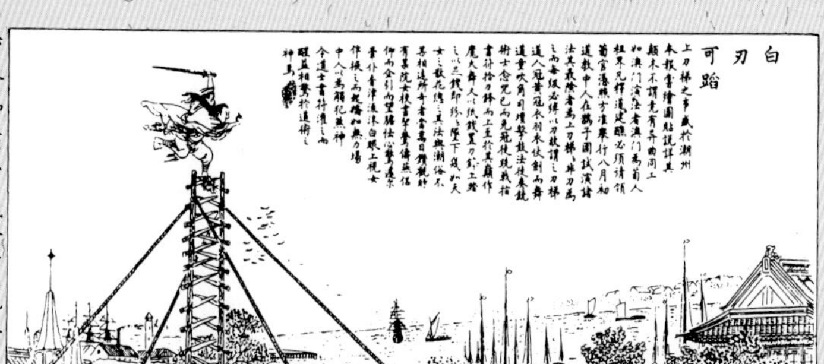

「登刀梯」原為閭山派的傳度法，後逐漸為道教所採用，成為道士奏職晉升高功的重要儀式，圖為清代《吳友如畫寶》中的潮洲法師登刀梯情形。

台灣南部傳統的刀梯是以竹子或檳榔樹作為刀梯的支架，兩邊再綁上一尺多長、二吋多寬的鋒利鋼刀而成，因為這兩種樹木比較筆直、取用較為方便，韌性也較佳，正可作為如《山海經》中的通天宇宙樹——建木的象徵物。其中檳榔樹又為屏東道士所最愛，因為檳榔樹高大粗壯、韌性又高，而檳榔也是祭神不可少的祭品，因此用以攀登的三、四十尺高的老樹，就顯得既珍貴又有一股特別的神聖性。一般刀梯的製作是架三十六把鋼刀，除第七、八兩刀交叉外，其餘皆平行排列，上面並貼有閭山法派的三十六官將符；而第七階乃由太子爺把守，一般有經驗者認為只要通過這一關，就大致可安全通過試驗。但現在的刀梯組合的新方式，常加高為一百零八階的刀、釘梯雙面形式，不同於傳統只有三十六或七十二把單向的刀，變成上去踏刀梯一百零八階，下來又得踏一百零八階的釘梯；整個高度大約有十層樓高，考驗性增高，危險性也增加，相對的民眾所認知的法術力與心中的信服度也就大為增強。由於高達十層樓的刀梯架難以找到適合的植物，因此就改以鋼架組合成長方體的高塔型，既安全又牢靠，又可重複使用。故目前較為行內人所信賴使用，而一般民眾也特別珍存從刀梯頂所散發的刀梯符，這次因在醮典時舉行，即改用建醮寺廟主祀神的平安符令，也一樣深受信眾的喜愛。

東隆宮丁丑年九朝醮典中的「刀梯法會」場面

東隆宮丁丑年九朝醮典中的「刀梯」，各有一百零八層單刀與釘梯。

登刀梯即是一種奏職昇級的儀式，事前一定要依古例坐禁齋戒，一般訓練法師需長達七七四十九天，但晉升道長者因大部分已有紅頭法的基礎，通常只要三至七天較短的時間。坐禁齋戒的目的就是要讓受試者完成身心潔淨的內外調理，在禁閉的淨房裡完全與日常的生活「隔離」，進入非常時期的苦行考驗與宗教體驗，凡飲食、睡眠與生活方式等皆異於平常。在神明的鑒證下，由經驗豐富的老法師或道長運用教內獨特的方式，在神聖又神秘的宗教氣氛中，訓練新進人員在精神高度集中其注意力的情況下，學習教內所秘傳的道法或法術，教導使之具有被神降，或主動依祕傳道法而能與神靈溝通的能力。在坐禁齋戒期滿之後，也就是要面對登刀梯前最後的嚴厲考驗：登刀梯奏職，依林道長的習慣，如果是在醮典期間舉行，通常是安排在拜天公、進表科儀之後；在刀梯架好、等待儀式進行前，或是隔天才進行儀式，林道長都會先作「開營放兵」儀式，先請閭山派祖師、三十三天都天李元帥和高功本靖壇諸員官將，以及承受受籙所佩的符法尺令劍印及籙中諸仙官將吏，共同保護刀梯、壇場的潔淨與安全，避免邪煞不淨的侵擾，以維護受試者的平安，使法事能圓滿成功。

刀梯法會進行之前，林道長先作「五方結界」儀式，以保護刀梯之潔淨與安全。

奏職科事的時間一到，在淨房中靜坐等候的道士，即開始打扮嚴整：赤足、背紅袋、頭綁紅巾、耳繫大香及金紙、背插綠紅二旗，然後新監籙士即在「報馬仔」和通引官的前導下，在激昂的法調音樂聲中，通過人山人海的眾人歡呼聲，從廟內或淨房內沿著紅綢布步道步行到刀梯前，雙腳不許接觸污穢。通引官與新監籙士打扮一樣，但背包內所背的是建醮主神的神牌、劍、印、符令及五付筶；此外重要的即是新監籙士的受籙傳度文牒中的右契部分，還有象徵閭山派統兵元帥盧太保、盧二娘的綠紅二旗，新監籙士則僅背上自已所要證盟的籙牒左

契和綠紅二旗。依林道長所傳承的道法傳統，傳度奏職的受籙文書總共有十四帖隨身佩奉的籙牒：二帖是由靈寶大法師所給予的，除書明豎立天梯煉法傳度事宜外，主要還有新籙士之姓名、八字及拜授之仙職；還有所差領的靖壇名號、官將及應肩負的神職和傳度時間。另有十二道公牒則是三清玉帝御下台判敕旨頒降三天陽平衙總司所給出的：凡一式兩份，新籙士即擁有蓋押「太上老君敕令」右半印契的左契文書，另一份蓋押「太上老君敕令」左半印的右契文書，內容凡有：賜給官物、祿資、軍兵的「文憑照身公牒」；有敕給的官誥、印信、仙官服飾與使用物件的「南曹官誥公牒」；有可以調兵遣將、遊行天下、助國救民、驅邪押煞的「差引公牒」；有可以差使廬山法旨三十萬天兵的「行營公牒」；有列舉審查之道德項目與相符後合封的伏魔職任、統領神兵的「職劄公牒」；有閭山諸司照應外合給出的五龍藏身護持的「九鳳破穢公牒」，有藉以保命延生、下祐子孫、殺鬼救民的「斬鬼公牒」；有皈身配奉以延生養老、安家立國的「玉書寶誥公牒」；有在新任籙士百年後，魂魄可通行無阻，赴任天上仙職的「通關公牒」；有證明身分、指揮官將、隨身配奉的「職印公牒」；有用以行文水司諸府，配合祈雨祈晴、不得妄行阻攔遊化的「水引公牒」，和法傳隨從將吏、隨身出入遊行、救度萬民的「管兵公牒」等，凡有十二道，乃是奏職受籙後擁有神職資歷的高功，憑此以行法布道的重要憑證，這些牒文正融會道法二門，使之具有完整的法力、職能，始能順利完成其宗教職司。

刀梯奏職儀式，由「報馬仔」前導進行。

刀梯奏職儀式中，奏職的新監籙士在通引官前導下一一登上刀梯。

經過刀梯考驗的弟子，即穿起新科籙士的「罡衣」接受信眾祝賀。

在刀梯前的蓆子上步罡踏斗後，就依序走到刀梯下的高桌上，先以雙足於符水中洗淨，並以柳枝沾符水淨身，然後再踏入鹽米中徹底的再淨其身，符水與鹽米兩種俱有潔淨制煞的辟邪作用，也有爬登時增強摩擦力的保護功能。此時即先由通引官帶領先登，最末則由道主本師在後壓陣，奏職者則排在中間依序登梯，一步一步向上攀登，也象徵一步一步地登上天界。在登上刀梯頂上的平台時，就開始進行神聖又神秘的儀式，先由擔任度師的道長率領奏職者一起向北跪拜焚香，然後由度師面向龍虎山誠惶誠恐地稟告今日的傳度事宜，祈求祖天師准予收錄為受籙弟子。稟告後再鄭重地行三跪九叩禮，最後就是鄭重的要由杜師擲筊請示允可的儀式，從十層樓高的刀梯頂手捧雙筊默祝之後，即嚴肅地擲下雙筊，請求諸天高真與祖師允准傳度。「聖筊！」若一次即為聖杯，刀梯下就適時地傳來興奮的吶喊聲、掌聲及慶賀的鞭炮聲，然後即在梯頂的強風中要一一燒化財帛和所有新監籙士的右契文牒，表示即由諸天證盟，從此需遵道守戒，謹行道法，成為道行俱能合格的高功。這時奏職者及道眾就從刀梯頂依次拋下攜帶上去的符令、糖果及錢幣，而底下熙熙攘攘的信眾頓時歡聲雷動，爭搶著天上飄下的神聖物品，分享諸天仙聖所賜降的福份。最後所有昇登的奏職者魚貫踏著另一面釘梯循級而下，等攀下站到平臺後，這時等候在釘梯下的道眾即以紅盤盛捧著新科道長的金仰、法冠、海青、兜佩、絳衣、牙笏、朝靴等全新服飾，作為昇格為高功的身分象徵。這時已經過嚴格考驗的弟子，即穿起新科籙士的「罡衣」，並欣然接受眾人的歡呼祝賀；然後才在報馬仔的引領下依序走到搭在廟前的高臺

上，在這次建醮的醮首（都為地方政要或寺廟主事），或地方上知名的資深道長面前跪下，請這些德高望重的人士為新科道長「簪花」，就是以金仰插入新道長的法冠上，「簪花」即有見證與照顧等多重功能。最後才進入廟內在主神前上香、叩拜以酬謝神明的護祐，並接受本師、前輩道長及家人的訓誡與恭賀，至此才算正式完成了登刀梯傳度奏職的神聖儀式。

這次東隆宮即是依循往例，在九月廿四日最後一日的上午十時隆重地舉行，刀梯架剛好搭在廟埕正中的泥土地上，正前方即是貴賓觀禮及等候簪花的高臺，廟埕前則為落成的巍峨山門，確是視野開闊的理想場所。由於醮典末日的儀式，從拜天公、登棚拜表到下午的犒軍、夜晚的登座施食，俱為壇外的科事，所以各方蜂擁而入的信眾特多。在醮典中特別安排「登刀梯」，是一般寺廟建醮時少見的安排；而奏職道士依例遵行奏職儀式並在登昇後請客，實也不易招致如此眾多的信眾。所以林道長與東隆宮自前二科所創下的先例，道教行內雖不一定認為符合行規，卻是相當有效地向社會推介陞職弟子的變通辦法。不過廟方也完全理解：由合格道長爬登刀梯之上，稟告這次醮典的醮功圓滿，在登棚上到「闕」前稟告、進表外，再增加這一民俗通曉的登刀梯的稟告方式，乃是新賦予的雙重意義。從眾頭人、執事及眾道長咸集，並有圍繞於刀梯下的十方信眾熱烈參與，其效果自可彰顯；道教轉用刀梯之昇登昇級，也就經由信仰者的共同認同，取得教門內部與廣大信眾的共識，這也是火居道「在地化」之後，特別能深入在地社會的變通表現，在道教傳統中也自有其開放、變通的容受性格。

【三】後場藝高，風格明快

道教的齋醮科儀即是一套整備的宗教儀式，或可說是一種聖事，自是在道士的行科演法時需有嚴整有序的道樂配合，使道士的動作有節、俯仰合律。自道教開創以來，既廣泛傳承前此的巫法、官儀與諸般樂舞，形成詩歌舞一體的樂舞表演。在六朝創教期內，既已配合教義的開展，而制訂基本的齋法，特別是靈寶齋法風行一時，其中就有諸多頌讚歌章，成為有名的「靈寶唱讚」，其齋儀程序在當時已發展為一套頗稱周備的結構。這些歌讚有模擬昇天的步虛辭，也有禮讚諸天的讚美辭，甚至連頌戒、歌真都有音樂與歌辭配合。（李豐楙，1998）六朝以後，官方及道觀在樂制上迭有新創，而歌詞則多一仍舊制，唐玄宗以帝王之尊親至教坊授曲，而宋徽宗也以崇道之主編行《玉音法事》，（陳國

符，1985）可知在道樂上一直配合新樂而不斷調整出新。

在民間道教齋法隨著「在家道」而深入庶民生活中，它與龍虎山、閣皂山及茅山等宮觀不同，也與宋元以來的全真道在全真叢林中所推行十方韻的「全真正韻」不同。由於火居道即是火居、伙居於聚落之中，自是與各地的地方樂曲有密切的互動關係，除了保存部分固有的「道樂」外，當地的地方樂曲、戲曲及民間小調，火居道在組合後場的演奏人才時，需要其幫場：由於方便配合或緣於當地人士的音樂嗜好，乃自然吸取了許多地方樂曲，而道教齋醮音樂也就地方化。從現存中國大陸的火居道——即大陸所稱的「雜散道士」，即保存有豐富的道曲及表現形式，如蘇州玄妙觀、上海白雲觀或諸般儺戲中的各地方掌壇師，都是保存了道樂在民間發展的地域性現象。

台灣道壇所用的道樂，原先自是從閩、粵「內地」傳來，根據福建、廣東現存道壇所演奏的音樂，也確實與當地的音樂有密切的關係。主要的有泉州系，由於當地的弦管——即南管、南音之風甚盛，不僅後場的演奏者習常演奏弦管，就是前場道士也對於弦管唱曲多能熟悉，自是會有互相交流的情況。不過舊泉州府屬、相鄰的漳州府大部分地區及今廈門一帶，正一派火居道士又因地方性而互有差異，就如同語言一樣，在「泉州話」系統下仍有諸多腔調的差異，當地道士通常即以是否能一起合作作為派系的區別，區分為某派如三元派之類（晉江石獅附近即自稱如此）。至於漳州南部並與粵東接壤一帶，即是台灣「紅頭」或「正一派」所源之地，大體上也是採用北管唱腔，而有地區性的差異。類此原籍道樂的傳統自是成為台灣道樂的根源所在，但經歷了兩、三百年的發展後也逐漸發生變化。

台灣泉屬道壇在各地分布頗廣，卻也適應各地戲曲、音樂等技藝，而在各個區域內出現「在地化」的現象。根據實地考察的結果，這些前場與後場密切配合的唱腔及所展現的美學風格，基本上有些常用的曲調，從結構上分析其實是同一曲子，不過在整體藝術表現上的節奏快、慢、「插花」（裝飾音）及韻味上，則會形成不同的審美趣味。由於道壇的習慣是必須請其他壇的高功或道眾相幫，在早期交通較不便利的情況下，因而形成一群或一區比較能合作的道壇，自然就會出現區域性的「道士行業區（或圈）」。在這種相互配合的條件下，必定會出現相互學習、交換的現象，並取得比較一致的唱法。所以道士行內就有以曾文溪為界或路竹以南以北的區劃；就是雲林到台南縣市之間，有些道長

也認為新營、鹽水一帶，在唱腔上也剛好介於雲林腔與臺南腔之間。至於新竹市及鄰近海線一帶，也就另有一個道士行業區（圈）；鹿港則是中部海線的代表，二水、竹山為山線的代表，各有其表現的地方風味。諸如此類「道士行業區（圈）」乃是基於師承、地方習慣及相關的人文因素，自然形成的行業區域。（李豐楙，1998）

屏東與高雄相鄰的下一半地區可劃為一個行業區域，在行業上相互支援、合作，所使用的樂器、曲調表現較為一致，因而師承關係也自然形成另一個道士行的人際網絡。林德勝道長在民國七十七年（戊辰）、八十年（辛未）到八十六年（丁丑）三次醮典，都有心地網羅了一些習常合作的好手，相當精彩地承擔了後場音樂的演奏，使前場的道眾能夠順利配合，完成一場又一長的科儀行事。辛未科的後場凡有四人：高雄橋頭人林滿男擔任司鼓，他從七歲就開始學習，至今五十餘年，鼓點的掌握純熟俐落，為後場的「主帥」；高雄大寮陳金能也是十三歲就學布袋戲的後場，也有四、五十年經驗，專門負責嗩吶（吹仔）、椰胡；林園人黃春長也從小學習，約已四十餘年，同樣負責嗩吶、椰胡；另有大寮張基皇得自家傳，當時三十三歲，擔任「司鑼」之職（許瑞坤 1994）。四位共同擔任長達七晝夜的後場，在無人替換的情況下，確是辛苦的後場工作。

丁丑年後場的組織成員，這次則由高雄市孫源宏擔任司鼓，孫家是世業道士，曾經名噪一時，有家傳的優異技藝，故鼓點準確而能巧加變化；陳振平為陳金能之子，從小學習，目前先擔任司鑼；此外負責嗩吶（吹仔）等樂器的仍是黃春長，這次任頭手，並有林忠義前來支援。雖然這次大醮典嗩吶老手陳金能因病未能前來襄助，但整體的配合仍是中規中矩，能夠與前場充分地搭配演奏。由於九朝醮的日數較多，這組後場需連續九天，與前場良好地配合，故大體能表現出南部路竹以南靈寶派較為明快流暢的風格，與路竹以北以臺南縣市的舒徐高雅有所不同，所展現的正是一種講究實質、效率的平實作風。

後場中負責嗩吶的黃春長前輩

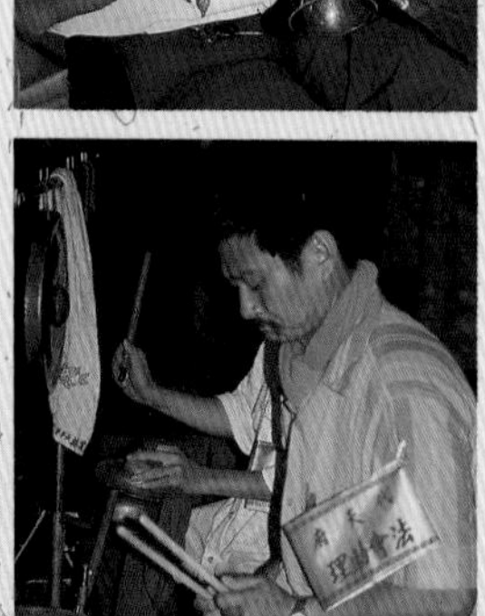

司鼓孫源宏專注地融入科儀音樂情境中

後場前來支援的林忠義，負責二弦。

道士有空時，亦能熟練地客串司鼓工作。

後場所用的主要樂器：是虎（右）邊的鼓師（即司鼓）所用的「通鼓」，外加角鼓和拍板；如道壇外出化符化財時，就以帶有長柄的手鼓（柄鼓）替代，後場的節奏快慢即由司鼓控制，故多是經驗老到者職掌。司鼓旁即為司鑼，行內稱為「釘銅」，凡有銅鐘、小鑼、小鈔及響盞等交相為用，，端視情況而彈性調整，多由比較年輕者所擔任，在旁配合司鼓。後場龍（左）邊則首為吹奏師，稱為「吹手」，要能運用大小各種吹奏樂器，如嗩吶（吹）、噯仔（小吹），並兼弦類的拉、彈，如鼓仔弦、三弦之類。通常會有兩位即是頭手吹、頭手弦和二手（又稱下手），頭手乃是後場的要角，與司鼓同是整個後場音樂的靈魂人物，具有指揮、主導的作用。所以林道長對於司鼓和頭吹特別器重，這次陳金能頭手吹因病不能前來，就一再地表示遺憾。

在整個慶成祈安醮典的科儀進行時，所使用的唱曲總共約有三十五首，多是中國五聲調式，只有少數運用「變宮」，多為羽調式，約十五首；商調式約十首、宮調式七首及徵調式二首、角調式一首（許瑞坤 1994）。按照其使用的情況可歸為四類：引子類（如香偈）、正曲類（如步虛、彌羅範、金字經等）、吟詠類（如水白、發爐咒、復爐咒）、誦唱類（如淨天地神咒、皈依三寶號），這四類分別在不同的科儀中出現，巧妙配合，迭有變化（呂鍾寬 1994）。由於每一場儀式都是莊嚴的聖事，前場與後場務必配合，整個儀式中道眾的朝神謁聖，轉經誦懺，能夠在變化中而不單調、在動作上能不過勞。因而整體表現既是唱誦者的內養丹田之氣，也是梵唱禮神的神聖儀典，乃是千百年來累積而成的完美程式的結晶。

一般說來，後場所演奏的道樂，在醮儀中的運用凡有四大功能：主要是勝任前場道士演法唱誦時的伴奏，使之和諧動聽，有些經驗老到者就可視情況而添加裝飾音（插花），使之變化而不單調。其次是前場道士在運香或誦經時，則換以海笛或椰胡輕聲伴奏，形成優美的氣氛，即是「軟樂」；至於出到壇外巡行外場時，樂手依例需在前前導引起注意，通常可視情況串場而不空白，此時多用手鼓及

鑼、鈔等攜帶輕便的一類，配合吹手而前進演奏。不過比較專門的音樂演奏則是「鬧廳」，安排於每日晨起鼓後、特別是晚場前的空檔，在內壇熱鬧地表演，這種演奏雅稱是「皇壇奏樂」，為了熱鬧動聽多選用北管曲牌（稱為牌子），如普天樂、三仙會之類。剛好和儀式進行時多用南管形成另一種熱鬧的感覺，作為晚場前的「鬧光」最為適合，不過這類地方性的曲牌並非是純粹的道樂。

在九朝醮的冗長醮儀中，後場樂師在音樂的選擇上，必須配合前場道士、特別是高功或都講，有些曲子可重複使用，有時則儘量變化，凡此都表現其整體道樂的涵養工夫。林道長本身及其他高功的經驗豐富，而都講吳易龍、副講林琨傑等道眾都在師傳、家傳的本事中巧加變化，使曲辭、調式能夠適度地修飾美化，這是譜式中無硬性規定的，完全憑上壇的實際經驗，配合本身的鑽研後加以靈活的變化。因此一場醮事科儀的完美表現，即是道眾在三清、三界神明前，頌讚諸天，禮謁聖尊的宗教聖事；也是在壇內壇外巧妙地營造宗教的神聖氣氛，期使詩歌、音樂及舞蹈三者合為一體，後場樂師所傳承的乃是宗教音樂的瑰寶，所有的道教聖事因之能「心假香傳、通真達聖」，完成東港鎮民所鄭重託付的神聖任務。

在臺灣各地的正一派道壇，傳承古來火居道的傳統，在聚落中被敦請為社廟從事社祭，其職務較諸社巫（即乩童），乃是在莊嚴有序的科儀中，嚴裝朝聖，書奏心詞，以達成溝通神人的宗教職務，所以道壇、社廟與聚落間具有密不可分的關係。這次林道長集神壇之與東港、東隆宮，即是以地緣相近、道法專長諸因素，因而榮幸擔任組團行科之事。由於道教的道法傳承頗為矜密，非經家傳師授即無從掌握其訣法，故從創教至今一直遵守受籙傳度的教規，始能在人神證盟之下擁有溝通神人的資格：諸如壇靖名號、法職及行法能力。臺灣道壇的傳承教育，即遵照古來的「行規」，學習相關的本領如研讀經書、書寫文疏、學唱或習樂（諸般樂器）以及有關的技藝，故在以往的行業分類中，為「上九流」中人，在市鎮或鄉村均被稱為「先生」，頗受尊重。而道壇之間彼此往來、相互幫忙，形成類似行業圈的「道士行」，在醮事中組團以完成繁複的科儀行事，高屏地區即存在有關係密切的道士行業圈，林道長依規矩此主壇行事，乃是正一道士的典型作法與行事風格。

⊙本篇作者／李豐楙、謝聰輝

東港東隆宮丁丑年九朝慶成謝恩水火祈安清醮程序表

醮別	日期	醮儀：早	醮儀：午	醮儀：晚
謝土	九月十六日	謝土起鼓，發表，祝聖	請土安座，土地公經，灶君公經，八仙安宅儀上中下卷	鬧廳，謝土分燈，宿啓
	九月十七日	報鼓，小早朝，玉樞寶經，三官妙經，北斗真經，午供	三官懺上中下卷，五斗真經	謝土三獻，開營放兵，安龍收內外煞，收土，送土，弧矢神燈，謝壇
火醮	九月十八日	火醮起鼓，發表，祝聖，火王開光安座，玉樞寶經，三官妙經，午供	北斗真經，滅火經，祭船三獻	祀天仙，火醮三獻，開營放兵，關祝五雷神燈，滅火押煞，官將送船，謝壇
水醮	九月十九日	水醮起鼓，發表，祝聖，水王開光安座，玉樞寶經，三官妙經，午供	北斗真經，禳災水醮祭船，和瘟正醮，水醮三獻	開營放兵，關祝五雷神燈，滅水押煞，官將送船，謝壇
清醮	九月二十日	清醮起鼓，玉壇發表，祝聖，祀立天旗，祝祀觀音、諸官將開光，高上玉皇本行心印集經啓關，(另一組外供)，高上玉皇本行心印集經上卷一品，午供	高上玉皇本行心印集經中卷二品、三品，下卷四品、五品	謝誥
	九月廿一日	報鼓，早朝，遶旗，祀觀音，(另一組外壇獻供)，朝天寶懺一、二、三卷，午供	朝天寶懺四、五、六卷	鬧廳，分燈捲簾鳴金戛玉
	九月廿二日	報鼓，三晨重白，遶旗，祀觀音，(另一組外供)，朝天寶懺七卷，午朝，午供	朝天寶懺八、九、十卷	啓師啓聖，宿啓，謝師謝聖
	九月廿三日	道場陞壇，遶旗，祀觀音，(另一組外壇獻供)，三官寶懺上、中、下卷，午供	北斗經，五斗經	放水燈，普陀山小普，晚朝，開營放兵
	九月廿四日	請神，祝聖，拜天公，登坪進表，一零八層刀、釘梯奏旨	關祝萬靈星燈，入醮降九御	普度，謝壇送聖，謝燈篙

說明：丁丑科為了慶賀新建金碧輝煌的牌樓落成，在九朝慶成謝恩祈安清醮的科事中，林道長根據以往醮儀的規模，再酌量擴大醮程排出豐富的醮儀：特別為了牌樓的動土而先排出兩天的謝土（九月十六、十七日），然後再依前次建醮的慣例而排有火醮（十八日）、水醮（十九日）；最後才正式展開五朝清醮（二十至二十四日）。這是台灣南部典型的慶成醮規模，一般情況通常是在大體建好之後即先舉行比較簡單的謝土，然後過一段時間，等廟中經濟較許可，才正式進行慶成醮。不過這次由於東隆宮的醮典乃是為牌樓而慶成，且是在丁丑正科王醮前才趕工完成，自然是無法先謝土後建醮，這段動工以至完工期間，其時間極為匆促，因此權宜之計即是合併舉行，九朝醮中仍先依例完成謝土儀。九天之中詳細的醮儀程序，林道長根據其豐富的經驗，排出相當緊湊的科事表，並嚴格執行，以圓滿這一大型醮典。

東隆宮丁丑年醮典前，所出示的「鑒醮」公告（中），以及認股公告（右）。

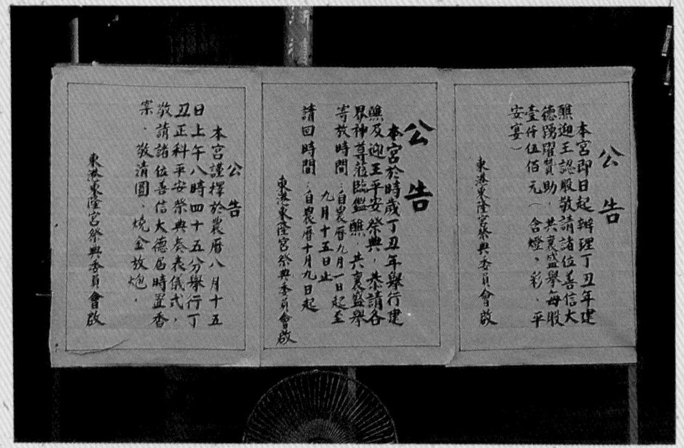

起醮前一日，溫王爺神轎在指揮車、神樂團、班頭、內司等前導之下，繞行七角頭，恭請各主要廟宇神尊蒞臨鑒醮。

醮典期間，斗燈座設在內壇三清宮前方神案與三清壇上桌之上。

[貳] 醮事準備篇

在道教的醮儀行事中，一場醮典的準備工作就是要在決定掌壇道長後，開始進行通知神人諸事，首先即決定日期，本地就以迎王祭典的日期為準，再推前三日即為醮典之期。然後依次先「通醮表」稟告玉帝至尊；在依次告示鑒醮、認股及斗燈首分諸事，以期鎮民出錢出力共襄盛舉。到了醮典舉行之前，又預先公告建立外壇、豎立燈篙日期。這些行事在整個醮典程序中都具有特別的標識作用，無論是空間的確定、時間的區劃，都具有明顯的區隔功能。在醮典前經由一連串的行事，才能將醮典正式地推向預定的程序，順利地展開所有的神聖性事務。整體醮典的行事隨著籌備工作而陸續展開，就逐漸將整個東港鎮的廣大醮區帶入一種民間特有的喜慶氣氛中。此類氣氛的逐漸加強，即是經過類似宗教學所說的由俗入聖的儀禮而加強完成，中國社會為了區隔出「平常」（凡俗）與「非常」（神聖）的兩種時間形式及生活狀態，國人在千百年來既已發展出一套信仰生活的法則，其張弛得宜的「工作與休閒」的社會生活規律，早已為全體國人所共信共行。這種社會生活哲學在無形中自然運作，因而使整個祈求福祥的行事，由俗入聖，由平常進入非常，然後在醮典順利完成之後始又返歸日常時間，如此週而復始地完成通過的儀禮，始能讓東港人獲致全體境域的平安。

在丁丑年九月初，東隆宮醮局已在宮前貼出公告，預告「豎燈篙」的日期，並通知本鎮善男信女：「擇於農曆九月初九日上午九時舉行豎燈篙儀式」，並希望各家戶屆時開始張燈結綵，懸掛醮燈、醮綵；並於醮典展開的前一天，即農曆九月十五日上午八時起各家戶門前均需擺設香案，敬奉清圓，燒金放炮，以示禮敬。

【一】進表稟告，請神鑒醮

醮典的籌備程序，在決定主持醮事的掌壇道長之後，就在丁丑年的年頭先舉行「通醮表」，也就是先要將舉行醮事的心願稟告諸天神尊。所以在該年的正月二十七日、二十八日舉行兩天的「進表」儀式，即由林道長的弟子朱文成道長所主持。儀式開始是在二十七日上午八時十五分「起鼓」，直到二十八日下午五時「入醮」，其儀式程序有如下表：

正月二十七日

上午　發表、請神，起關。

下午　玉皇本行集神妙經一品、二品、三品、四品、五品；謝誥。

晚上　（鬧廳）分燈捲簾、宿啓。

正月二十八日

早上　道場（早朝獻茶）進拜叩許九朝慶成水火祈安表文。

上午　三官妙經、北斗真經。

下午　關祝三界萬靈聖燈、入醮三獻、謝壇送神。

在兩天的儀式中，主要的就是要進拜這一叩許舉行「九朝慶成水火祈安」的表文，將東隆宮為了慶祝牌樓的新建完成，並祈祝地方平安的事由，在表文中一一稟告。由於表奏玉皇大天尊，故依例諷誦《玉皇本行集神妙經》五品，在獲得玉帝允許之後，廟方執事人等即代表地方民人叩謝。從此即可遵照醮典的慣例，先行預作準備，籌組建醮局、祭典委員會，依需要會議決定建醮的重要事件：首先就是配合平安祭典的舉行，先完成「九朝慶成醮」。這次醮典日期，決定從農曆九月十六日到二十四日：前兩日謝土；其次為兩天的火、水二醮，然後才是五天的慶成祈安清醮。

丁丑年九朝醮典的「進表」法會提前在正月舉行

關於建醮經費的籌措，委員會依據前兩次的經驗，發出公告及通知，早在醮典數月前就開始作業，其中較早的一份告示，是在丁丑年農曆六月就發出的「鑒醮」公告：

本宮於時歲丁丑年舉行建醮及迎王平安祭典，恭請各界神尊蒞臨鑒醮，共襄盛舉。

寄放時間：自農曆九月初一日起至九月十五日止。

請回時間：自農曆十月九日起。

從六月到九月的三個月期間，凡是關心醮典的信眾就可自由決定，表明人、神「共襄盛舉」的意願。

在臺灣南北各地凡廟宇舉行建醮的活動，事前都依例會邀請其他廟宇或民家所奉祀的神祇，蒞臨道場以監督醮典的進行。民眾相信：諸神佛經過「鑑醮」的儀式，既是熱烈參與在一宮之內迎諸天聖眾，也能借此提高神靈的法力，並增進辟邪除妖的能力。這次建醮盛典，由於參加鑑醮的神佛頗多，特別在後殿二三樓（先師殿、天壇）內殿空間排置桌案，作為供奉鑑醮神明之所，以黃色木條作成圍欄置於各殿門上以示區隔，醮局也請專人日夜輪班看守、上香，並在後殿一樓上樓處以班頭所用的板杯阻隔，禁止閒人進入以維護其聖潔，而有意願來參與鑒醮者也依規約捐納獻金，共襄盛舉。除了開放各界神尊自由參加鑒醮之外，為了表示對鎮內七角頭主要廟宇主神的尊重，醮局特別於起醮前一日（九月十五日），由溫王爺神轎前往各廟宇敦請主神神尊蒞臨鑑醮活動。溫王神駕在當日上午六時十分，在指揮車開路、東隆宮漢樂團前導、振武堂班頭護駕以及振文堂內司主導之下，繞行鎮內七角頭，一一恭請各主要廟宇的主神及其神轎蒞廟。當日午時未屆，即在最後一站——埔仔角鎮靈宮聚集了各角頭主神的神轎，一行隊伍浩浩蕩蕩地開往內壇所在的東隆宮，使醮典尚未正式開始前，就先行帶動一波熱鬧的高潮。

建醮與迎王平安祭典的經費，主要來源之一即是燈、彩的認股，所以早在醮典一月前，即八月初一就在廟前貼出一份公告：

本宮即日起辦理丁丑年建醮迎王認股，敬請諸位善信大德踴躍贊助，共襄盛舉，每股壹仟伍佰元（含燈、彩、平安宴）。

東港採行認股制，並將「建醮迎王」合而為一，既便於鎮民認知兩者連續的意義，也減輕大家的經費負擔和備辦的方便。由於三年一科得迎王祭典傳統，本地人習慣相關的地方慣例；又於戊辰年和辛未年的較科也有成例在先，因此鎮民也熟知認股參與，張燈結綵，乃是慶成醮和平安祭典的功德。這一認股的工作就依例進行，分由各角頭的委員或里長一起，親到各里的各家戶，一方面通知醮典、祭典將屆的消息，希望大家多配合協助；一方面見面表明燈、彩認股的情形。在自由決定之後，通常鎮內會有四仟份到五仟份參與；而不認股者則是到店家處自行採購。凡參加公家認股的，屆時就會收到醮燈及八仙彩，等醮期一到「張燈結綵」，配合

置香案、敬清圓，就自然形成慶典的氣氛。

醮典期間聳立在各重要路口的牌樓，形象鮮明地歡迎外賓進入醮區。

除了諸神鑑醮，還有一種讓境內信眾自由參與的，就是各柱首及各燈首多需以較大的捐輸認捐斗燈。在建醮前，醮局為了讓市民有熱烈的參與感，都會廣發請柬通知各家各戶並在廟前公告周知，引起境內外善信的注意，大家紛紛前來登記，由於競爭較劇烈，還特別用擲筊決定重要的燈首。斗燈座設在內壇位於三清宮前方神案以及三清壇洞案上桌之上，在起醮前即有諸多善信登記。在斗筒中置放剪刀、尺、鏡、涼傘諸物，在點燃燭火後，光明輝耀，不使熄滅，以此祈求斗首闔家「元辰煥彩」。因為信眾都深信斗燈內五行俱全，諸法物也都各有其深刻的意義：諸如寶劍屬金，辟除不祥；剪刀亦屬金，既可剪除不祥，亦諧音「家」，全家增祥；秤一把屬木，可秤一家之福分，尺一把亦屬木，亦可衡量是非善惡；有燈心或燭火置於土缽內，屬土，中有水有火，置於圓鏡前，點燃後即不可熄滅，火光照耀鏡中，閃耀通明，即是一家之人「元辰光彩」之象。斗燈之斗從一般的米斗到精緻的木斗，其中盛滿稻米，上插一涼傘，傘下有一紅色斗籤，其上書寫的，除了日、月之諱外，主要的即是南斗與北斗之形。自古即相傳有「北斗註死，南斗註生」之說，因而點亮斗燈，祈求北斗星君消災解厄、南斗星君延壽祈福，故能夠帶給一家人「元辰光彩」，乃是一家命運共同體的象徵。從九月二十日凌晨燃點之後，一直通明，直到醮功圓滿後，各燈首才前來迎請回家，安奉於廳堂上一段時間，以象徵家運興隆。除了斗燈之外，醮局也為所有醮首分別準備一只粉紅色圓形醮燈，上書各醮首名稱，喻意添燈（丁）發財，佈置內壇時即懸掛於兩側上方的棚架之上，成排的燈籠也將內壇點綴得更加莊嚴肅

穆。

由於本鎮近年來人口有增加之勢，經濟上也比較富裕，有能力捐輸者眾多，所以在鑒醮壇及斗燈座方面都早就設計週全，以應諸善信的奉獻需求。為了慎重迎請神佛及點燃斗燈的日子都特別請日師選擇，並註明沖犯之人使之知所辟忌，顯示醮局方面重視的情況。在整個醮場的設置上，隨著鑑醮諸神紛紛前來，及斗燈紛紛安奉整齊，確是逐漸為醮典的來臨增加慶典的熱烈氣氛。在建醮起功前後，整個東港地區也都為了這一次難得一見的九朝醮典盛舉，出錢出力，各獻所能，以之先行整合、凝聚各角頭在丁丑正科平安祭典之前的人氣。而到處一一完成的布置，如高聳立在鎮內大路口的高大牌樓，形象鮮明地迎接外賓，歡迎進入一片四處懸掛醮燈、醮旗的慶典天地中，「合境」已漸洋溢著醮典歡慶的期待情景。

【二】齋戒迎神，豎立燈篙

❖封禁齋戒，齋潔身心

在一般情況下凡地方上舉行醮典時通常會先厲行「封山禁水」，要求境內的信眾於醮典期間遵守齋戒的規定。由於東港本地比較上並未特別重視這一封禁的傳統，故東隆宮醮局並未訂出「封山禁水」的時間，也未嚴格要求境內所有的信眾一定要茹素齋戒。不過對於承領斗燈首之善男信女，則仍是按照舊規嚴格要求其在醮典期間凡要進入內壇者就必須齋戒沐浴，並須穿著布鞋而不准穿皮鞋，身上也不可攜帶皮帶、皮夾等任何皮製物品，乃是對於降臨醮壇的諸天聖眾表示尊敬之意。此乃緣於起醮之後，內壇即成為不同於平常日子的神聖空間，因此所有進入內壇的信眾，都應一體遵守規定，不得隨意觸犯，以免褻瀆各方神明。

從宗教學的意義言，「齋戒與禁忌」是許多宗教普遍遵行的行為，中國社會自古以來就傳承這類嚴格的規矩，流傳至今在建醮時仍是特別保存，全體信眾自是理應嚴格遵守。類此以建醮的時間和空間來區隔「凡俗」與「神聖」的狀態，期使使東港全鎮所轄的七大角頭都能成為「神聖區域」，而東隆宮殿堂則是整個醮區聖域中的神聖中心。所以時間一到醮局的執事者就按規定在鎮內及宮前周圍張掛成串的黃色醮燈，其他如牌樓的搭建以及旗幟、佈告的安置等等，這類物件的出現都使全鎮逐漸轉換成為神聖區域，以此表明其明顯的空間標記。在時間上，則是從九月十六日子時開始，整個醮區才正式進入為期九天的「神聖時間」裡。

本次醮典即是醮區內所有居民的重大事件，關繫及全鎮共同的命運，因此大家都要在齋戒的期間內，對於全體身、心進行一次大潔淨，從身齋而心齋，始得進入神聖的身心狀態，以此心境迎神樂神。因此整個「日常生活」的作息都要適度調整，使得全鎮百姓都逐漸進入了一種遠離「常律」的生活狀態。按照廟方所公告的醮期須知，全體斗燈首及諸善信在這種「非日常性」的神聖狀態之下，人人都需遵守諸般齋戒與禁制，以此達到徹底的潔淨要求；特別是所有參與醮務者尤須率先遵守茹素、戒殺的規定，且需嚴守夫妻分房以維潔淨，以便進入神聖的心靈狀態。在這段「由俗入聖」的神聖時間內，諸如此類一改平常的生活作息，並虔誠地奉侍神明，即是眾執事及醮主人等藉此以接近、取悅神明，以之代全鎮民眾祈求大家的共同福澤；就是一般在這神聖境域內的所有信眾，也都要遵守這種古來建醮的常規，以之守己洽眾，借此潔淨的身心禮請神明，祈求賜予全家全境的福祉。

這段期間之所以需要遵守諸多的禁忌，就是為了避免觸犯神明、沖犯，這是古老的神明聖潔觀。凡屬習慣上被認為不潔之人：如孝家未滿一年、或做月子之人，都應嚴格避免進入道場、醮壇等，以免有所沖犯或冒瀆神明。故醮壇旁的告示牌一經矗立，東隆宮的各門禁均需以板杯交叉架著，不讓閒雜人等隨意進出，這種嚴格的氣氛確是足以警醒大家：一個盛大的醮典馬上就要開始舉行了！而如何戒慎其行、恭敬其心，就成為「一心誠敬」的信仰表現。傳統的慣例，一般都是不讓婦人進入內壇，本地則為了因應時代變遷的趨勢，本次建醮則一仍前例，採取較為開放的作法，特別允許女性斗燈首在自覺潔淨的情況下可以進入內壇隨拜，這也是近年來在「男女平等」的風氣之下所做的彈性調整。

由於醮典是非週期性的，都要經過很長的一段時期才會舉行，在農業社會自是鎮民的大事，就是在轉型為工商社會後，人們也要轉變其日常行事，專心於醮典中的神聖事務，其中蘊含有信仰習俗的深意：就是此時不事日常的耕漁、打拼，轉而以誠敬的心情從事敬祀神明之事。從餘暇社會學的觀點言，根據孔子所提出的「一張一弛」為「文武之道」的張弛哲學——即是以宗教性的禁制方式，強制人們停止生產性的勞動，按規定要休息以事神、遊戲歡會，也就是轉而從事與日常生產活動完全不同的事神行為（李豐楙 1993:116-154）。藉用這種強制性嚴肅地區隔方式，讓大家按照自己的興趣、能力從事與神事、醮事有關的職務，這就是神聖空間（醮區）內，所有信眾在神聖時間（醮期）裡，以

神聖性事務獲致宗教性休閒的深刻意義，也讓東港鎮民自願提供其勞力，幫助完成地方上的一件大事。

醮典中的區隔觀念，表現在醮壇聖域的禁忌理念，或許在現代工商社會的劇烈變遷中，世人已不易深刻地體認其中的真諦；但是宗教信仰卻在保守的儀式行為中透過祭祀期間所行的封禁、齋戒，將東港鎮內的整個境域作短暫的還原，不屠不殺，回復渾沌，常民以之表現對於神聖、自然所應有的尊重與崇敬。因而在醮典期間所呈現的是一種中介狀態，違離日常，齋潔身心，便是對眾神明蒞降這片聖域，從內心中表現一心的敬奉之誠。所以暫時的禁忌屠殺、辟除不潔，不僅表現出上天的好生之德，也讓大地借此休養生息，再次喚醒：終日打拼生產的百姓，暫時地回歸原始的渾沌狀態，這正是古人「神道設教」的遺意，這也是在現代化社會變遷中，古聖先賢制禮的原意值得讓今人深思至再！

❖ 豎立燈篙，普告天地

醮典開始前的另一項重要行事，就是關於燈篙的籌辦與豎立，這也是流傳千百年的古禮，至今仍是讓醮區內的百姓印象特別地深刻。在此之前的一段時間即先行展開有關燈篙的活動：

本次醮局豎立燈篙的工作，由宮內經驗豐富的執事人員根據過去兩次累積的經驗，配合林道長所嫻熟的醮場規矩共同辦理完成。依照慣例需挑選合格的竹材，即以高大挺直、竹色青綠又末梢完整的刺竹為佳，擇定吉日良辰，由醮務人員鄭重地在鳴炮聲中，一路鑼鼓，用大貨車小心翼翼地運載到宮前，即命名為「燈篙竹」之後，從此即不可輕易接近或任意損傷。

在廟埕中央矗立著五支燈篙，即「豎燈篙」。

燈篙豎立的地方按照臺灣南部建醮習俗，通常會將之集中於廟前統一豎立，但東港本地則特別因應信眾的需求，分別豎立在各外壇以及醮主（醮首

宅主）的住家門前，並在燈篙之前設置簡單而美觀的牌樓與雨棚，棚內擺設香案，醮典期間例需每日供祭，顯得相當慎重其事。東隆宮之前即為天壇，豎立燈篙的位置，即選在廟埕中央的一塊泥土地上，面對天壇（即東隆宮正身）而立。不管外壇或醮主處，所有的燈篙數目皆為五支，豎好固定後，其外再糊上符令、天金紙，然後裹以草蓆，包上紅布。最後在豎好之後，再將燈篙區四周以黃色或紅色布幔圍護，不使閒人入內，以免受穢。由於燈篙是召請幽明共降的聖物，故在棚內供奉紙紮的五方平安軍以為守護。

「豎燈篙」儀式由林德勝道長主持

醮典期間主要的燈篙，豎立於天壇前方的東隆宮廟埕上，亦為醮典起迄的標幟。

「豎燈篙」的儀式是在丁丑年農曆九月初九日上午九時舉行，由林德勝道長主持，三位醮主代表參與祭祀。在五支燈篙之上，中央一支懸掛天燈，用以象徵青天，左右兩支各掛黃底紅字的方形「玉皇上帝」旗旛、紅底黃字的三角形「三官大帝」旗旛及七星燈，普度前才將七星燈及三官大帝旗卸下，換上乙只招魂燈，並在燈下再懸掛白底黑字的長條形召魂旛，係為了召請陰界的孤魂滯魄前來。燈篙上即是兼有天地燈、天地布（幡），就能陰陽兩界，幽明並濟。在兩端的燈篙上則另掛有黑底黃字的「當（值）年太歲」三角旗旛、藍底白字的「溫府千歲」三角形旗旛及千歲燈，以示東隆宮主神及對值年太歲的敬意。燈篙豎立並昇揚之後，林德勝道長即在儀式中舉行通疏之儀。

在謝土及水火醮結束之後，祈安醮典開始首日，亦即農曆九月二十日清晨卯時，道士在內壇鄭重地「發表啟請」後，就到燈篙前舉行升起燈、旛的儀式，主要就是要上燈篙疏，稟告上蒼，祈請諸天聖眾降臨，故隆重地昇起旗旛及天、地燈。一旦旗旛及燈盞昇起後，燈篙之下的天燈、天布一方即有天兵天將守護，而地燈、地布一方也有地上兵將看守防衛，這是告請諸天仙聖及召請孤幽的方式。儀式完成之後，燈篙之上即祥光通明、陰光普照，在夜晚的天空中，凡是燈光照耀之所及，幽明兩界均經禮告、召請，三界神明及十方萬類自是會循眾善信之請紛紛降臨或召至。廟方為了維護燈篙區的清淨，就依例告示：凡是婦女、孩童、坐月子者或帶孝不淨者切勿靠近」，以免犯沖。既經揚旗掛旛召請至本境，則早午晚三時均需獻供品，上供時在左方敬神燒金紙、壽金；在右方則燒銀紙、經衣給孤幽，每天起鼓之後，依例由道士到燈篙前供獻並行升旗、繞旗儀式，以表禮敬之意。

清醮首日「發表啟請」後，即到燈篙前舉行升起燈、旗儀式，祈請諸天聖眾降臨。

燈篙一經豎起並揚旗亮燈之後，在宮前的廟埕上空，白日則有旗旛在風中飄揚，夜晚則是天地燈通明普照遠近，這些景象確是讓鎮民有深刻的醮典印象。不過重要的其實是在這段時間內，諸天神尊普降、孤幽等眾咸來，鎮民以虔誠之心從事祭拜，身心潔淨，內外如一，這是宗教信仰的真諦。這一情況直到農曆九月二十四日晚上九時許，在完醮之後，先燒化大士爺等紮作神像，翌日上午即進行「

謝燈篙」儀式，降下旗旛及燈籠，等化金紙後，便可拆解燈篙，象徵整個儀式活動也到此完全告一段落，而時間之流又流到日常生活中，凡俗時間中有凡俗行為，生產打拼，競爭以求生存。故燈篙作為醮典的起迄，確是一種標幟。

清醮在每天起鼓之後，道眾到燈篙前行「繞旗」儀式。

【三】醮壇聖域，官將守護

❖壇場內外，結壇立像

醮典前的壇場布置，乃是儀式空間的安排，做為道士演法而醮主祭拜的神聖場所。農曆九月十五日晚間，道士團在林道長的督導下，在東隆宮正殿結壇，前殿的三川殿各門完全封閉，兩側偏殿（境主尊神殿、水仙尊王殿）的大門亦以振武堂（班頭）的板杯阻隔，禁止一般人進出。然後在平時祭拜的三川殿與正殿之間，這一寬闊的空間即為內壇結壇之所，入夜就開始布置壇場。內壇主要分為三清壇與三界壇兩個部分：三清壇即是舉行醮儀的重要場所，將元始天尊、靈寶天尊及道德天尊的神像畫軸高掛於正殿溫王爺神龕的前方，即是道教神譜上所稱的三清：玉清、上清、太清，其中元始天尊持珠，以示渾沌初開，靈寶天尊則持陰陽寶扇，及陰陽兩儀，而道德天尊則持如意，是內壇道場中地位最崇高的聖尊。左旁為玉皇宮，懸掛玉皇上帝畫像，像作帝尊威嚴之狀，帝冠九旒，服飾為金黃，乃是萬神之主。右邊為紫微宮，懸掛紫微大帝畫像，像亦威嚴自持，冠亦九旒，服飾則為淺紫，統領萬星，視為萬星至尊。在三清宮前設置科儀桌（洞案），背後並懸掛象徵三清宮闕的「闕」字竹簾，這就是諸天仙聖蒞降，接受道眾及醮主人等敬拜之所。

醮典內壇三清宮的莊嚴景象

在三清壇的左右兩旁則分別懸掛著天京地府、水國陽間等四府神像，眾神俱是儀駕壯盛，職司相近者皆為一組，在乘雲駕霧中朝三清宮行進，畫像中旗旛飄揚，肅歌邕邕，象徵著各方眾神正朝著三清聖殿朝元謁聖，整個朝元聖駕即由青龍、白虎星君在前導護；其間有時會排出官將等作為道場的守護。與三清壇正相對的則是三官壇：壇中央的經桌上方設置一座紙糊的宮殿，其上墨書「三界亭」，即是俗稱「三界公」的天官、地官及水官大帝及其聖殿；兩側又有朱衣公、金甲神作為守護。右邊掛玄天上帝的畫像，為北帝位（聖壇）；左邊則掛著天師畫像，為天師位（師壇）。其左右又分別高懸溫、康、馬、趙等常見的四大元帥畫像，即是象徵諸元帥統兵備守壇場，氣氛莊嚴肅穆。在三界壇的桌案上還安奉有當境的三界眾神，壇上依例設有諸多燈座，兩旁繫綁有兩根帶頭帶尾青的甘蔗，上繫高錢，即是迎請三界眾神蒞降高座之意，因而供桌前頂桌上可供奉菜碗十二或二十四、三十六碗，以之祭拜天神；又在下桌擺滿了諸多供品，如糖塔、果盞，以及米麵類的紅龜、紅牽及壽桃之類，用以祭拜三界神明。三界壇前是儀式開始時發表、啟請的聖域，也是早朝呈詞、午朝呈疏、晚朝呈表等科事的主要場所；在儀桌上還特別設有南、北斗諸星君的神牌，即是諷誦五斗經以禮請星君之意，這一次在慶成醮前先安排有謝土的儀式，故特別在三界壇左側另設土神神位，其上貼出六宿（獸）紙像：左青龍、右白虎、前朱雀、後玄武、內勾陳、外螣蛇，以之作為祭獻掌管土地安鎮的神靈之位。

三清宮前的科儀桌佈置

由於東隆宮正殿的祭祀空間比較寬廣，林道長也特別重視內壇的排場布置，故在三清壇與三界壇之間的兩旁空間，也就是兩側靠前殿偏殿之後的位置，就分別布置有五斗（南、北、東、西、中）星君之位，以示諷誦五斗星君；並為末日的普度施食而特別再加掛有救苦天尊、普化天尊像；此外迴應禮謝土地眾神而多設福德正神、註生娘娘；保生大帝、司命真君等神位；至於在南北斗星君的兩旁，又分別懸掛東、南天王以及西、北天王軸像，則是因東隆宮前即有四大天王石雕像，佛寺以之為「風調雨順」的護法神，故也作此安排，凡此均使得壇內的布置在神聖莊嚴的景象添加了堂皇熱鬧的氣氛。整個內壇即為眾多的掛軸神像圍成儀式空間，高功及道眾在此行科演法，就自然成為一個聖潔的聖域。

三界壇為啟請三界神明之所

在三界壇左邊，敬謝土府的后土壇及桌案下的生三牲。

醮典期間一旦醮事科儀展開之後，內壇聖域都只允許各斗燈首進入隨拜，一般信眾難得一窺內壇的情況。因此內壇之外以及各外壇布置於廟前的各種紮作神像等，即特別引人注目，也是一般人對於臺灣醮典主要的視覺印象。此次醮典因為東隆宮醮局執事的慎重，在內壇之外的布置亦受重視，陳列廟前的各種紮作神像，數量眾多，規模盛大，連外壇的設置也相當隆重，也多有可觀之處。

在紮作方面，東隆宮封閉的三川殿中門之外，聳立在正中的乃是一座大士爺的紙糊巨像，高約四公尺，背門朝外而立，坐鎮於封閉廟門的壇外。其像身披金黃戰甲，面色呈藍黑相間，火燄眉、怒目獠牙，口中吐出三道長長的火燄舌，上額兩側並有一對向上微彎的畸角，表情猙獰而威嚴。右手向上彎舉，持一面紅底綠邊的「太微旗」，上書「東隆宮祈安清醮普度植福」金字，背上並「背五峰」，五峰旗為橘花色底黑邊的三角形旗幟，象徵其統御百鬼，足以鎮壓並管理孤魂等眾，太微旗即是用以命令孤魂，使其聽令而勿喧鬧。在大士爺的頭上通常都會立著一尊紙糊的「觀音大士」像，據說大士爺即為觀音大士所化，因見普施場上惡鬼搶奪布施的食物，使前來的孤魂無法順利領受，所以心生慈悲即變現出凶猛之像，用以鎮懾惡鬼，使勿欺壓眾孤魂。

由於在豎立燈篙之後，陰光及幢旛將召請孤幽前來，故要每日施食，也要為之安排憑依之所，乃在大士爺的右方即水仙尊王殿之前設有紙糊的「寒林所」，以為施食、憑依之處，為單棟的傳統廟宇形式，連同基座高約五尺，是「歷代名賢文武官員」等孤魂之所棲止，民間通稱為「翰林所」；而針對「十傷男女無主孤魂」等，為了男女有別，特地分作「男堂」、「女室」，分列於寒林所兩側，又

在「女室」右側置一座形式較為簡單的「浴室」（沐浴亭）一座，亭內也區分為左男右女兩室，作為孤魂沐浴淨身之用。在建醮或中元普度時都會豎立大士爺坐鎮法場，即在其具有督視孤魂餓鬼的作用，這也是中國各地傳統的信仰習俗。

在大士爺的前面又有普陀岩一座，長橢圓形向外稍微傾斜的平面上，分列許多小紙像，表現的故事主題凡有十八羅漢、四大金剛、四海龍王、四香花、八仙過海、《西遊記》中三藏師徒四人西行取經等神仙人物，正中央後方並立一尊身著白衣尺寸稍大的觀音大士像，旁立善才龍女，端坐於紫竹林中，上書「普陀山」三字，在猙獰威嚴的大士爺像襯托之下，顯得和藹可親。大士爺與普陀岩之外，廟前左右分列各式的紮作神像，高約一丈，騎乘不同神獸立於三尺高基座之上：由內向外排開，首為當境的山神、土地，分守於左右二門，其外即二行相對地羅列：凡有象徵「風調雨順」的四大天王，雷公、電母；風伯、雨師，溫康馬趙四大元帥及朱衣公、金甲神等，由大門兩側向前兩兩相對一字排開，十分壯觀。廟門兩側左方的山神作威武的紅面將軍像，側騎青獅，頭戴金邊黑戰盔，身穿紅衣紅袍，雙手持笏板於胸前，基座上書「山岳神君」；居右的土地神作慈祥的白面老人狀，側騎黃虎，頭戴黑色金邊的員外巾，身穿黃色衣袍；雙手在胸前捧一顆金元寶，基座上書「福德正神」。這兩尊正好相對，鎮守道場的出入，當境山神、土地公的職司正是負責於聖尊眾神蒞降壇場後守護當境。

三川殿兩旁側門之前首為四大天王像，左側為東方持國天王與北方多文（聞）天王，右側為西方廣目天王與南方增長天王，四天王像均身著金黃戰甲、頭戴戰盔。持國天王騎黃虎、黑臉，右手執花狐貂，左手持劍；多文天王紅臉、騎紅虎，右手持紅傘，左手握拳置腰間；廣目天王白臉、騎灰虎，右手持白色琵琶，左手握拳置腰間；增長天王則棕臉黑鬚、騎紅虎，右手持鐧，左手持火珠。四大天王原為佛教的護法神，騎神像通常置於佛寺的前殿（天王殿）中，或是被彩繪於佛寺大門之上，守護寺廟，以之作為醮壇的守護神則較為罕見，或許與東隆宮廟埕中設置有四天王石像有關，故在建醮時也以紮作紙像一併陳列。再向外兩側即為成組相對的雷公、電母與風伯、雨師像：雷公為黑臉尖嘴、騎金麟飛龍，身穿金黃戰甲，頭戴黑色紅邊戰盔，右手持金錘，左手持金鑿，被上並長著翅膀；電母為白臉粉頰、峨眉鳳眼珠唇的女神粧扮，騎紅羽飛鳳，身著紅衣黃裳，頭戴冕冠，手持一面銅鏡。風伯、雨師俱為道長裝扮，金色道冠上均插仰：風伯

騎青牛，黑臉紅鬚眉，身著飾有方塊紅底、金色八卦卦文的黑色道袍，雙手持紅色笏板置於胸前；而雨師則騎黑色班點的紅鹿，顏面為粉臉白髮白眉白鬚，紅色道袍之上則飾以黑底的綠色八卦卦文，雙手抱拳置於胸前。這「四騎」紙像紮作一般在小型醮典中比較少見，只有在五朝以上的大醮才會有八騎、十二騎的規模。

外壇神像中一般人較為熟悉的則是溫康馬趙四大元帥像——即所謂「四騎」——，左邊為康元帥與溫元帥，右邊為趙元帥與馬元帥，職司把守道場。四大元帥皆作武將裝扮，身著戰甲、頭帶戰盔、背上插五峰，但其形象及所執的法器則各不相同：溫元帥騎青獅，青面紅眉紅鬚，右手持金環、左手持金錘，狀甚威猛，守於東位，為地祇之神；康元帥騎黑斑點紅虎，紅面黑鬚，雙手各持一劍，神威傲然，守於南位；馬元帥騎白像，白面黑鬚，斯文莊嚴，右手持蓮花盤，中有一因兒（因生蓮花），左手持劍守於西位，為斗口靈官；趙元帥騎黑虎，黑面黑鬚，右手持鞭，左手方板，雄武威嚴，守於北位，為掌管財神者。最前端相對即的為朱衣公與金甲神，朱衣公為慈眉善目的文官裝扮，粉臉白鬚眉，騎青色麒麟，身穿紅色官袍，頭戴金色黑邊文官巾帽，雙手持笏板置於胸前；金甲神則作身著戰甲、頭帶戰盔的武將裝扮，白臉濃眉無鬚，素淨的顏面中透露出幾分威嚴的神色，騎黑鬃白馬，背插五峰，右手持紅底黃邊的三角形令旗，旗上書「合境平安」四字。這些事先布置在醮壇之外的神像紮作，在儀式開始時即會由道長「開光點眼」予以聖化，經賦予靈性之後就成為神聖事物，以此完成鎮守壇內的宗教聖域。

這些紙糊神像與紙厝通常是分列於內壇之外的廟埕之上，由於乃是屬於開放空間，故一般信眾都可趨近觀賞，也就成為一般人印象較為深刻的建醮印象。此次醮典所使用的諸紮作製作，技藝精湛，皆由萬丹鄉現年六十六歲的匠師郭明飛及其子郭宗恩負責製作：郭家從事此項技藝是從郭明飛的祖父郭牛開始，經其父郭天存之手傳下技藝，已是第三代傳人，他又有一子克紹其裘，是四代家傳的民俗藝術，多年來屏東地區舉行醮事的醮壇紮作，泰半出自郭家之手，其優異的技藝早已獲得地方人士的肯定。一般說來紙紮神像屬於民間藝人的傳統技藝，運用了紮、糊、剪、版印等傳統民間藝術的手法，其造型素樸而精鍊，色彩強烈而鮮明，乃是表現出民眾喜愛的一種民俗藝術。近代隨著傳統版印的沒落，各種紮作上所使用的諸多組件已為現代式彩色印刷所取代，其材質形式也已制式化、規格化，

但其內容式樣則仍多遵循傳統習慣，故尚能保持傳統的風貌。郭家的紮作也為了因應現代的需求，在傳統以紙為主的素材中加入了布、塑膠等材料，使得作品也在傳統中顯現出幾分華麗的現代感。

道教結壇即是經由聖化的方式，將所有的神像、紙糊物件神聖化為聖物。在結壇完成後，壇內聖域即被轉化為神聖空間，官將鎮守，妖氛盡除，以之作為天尊、仙聖降臨的神聖壇場。而壇外則分由諸天官將及山神、土地分別鎮守；並特別由大士爺坐鎮，乃是因為眾孤魂滯魄被召請而來，需要施食並憑依沐浴於此，等末日普度時再移至普度場，使之成為承受甘露法食的普施法場。由此可見廟門的封閉，可以減少閒雜人等進入，因為這段期間內壇布置的物件眾多，神像也多，為了安全而需防護謹嚴；而從宗教意義上言，為了保持聖潔，自是需要將壇場區隔內外，也區隔出神聖、潔淨與孤魂及一般信眾活動的兩個空間。正因為內壇為神聖境域，乃請神降聖之所，為了避免塵濁不淨之人有所沖犯，因而歷來就傳承諸多禁忌，規矩嚴峻，諸如攜帶皮件者、未持齋者或帶孝不潔之人，皆絕對禁止進入。因此這次為了維護內壇的聖潔，也依例除了醮主人等及相關工作人員，其餘閒雜人等不得隨意進入內壇，凡此均基於道教聖潔觀而傳承成俗，世世代代為信眾所遵守而至今不變。

東隆宮丁丑年醮典諸紮作，由萬丹鄉匠師郭明飛率子郭宗恩負責製作。

陳列於東隆宮前方的壇場紮作左右向前排開，場面頗為壯觀。

壇外諸紮作神像中的大士爺（中）與山岳神君（右）、福德正神（左）

三川殿封閉的中門之外，矗立著大士爺及普陀岩。

四大天王中的持國天王（左）、多聞天王（右）

四大天王中的增長天王（左）、廣目天王（右）

雷公

電母

雨師

風伯

康元帥

溫元帥

趙元帥

馬元帥

金甲神

朱衣公

壇外右邊設置寒林所，男堂、女室及沐浴亭等，作為孤幽棲止憑依之所。

各外壇入夜之後飾以燈光而呈現出燦爛輝煌的景觀，圖為天壇夜景

❖ 搭結外壇，紮作法船

東隆宮為了因應盛大醮事所做的布置，醮局也根據設置外壇的習俗，分別在宮前以及鎮（境）內各角頭搭建數座三層牌樓面式的壇場，是為「外壇」。一般外壇的設立主要四大壇：凡有「天師壇」、「北帝壇」、「觀音壇」、「福德壇」，若再加上「玉皇壇」（天公壇）則稱為「五大壇」。在臺灣醮事傳統中，天師壇又稱為「主會壇」，北帝壇又稱為「主醮壇」，而福德壇則又稱為「主普壇」；然而在此次丁丑年九朝醮中，為了呈現其醮典的盛大，也讓各角頭廟宇及各醮主有比較密切的參與感，乃將各外壇建立在鎮內各角頭主要廟宇的附近，並變通地在醮壇上冠上廟宇的名稱，諸如：東隆宮所在的「天壇」，新街有「新隆宮壇」，船仔頭有「福安宮壇」，崙仔頂「鎮海宮壇」以及後塭仔「嘉蓮宮壇」，而在「東港漁會」處設「水僊尊王壇」等。這些外壇除了以宮廟或單位的名義建立，有別於傳統以主會、主醮、主普、主壇等「四大柱首」為主所建立者之外，在醮壇名稱上也與一般習俗略有差異。此外又在各正副醮首的住宅處分別設置一處形式較為簡單的外壇，並同樣在醮壇旁邊豎立五枝燈篙，可稱之為「醮主壇」，是本地較為特別的作法。

各外壇的形式大致類似，主要為單進深、立面三層傳統樓宇式造型，其闊面則為：底層五開間，第二層三開間再加左右各一座鐘鼓樓（左鐘右鼓），第三層單開間以及左右鐘鼓樓。其結構則是在竹竿所搭起的鷹架正面，以合板彩繪方式裝飾成樓宇式宮殿的模樣，底層各開間之間的柱子之上飾以玻璃纖維塑成的蟠龍或楹聯，龍身突出線條流暢，中間明間橫額書上隸體「東港東隆宮九朝慶成謝恩水火祈安清醮大典」，背後則飾以神仙人物與龍鳳瑞獸等彩繪圖像。在第二、三層各「殿」中則分別布置在臺灣醮壇中常見的電動式歷史故事人物，每一殿為一個主題，內容則根據各壇主神信仰而有所不同。祈安清醮醮事首日，道士團在醮壇眾神開光之後，即由外班道眾赴各外壇分別行「安壇主」儀式，將各壇主神（壇主）之小型紙像安奉在壇上，之後即需每日固定獻供，直到普度之後方才將神像一一請回，於完醮謝壇送神時一起火化。外壇的設置，除了作為醮典行事用途之外，也與設置在街區外圍各交通要道處的「牌樓」一樣，可以大致區隔出醮區的範圍，也以之昭告信眾醮典的舉行，使得所有來到本鎮的人，都能相當明顯地感受到進入另一不同於平常東港鎮的「醮區聖域」。

船仔頭「福安宮壇」

外壇中的天壇位於東隆宮正身前方

崙仔頂「鎮海宮壇」

新街「新隆宮壇」

設於正副醮主宅的「醮主壇」

後壚仔「嘉蓮宮壇」

東港漁會前的「水仙尊王壇」

水火醮之醮壇位於東港漁會前方

火船寮位於水火醮壇左側，圖為紮作火王船。

水火醮壇右側的水船寮，陳列七艘大小水船。

醮局在新建山門前方兩側搭棚，陳列各式水燈船。

由於這次醮事特別各安排了一朝水火醮，醮場醮壇依慣例即設在漁會前方的馬路之上，醮壇的布置規模雖不若內壇之盛大，但三清壇、三界壇以及守護官將之位等，仍是必備的配置。三清壇位於內壇尾端，兩側依例有玉皇宮與紫微宮，與三清壇相

對者為三界壇，兩側各有南北斗星君，天師、北帝，以及溫康馬趙四大官將與四府尊神。在醮壇入口處，即是在三界壇背面處又有普化天尊以及司命真君、保生大帝位，案桌上則依水火醮事的進行而分別供奉水王、火王小型紙像；入口兩側則有天官、關帝以及伽藍、韋馱像，以守護醮壇。兩天的科事中，按照東隆宮內所設內壇一樣，發表啟請即在三界壇前，其餘科事多在三清壇前進行；不過關五雷神燈則在壇外空地上，比較開闊，能容下較多的信眾，所以整個壇場仍是具體而微地表現醮事的規模。

由於配合水火醮中送船科儀的需要，在醮壇左右各搭一座雨棚，用來分別陳列送船之用的七艘水船與七艘火船。此外，又由於在祈安清醮中固定於普度前一日舉行「放水燈」的儀式，醮局也特別在新建的牌樓前方兩側搭設雨棚，陳列屬於各角頭的大型水燈船，以及各醮首個人所屬的小型水燈船。這次為了表現東港本地的漁港特色，特別製作的各式法船，水、火船與水燈船的造型、尺寸大體一致：大船各一艘，船肚長十八尺半、船高二尺一、船肚寬五尺二、船尾寬五尺二，船體與一般水燈船相較之下，顯得相當壯觀；中船各有六艘，船肚長十二尺一、船高一尺、船肚寬三尺、船尾寬二尺七；而三十六艘屬於各醮首的水燈船，則船體較小：船肚長三尺六、船高五寸、船肚寬一尺二寸、船尾寬一尺一寸半。這些紙糊船隻的式樣，不論尺寸大小皆作尖頭方尾，船上正中央設一座殿宇，有的供奉水王火王，也有的作為裝飾之用態，船體的素材為木板加配保力龍，由本地平安祭典負責建造王船的設計科副科長謝春成親自製作，故其造型優美不同於一般醮典中常見的水筏底座式的水燈頭形式，尤其是分屬於各角頭的中大型紙船，其造型更是壯觀，為其他地區所少見，也呼應了東港素以漁船製造專業之名。

醮典所需各式法船的船體，由負責建造王船的平安祭典設計科副科長謝春成親自製作，船身裝置則由郭明飛負責。

船身的裝飾製作，也是由負責官將神像紮作的郭明飛父子負責，其製作手法則乃紙糊組件為主，搭配華麗的塑膠製花邊圖案，裝飾華麗；而船身色彩的搭配則隨著用途而有所區別，如火醮所用之火船紅底鑲黑、水醮船隻藍底鑲黑，而水燈船則黑黃相間，各自呼應其醮儀的不同性質，尤其尺寸最大的三艘主要船隻——水王船、火王船、東隆宮水燈船，其船上殿宇裝飾得雕樑畫棟、金碧輝煌，華麗突出，尤其是屋脊特別作成中間一段抬高的「三川脊」式樣，在眾多船隻中顯得特別突出，至於其他小型水燈船也都工巧可愛。不管船隻的規模大小，一律在兩側甲板上配置數量不等的水手紙像，水手的服色也各自呼應各式船隻的主色，並在船上張燈結綵，入夜之後燈火閃爍別有一番景象。這些船隻分別在火、水醮的送船儀式，以及清醮的放水燈儀式中，由各角頭的轎班人員及眾醮首，或載運或扛抬，入夜之後遊行在境內七角頭的主要街道上，再加上各角頭壓陣的神轎火輦，使整個遊行隊伍顯得熱鬧壯觀，遊行過程中也不斷的燃放鞭炮煙火，使東港街區增添了不少建醮的熱鬧氣氛，這也是在醮典前夕請神鑑醮繞境之後，一般信眾參與最熱烈的醮典活動。

東港本地在歷史傳統上一向比較重視迎王平安祭典，而對於間隔甚久才舉行一次的醮典比較生疏，不過由於東隆宮較近歷經了兩度重要的慶成大醮，早已累積了豐富的醮事經驗。由於百餘年來三年一科平安祭典活動的持續舉行，鎮內各大角頭組織早已培養出穩定的動員能力，並且積累了豐富的祭祀慶典經驗。職是之故，這次為了慶祝山門建設落成，使得歷經二十年的整體建築空間格局圓滿完成，因而特別舉行「九朝慶成水火祈安清醮」，其規模確是過去少有的盛大，在醮局組織妥善有力的運作之下，醮事的準備工作相當順暢而有效。而在各項醮事準備以及醮典的禁忌調整方面，也適時因應時代的變遷而作適度的彈性調整，諸如各醮主壇的建立方式、允許女性醮主進入內壇隨拜、利用外圍活動擴大本地信眾的參與，以及重視醮壇布置以吸引信眾的關切等，在堅持傳統的原則下也適應了社會文化的變遷，確是一次成功的醮事準備。

⊙本篇作者／李豐楙、謝宗榮

附圖一　東港東隆宮丁丑年九朝慶成謝恩水火祈安清醮醮壇布置平面圖

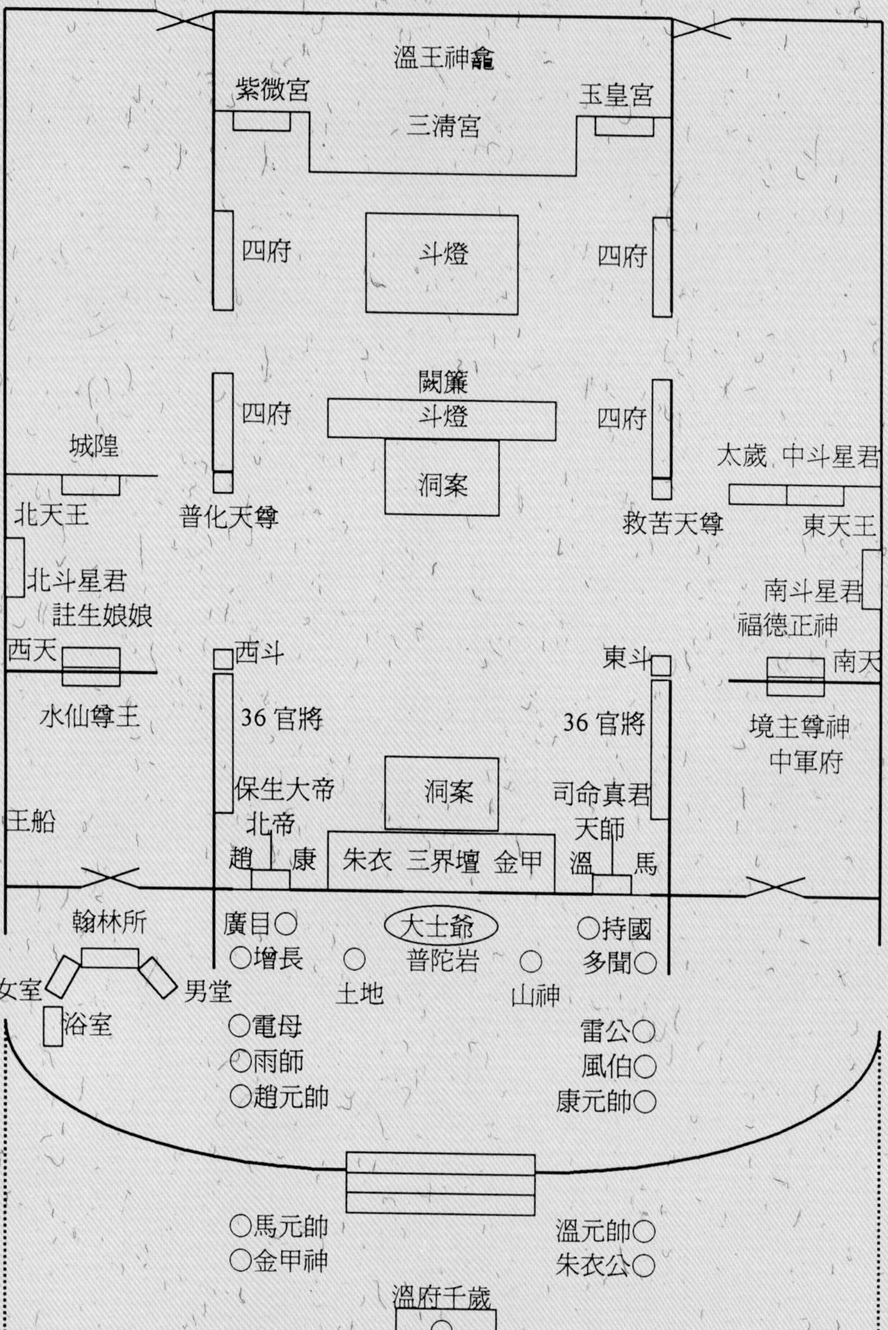

繪圖／謝宗榮

附圖二　東港東隆宮丁丑年九朝慶成謝恩水火祈安清醮水火醮壇布置平面圖

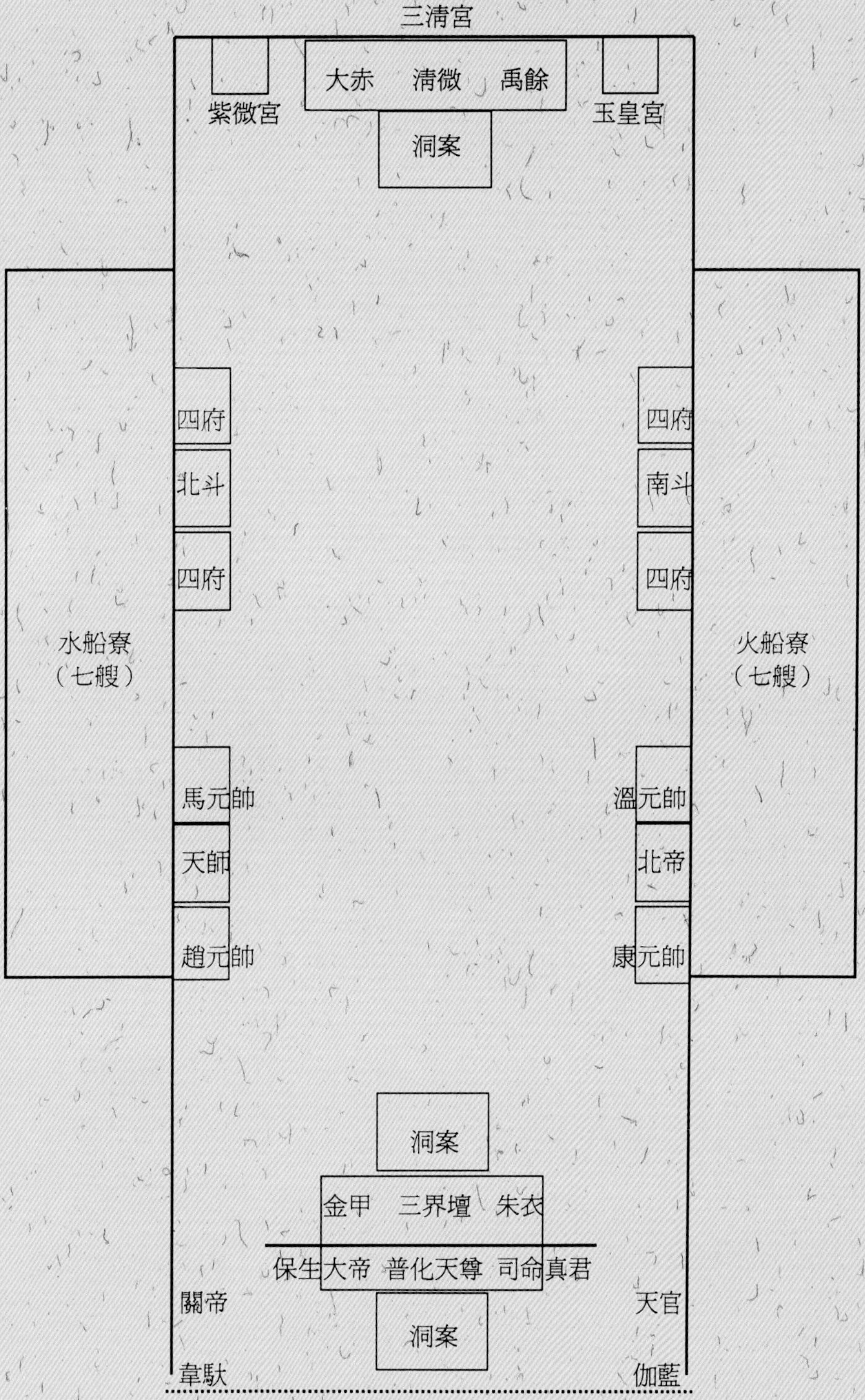

繪圖／謝宗榮

[參] 謝土禳災篇

建醮慶成所舉行的清醮乃是道教齋醮中的大型科事，根據中國齋醮史的發展言，上自帝王為家國舉行羅天大醮或普天大醮，祈求風調雨順、國泰民安；下至地方仕紳、民人為境內舉行祈安福醮，祈求境域平安，都需要道士以其專業知識從事醮典。因而道士都要遵照道門傳統，選時擇地，結壇行科，始能面聖啟請，誦經禮懺，完成神聖的宗教聖事。這次九朝醮中整個醮儀法事的結構，乃是依南部靈寶派一貫的傳統組織而成，既根源自古老傳承的道教文化內涵，也適度地表現了地域性的特色：首先安排「謝土」科儀，即是專為落成的廟宇，禮謝土地，故需祭送內外雜煞與土煞，藉以清淨聖域，奉安神明。其次「火醮」的意義則是為了驅逐火煞，以避免火災，因為傳統建廟多採用木結構，香煙薰染最怕祝融的光臨，乃形成驅火辟火的宗教儀式。東隆宮經過拆除重建後，已是現代化的鋼筋水泥結構，但一仍古例，希望永不遭受祝融的肆虐，護祐平安，故仍要作火醮祈安。故火醮一開始，就請南天火炬宮發出黑紙白字的榜文，其上明白寫著：「本府為合境眾等修設靈寶禳災祈安大醮一朝，上奉恩光，下祈景貺，據情仰仗本府官軍掃除熱炁，收止火災，肅清里域，各降禎祥。」其次安排「水醮」的用意，即在北闕水天府發出的榜文中清楚載明：「本府官軍監臨壇場，敦里域洪水勿侵，好雨如期，除凶衛良，福國護民。」此因東港地勢低窪，以前每逢漲潮海水易於倒灌或山洪爆發時民屋被淹，損失慘重；而早期開發時常有瘟疫流行，若再加上水災助虐，就更易擴大災情而傳染散佈。由於居民多以漁業為生，平常航行海中，特別殷切希望波穩浪平，魚貨豐收。所以特別在漁會旁安排火、水二醮，都是屬於祈求風調雨順、災害不與的醮事，而並非是超度水火亡魂。

在謝土和水火醮的醮程結構上，發表、啟請是每場醮典必須安排在開頭部分的先行節目，發表乃是正式的行文，請諸天聖真蒞臨壇場主盟科教，因為早在農曆二月，早已先行奏上通醮表，意即已先行通知報備建醮的時程。在台灣的建醮習俗中，「發表」時依例需請日師選擇吉日良辰舉行。謝土的相關表文乃是送至「承天效法」宮，向土府厚德光大后土真皇大帝、九壘高皇大帝、五方五帝龍王等掌管慶成謝土的諸神尊稟報醮典事宜；火醮則是送達南方火炬宮，呈奏南方大火炬尊帝及火部一切威靈；水醮則是呈奏北闕水天府扶桑丹霖大帝、暘谷

神王九江水帝、四海龍王、四瀆源公等水部神靈；至於正式的清醮則是需送達三清宮，呈奏三寶天君。祝聖的意義就是在諸天仙聖接到上呈的疏文後，蒞臨壇場鑑醮，所以要請神安座以接受虔誠的禮拜。進行謝土科儀時，之所以先請建醮所請的三天諸界所有正神，然後再請慶成謝土的土府神煞安座，實是因為醮典主體即是慶成謝土科儀，按照神譜的尊卑高下之序，自是仍以三清等仙聖為尊，而土府眾神則與土地建築有關，乃職掌土地諸府，故也特別於三界壇旁設一土府聖位。

在前四天謝土和水火醮的法事安排上，白天除了發表、祝聖和較簡單的早朝道場外，大部分的時間則為經懺的誦讀，所排出的經懺凡有「土地公經」、「灶君真經」和上中下卷「八仙安宅懺」，都是謝土科儀所必誦的，主要是因土地公、地祇主和灶君都是主管巡遊世間、糾察善惡之事，按時逕上天庭報告人間情事，而且又負有安鎮五方、守護壇界之功能。八仙懺的八仙應是「八山」，亦即八卦之方位，其重點也是在安地龍地脈，上中下三卷共有二十四山，合二十四山神煞的安鎮，這是中國風水地理的術數中所常見的二十四山神，故也配合在經懺中禮謝敬奉，使土地能夠安鎮。另外的經懺不外是為了消災解厄，增福添祥：諸如《三官妙經》、《北斗真經》、《五斗真經》、《三官懺》及《滅火經》、《玉樞寶經》之類。在晚上則通常安排較為生動的分燈、宿啟和關祝五雷神燈，以及民眾較能認知體會的精彩熱鬧的法術儀式，如收內外煞、收土、開營放兵和滅水火押煞等閭山法術，配合十七到十九日連續三天大規模的送土煞和繞境送水火煞諸活動而舉行，以之形成七角頭轎班及眾多信眾參與的高潮。

【二】奠安龍神，驅崇收土

在兩天謝土儀式依科演法後，接著就是敬送土府神明的謝土三獻，敬完三次酒，隨即火化福疏。在謝土醮儀完週後，林道長又依廟方的要求特別作了一段「安龍奠土」的儀式，一般南部的道長較少作，而中、北部正一派道士必定安排有「安龍送虎」一科，其原因即是緣於一座宏偉寺廟的建築，必先動土而會擾動龍神，故一旦重建完成，就需要經由儀式重新奠安龍神，禮謝土地。另一方面則是新建築完成，為了安奉神明，需要祭送煞神，以清淨聖域，使合境平安。因此奠安儀式除是為了重建一個神聖境域，讓神明鎮坐；也是為了新建寺廟驅崇納吉、祈求平安。台灣南北謝土醮儀的意義大體相同，通常會在醮典之前先安排一至三天的謝土科儀。

林道長曾參訪正一派道壇，吸收其「安龍」儀式的作法，特別在第二天謝土三獻前舉行。這場儀式另搭篷於廟門的左前方——即新建牌樓內，作為謝土、收土的壇場，先在土府桌案前的儀桌上，利用白米排出一條龍形，上綴以錢幣充當龍鱗，又以雞蛋、碗及香枝等物模擬首的形狀，以象眼、口、鬚，成為形象化的龍神，並點燃安鎮五方五土的油燈。在上香叩首之後，林道長即按閭山法敕劍、敕水、敕鏡、敕筆及取五雷令，然後敕雞以筆沾雞冠血和以硃砂，為米龍開光，分別依序敕點眼、鼻、耳、口、鬚、頷、肚、爪及尾等，米龍一經開光即表示，奠安龍神，永固廟基。

在米龍開光之後，即進行全武行的閭山派「收土」儀式，由登過刀梯具有大法師資格的吳易龍擔任，此時他頭繫紅巾，結單節於額前，赤足、腰佩龍虎裙，即是閭山派法師的裝束。在「開營放兵」請來本壇靖五營兵馬後，即念咒指揮：「天清清、地靈靈，三五交兵，兵隨印轉，將隨令行。今奉某某恩主、大神敕令，賜吾三壇法師帶動五營軍兵，鎮守壇界，不准凶神惡煞侵入吾界，若有凶神惡煞侵入吾界，打落酆都地府，萬世不得超生。」然後舞動寶劍，吹響龍角，揮動金鞭，在高昂活潑的法調音樂中，繼續威武地下號令：「二十八星宿隨吾轉，三十六員官將隨吾行，有符有令到壇前，無符無咒何處妖精，官將神將在左為左，在右為右，速差五營官將神將聽吾號令。」

慶成醮謝土、收土壇場中所排出的米龍

慶成醮中由林道長主持謝土府科儀

號令既畢就燒符化令，依東南西北中之序揮動五營令旗召請兵將，再向五方舞劍，然後一陣書符、噀水潔淨收土煞雜煞物品。首先即以五龍聖水清淨五方，再以祖師所賜的收邪劍驅除邪煞，一端繫著紅布封口、上貼著「奉越遊太歲敕令」的青竹符於空中揮舞，收取妖氛，再以鹽米用力灑向五方制煞，又祭出茶杯與甕兩項法器，快速從地上拾起灰塵一起灑入甕中封禁，收入塵煞；接著揮動斧頭，氣勢凜凜地做出劈砍的動作；並操弄捲成圓筒、二端繫符草蓆：先向上拋起，再以單手接住、跪左足，依照五方分別轉動九三七五一次，每次轉完之後即向五方用力摔打地面，在威嚇的聲勢中，震懾五方神煞；終則揮動法索再予驅送，劈拍作響地表現出法物的威厲法力。

進行收煞的法術唱念與動作時：法師先掐訣、步罡、噀水後，再打出所掐之法指，作為發號施令，然後把上書「五虎大將軍驅邪押煞保平安」（林道長則請：三十三天都天李元帥）的掃災旗幟圍成佩兜般地佩繫於腰際，再面向外方坐於原先相互纏繞置於地上的法索和圓筒狀草蓆上。以法斧書號符令於地上後，隨即燒符置於法甕中，然後一一再打手訣，敲碎茶杯後，連同鹽米灑入甕中，並以右手食指沾法水於左手手心書密符，向前擊打出去後，

隨即擲筊卜問祖師，一直到聖筊允許，然後再連續四次重複進行收內外煞、土煞的法術，直到原先完整的五個茶杯都敲碎後收入甕中。這些卜問的動作，乃是詢問五方雜煞是否確實已被攝收進入法甕中；若未得聖筊，就得一再變換不同的手訣，並念些更強的法咒，請更高的神尊協助，直到內外及各方邪煞污穢全面收押潔淨為止，才算圓滿完成任務。

慶成醮中收煞前，吳易龍以閭山派法師身分進行開營放兵儀式。

慶成醮收煞科儀中，收取五方雜煞入甕，並以鹽米制押。

一旦收完諸煞，就要將之封禁於法甕：法師先念咒燒符後，即以大張的金紙密封甕口作為裡層，再以紅色絲線圈牢；接著就點燃一支粗的線香，書符後於金紙中心戳破一小圓洞，在其旁放置數粒米，再化另一符令後，法師即吹起一陣較長的龍角法

號，配合手上持續搖動的帝鐘，以左手按住法甕圓洞，以法符貼上，蓋封太上老君法印，再以紅色布巾密封外層。隨後法師就用寶劍上下劃割舌尖，以鮮血舔在法甕圓洞處，完成法甕封煞的工作。這裡法師劃割舌尖血的咒術，就是象徵取用「龍喉血」的法術，用以押煞制邪，一般認為比較靈驗，法力也比較強。除舔吻法甕外，法師並一併以龍喉血用舔吻的方式，為安鎮新建牌樓所要用的石頭符、桃枝柳枝八卦符和剪刀尺鏡符一一敕點開光。這五個石頭書有五方符令，配合作「弧矢燈」儀式時，由泰玄都省敕給五方安鎮符令埋在牌樓的五方位，以示向土地諸神諸司借用的範圍界址，又可保護安鎮土地，防止外邪入侵。林道長表示：這是類似新廟落成時所使用的「地契磚」，就是向地祇主交割建廟用地的「所有權狀」，他的作法是用一種厚瓦，俗稱「瓦尺仔」，先漆黑底後再書紅字，以象通行地府的地契，蓋上三寶印後，以紅布包封，然後再以紅絲線繫打八卦方位，即是以八卦鎮封保護，通常放置於建廟時所預留的主神神桌下的土中封存。桃枝柳枝八卦符則掛於牌樓上，若是廟宇則常掛於主神的神龕上或是中門上端。五方剪刀尺鏡符，以綠紅白黑黃為裏並在外緣圍以相生的五色，則貼於牌樓（或廟宇）的五個方位，用於廟宇的表示四天羅、一地網，在東南西北四個方位上的剪刀口向下，各打開約二三吋，貼於牌樓（或門中）中方的則閉鎖不開，以免傷人；如果是用於家屋則為一天羅、四地網，僅中方剪刀打開；若是建有兩側護龍的建築者，則另加貼左金烏、右月兔護符，凡此都是視各種情況而分別使用，以之達到安鎮土地之效。

慶成醮送土煞儀式中，法師與眾人出發送煞前往海邊押埋。

慶成醮孤矢燈儀式中，安鎮五方符命。

內外雜煞、土煞完全收入法甕之後，就由法師負責鎮壓，此時先掛起「五虎大將軍驅邪押煞保平安」的藍色掃災旗，再將法甕放入竹籃中，另外其他的法器和六宿的紙像（左青龍、右白虎、前朱雀、後玄武、內勾陳、外螣蛇等土府六獸）則放入另一籃中，由專門之人挑著；又有一個熱滾滾的油鍋，法師以米酒不斷噴向油鍋，藉熊熊烈火除穢潔淨。然後就在神樂團和七角頭轎班「火輦」的護送之下，眾人浩浩蕩蕩地走到海邊。此時海邊早已擺好香案，林道長乃以法師身分先進行小三獻禮，禮謝協助驅邪押煞的將帥神兵和六宿等，再化紙火化六宿紙像和掃災旗，其他道眾則在沙灘上挖開一個深洞，先將法甕置入，再插上青竹符；然後林道長一連吹角、搖鈴、書符、念咒、祭灑鹽米，將法甕深深埋入沙中，然後手持法索依序向五方揮動，持寶劍於所埋的甕沙上書符，再將滾燙的熱油倒入，終於完成「送土」儀式。從此之後，法甕將隨海浪帶走，遠離本境，不再侵擾，眾人也在儀式完成後，頓覺煞神消除，歡愉而歸，而神轎的燈光也依例不予熄滅，鼓吹而回，與台灣各地的送煞習俗並不相同，故氣氛也特別顯得熱鬧歡騰。

【二】關祝五雷，禳災滅火

在這次祈安慶成醮的火醮、水醮中也特別排出兩次「關祝五雷神燈」，在漁會旁的空曠道路上舉行，而做關祝五雷神燈的禳災安鎮科儀前，林道長一開始就先行作「開營放兵」。在後場法仔調的音樂中，以五營（綠、紅、白、黑、黃）旗，分別向五方（東、南、西、北、中）調請五營軍，他唸調動五營咒法，分別以五方旗指揮，先調請東營九夷軍九千九萬兵，接下依次調請南營八蠻軍八千八萬兵、西營六戎軍六千六萬兵、北營五狄軍五千五萬兵及中營三秦軍三千三萬兵，分別在張、蕭、劉、連四元帥（有時是溫、康、馬、趙）和李元帥的統領下，調遣五營兵馬人人頭戴草茅盔，身穿硃鑼金

戰甲，手持金槍前來，護守法壇。接著即進行「五方結界」，由張、蕭、劉、連、李五位聖者分別鎮守五方，不准外邪侵界，否則違令者斬。在民間常由於道士本人在道、法方面的學習及傳承過程的不同，類此插入紅頭法的方式就具有複合、變化的特色。一般民眾自是無法完全理解整個儀式中道法交相為用的巧妙，而林道長本人則自有其運用之妙，藉此在禳送水火船之前就先有一段吸引信眾注目的序奏。

禳災祈安火醮中之火王開光儀式

禳災祈安火醮發表科儀中，高功出外步罡呈表。

關祝五雷神燈科儀中，按照五行方位所排的五雷神燈壇場。

道眾先是分別在五個方位上搭起五張相疊的桌案，上面有用香蕉欉斜插著油燈，其燈盞數目即是依東南西北中的九、三、七、五、一的五行之數分別呈現。林道長在謹稱法位、具法職後，就要先禮請神霄宮大神，如長生大帝、雷祖大帝，但主要的是請五位神君：東方尾火虎朱神君、南方翼火蛇王神君、西方觜火猴方神君、北方室火豬高神君及中央雷火追鬼薛大將，這是按照二十八宿及星君形象列出。從高功所吟唱的經文中，有「總轄東西南北中，提攜夷狄蠻戎秦，排五陣而列五營之兵，行五炁而列五部之象」，即先調請五營兵將也是符合五雷燈法。然後依次向五方誦咒，並焚化五張五方色的靈寶禳災符命，即以五雷部的雷炁，分別施行春夏秋冬等正令，解除民災而能長養青陽九炁、炎帝三炁、秋帝七炁、玄冥七炁、中央一炁，以期能使四時气得正，如此則水火瘟疫之氣盡消除，使民人得安。符命中就表明其目的正是為了禳送火災以及水災、瘟疫等，使得合境人等，前生今世，一切罪愆，並行赦宥。所以關祝五雷神燈的作用，即是要以祝燈的功德，順遂五行，因而使合境迪吉，人物阜康。

禳水災醮科關祝五雷神燈前，先進行開營放兵以保護壇境。

禳災祈安火醮關祝五雷神燈儀式中，道士分別向五方宣讀玉清鎮禳火運真符以安鎮五方。

禳災祈安火醮中，以閭山法派儀式進行滅火押煞。

林道長為了要增添滅絕水火和瘟疫之氣的效果，也為了表現其紅頭法的專長，就特別舉行了一場「押煞」的法術，在二十日夜晚信眾群集，在廣場上早已佈置妥當，中央處平行擺放兩張板凳，中間有烘爐燃燒著熾熱的炭火，爐上是一只新鍋子，旁邊則置放一鉛桶的清水。板凳上平放著一個印有八卦圖形的米篩，剛好覆壓在鍋上。板凳前另有一個烘爐，上置油鼎，鼎內正翻滾著滾燙的熱油。儀式開始時，道眾八人出場全部身著黑色道袍，頭繫紅布，腳下則著草鞋穿紅襪；林道長則是穿黃色道袍，一樣是頭繫紅布，為紅頭法中的法師、法官的裝扮。他手持中央黃色的掃災旗，鎮押在後，其餘四位道眾分別手持綠、紅、白、青（黑）四方色的掃災旗，較前面的五位則各自拿著法器：凡有牛角、劍、水瓢、草席及掃帚之類，均為轉用自日常器物的法器，其上均貼有符令，故每種法物都各自具有其驅除邪煞、消除不祥的法力，如此眾多的道眾一起登場，即可知其為人多勢壯得出煞儀式。

禳災祈安火醮滅火押煞儀式中，以熊熊烈火驅除火煞。

由於採取道法兼用的作法，所以後場的音樂也是高亢而富於變化的法仔調，林道長先領法眾到壇前禮請法界諸神並稟告事由後，即執旗按五方八卦布陣，揚旗驅押地頭上還不聽令上船、逗留不去的

火水諸煞。他們先在地上布陣驅逐一巡後，就準備騰空鎮押，首先四位道眾分別拿著水瓢、鍋蓋、掃帚及草席諸法器；其後即是持五色旗的道眾及林道長，都依序魚貫快跑登上板凳，由於行法故站到長板凳上，即象徵翱翔空中，從半空中加以壓打，也就是表示押走邪煞疫鬼，布下天羅地網，不讓其遁逃走脫；尤其以水瓢取水倒進空鍋中，霎時冒出白氣時，即分別使用諸般法器或掃或撲，或壓或打，聲勢威猛而有力。類此撲打米篩的動作，在法場中乃是具有咒術性的象徵作用，白氣揚起在火醮時即代表一切火煞邪氣，在水醮時則表示瘟疫之氣。林道長押陣在後又隨時口含烈酒噴在熾熱火油的鼎上，頓時火光上衝，這種借火之勢驅煞，也有威嚇清淨之意。他們邊快跑邊跳上板凳，同時也一路唸著三界使者的咒語，前後來回凡跑過五次，下地之後隊形即變化布陣，第一陣為黃蜂出巢，第二陣為花開五門，穿花經行，結成五梅形，第三陣為青龍盤（纏）柱，有點像一字長蛇陣，忽左忽右，前頭顧尾；第四陣則是醮功圓滿，以示收束。第五陣以後則可穿插宋江陣的打四門等陣式，視情況而添加變化，達到興兵布陣、驅邪逐穢的效果。不過道教刑法總是先和後押，所以像五梅花陣，即表示恭請五斗星君協助禳災祭煞，將五方各界尚未驅上法船的邪祟煞神一律驅趕上去；等到最後一次跑過板凳後才將板凳、烘爐及鍋、鼎等一起推倒，並將所持的法器棄置不顧，以此象徵押煞儀式已經大功告成，從此邪煞盡除，合境平安。

【三】和瘟押煞，祭船送歌

林道長安排的水醮，和王醮時所排出的拍船科儀大部分相同，據林道長的說法：因為地方若是水災頻繁，則土壤不易乾燥，容易滋生病媒疫氣，造成流行病的大肆傳染。所以做水醮一則避免水災，祈求魚貨豐收；一則也在祭禳瘟疫，藉著法船送走行瘟行災使者。林道長在程序上是先作水醮祭船、和瘟正醮科及三獻，完成圓滿的入醮送神後，然後進行《金籙和瘟五雷神燈科儀》，接下再作《滅水押煞》，最後要送出水船時再作《官將送船醮科》。

「和瘟正醮」為送水船的關鍵儀式，使用的是古老的《元始天尊說洞淵辟瘟妙經》，高功必依例奏啟至高的神尊，其中最值得注意的正是無上洞淵伏魔三昧天尊，為洞淵宮大神；接下即有勸解瘟神遠離的諸位真人：諸如統瘟靜明真人、和瘟教主匡阜真人、解瘟明覺大師、和瘟勸善大師等，均屬道教內瘟部經典中傳承久遠的一批仙真；而所要勸請

的則先有五方五瘟行病使者、五方五瘟行病鬼王；十二值年瘟王、十二月行瘟神將，以至各類行毒布災的大小疾疫使者等，均需一一請上神船。然後再一一唱名感謝各種押船大使、梢工大神等。臺灣南部特別強調「和」瘟，以和為貴，而不使用驅、逐或送等字眼，表現得較為謙卑客氣，因而接下的三獻，都先有段謙恭的念白，再行上香獻茶獻酒。一方面禮謝押送、和解的尊神；一方面也善待討好各種各類瘟神疫鬼。其實類此不嫌繁複地一再誦唸瘟神的名字，完全是承續六朝道經《女青鬼律》、《洞淵神咒經》等所傳承的一種古老的咒術性思考，即是「知名則其鬼自去」的名字法術，表示我已知汝等的真實身份，不必隱藏，不可作惡，可以遠離，不究汝罪。接下有的即是持誦《禳災度厄經》，而泉州系統的習慣則是先誦《辟瘟妙經》後再行三獻。獻畢即唸天赦和瘟符命及焚化符命，同樣是請瘟司聖眾赦宥一切大小罪愆。最後再請和瘟大使匡阜先生「軟語慈容，善加訓告」，期望所有的「降布毒藥使者，一切威靈，各各收藏毒炁，斂伏威芒。」也就是整個和瘟的精神是由原先的行瘟行毒的降行瘟疫，而經一再祈求之後，終能收瘟收毒，使我境我土又得以恢復清淨、平安。

禳災祈安火醮中之三獻謝神儀式

最後所進行的官將送船儀式有稱「打船」、「拍船」的，各道壇所用的科儀書不盡相同，但基本上都同樣屬於使用歌詞送別的意義；也是依先前的知名唱名原則一一遍請，不可遺漏，凡經三獻，虔恭設拜，三唱酒詩都有殷勤勸飲的意思。進行時先念後唱，備極誠敬，諸如初獻時，即先念白：

慇懃初獻送天仙，主攝瘟癀盡赴船。
奉勸兒郎並水手，醉飲魟船去輕便。

然後即高唱一段曲辭：

上謝天仙享醮筵，回凶作吉永綿綿。
誠心更勸一杯酒，流恩賜祿福自然。

乃是由洞淵伏魔三昧天尊、匡阜真人等天仙押送瘟瘟等盡赴華船（龍舟），然後催促遠遠離去。等盡上龍船，宣讀疏文，於船上貼上玉清鎮禳災運真符後，就吹龍角，搖帝鐘，唸起送船辭令，凡經三送，共歌辭中如第一送：

一送神仙離鄉中，龍舟到水遊如龍。
鳴鑼擊鼓喧天去，直到蓬萊不老宮。
神兵火急如律令。

反覆唸送「諸神」遠離家鄉，既是「受此筵席歡喜去」（二送），不然「也有神兵風火送」（三送），既有餽賂也有威迫，採用催促急去的律令咒語，確實符合對瘟毒諸煞的送行原則，同時也將所有的水手船公一一點名呼召上船，等待時辰一到就要發令起駕。官將送船即送到海邊，再行一次簡單的小三獻之後，林道長就會依例以鋤頭再作一次「開水路」：在地上或沙灘上劃開一條深溝，灑上一些水，象徵水路開通——這乃是一種基於「象徵律」的咒術性思維，好讓水船能順利地開動出發。這次送火船及水船的方式，是由安全組扛送下水後，一一拴綁妥當後再由人駕船拉至海上，然後用藥使之「自行」發火火化，順利完成送船的全部儀式。

禳災祈安火醮官將送船儀式中，高功恭送官將，隨即並進行開水路儀式送出火船。

從這次所行的謝土出煞及禳送水火的儀式，其中的驅送過程確實寓有深刻的微意，就是對於諸多煞神、疫鬼以及魍魎邪煞等，都採取「先禮後兵」的懷柔與威嚴兼具的態度，而並非出諸完全驅趕、收殺的滅絕方式。故說是「和瘟」：和表示溫和勸說，以示和好，即是和解、和和氣氣之意，從《道藏》中所用的早就出現和瘟或中性的「送瘟」，也有部分會使用遣瘟、斷瘟的強烈字眼。在臺灣南部是先用「和」的手段，如果不聽，或仍未奏效；接

下就毫不客氣，而要動用「法」——法術、法力，乃是逼迫性的押煞，押之壓之，使之就範。林道長即是道法雙修，就先用道教的溫雅語氣和之送之，然後再用法派的逼壓手法押之迫之，既有懷柔也有嚴威，而旁觀的信眾則在嚴肅而又熱鬧的送瘟儀式的「表演」中，也能夠深刻感受到一種殺氣騰騰的真實氣氛，其中諸多動作及法器的使用，表現法術中所保存的樸素的原始思維，故在簡潔易懂的儀式動作中有種紅頭法的民俗情趣。

禳災祈安火醮中，七角頭轎班恭送火船繞境途中。

在五朝清醮之前先行舉行的謝土及火水醮，從科事內容所表現的內在意義，兼具有祈謝與潔淨兩種功能。基於天人感應的神學式宇宙觀，一棟建築物之破土興工乃至完工落成，聚落居民自需凝聚財力人力，並委請師匠展現其高明的技藝，這是人力之所及，為「自力」的技術、人事之掌握。不過在信仰中仍須仰仗「他力」，這是緣於諸多不能完全掌握的外力：諸如動土即破壞土地、自然而不得安寧，落成之後火災水患也是破壞的主因。在這種相信冥冥中有種力量的信仰心理之下，積極的方式是既祈又謝，俾建築時土府諸神能保平安。建成之後自需報謝，而落成之後建築要保無事，除人為小心之外，也需祈請火德星君、水德星君庇佑，若要「水火無情」更需仰賴其以不可思議之功「德」相助，自會有求有報，長保平安，凡此都可以反映傳統信仰中的報謝意識與希求安全感。所以在「潔淨」儀式中所有的出煞、送祟及和瘟，都是表現出「把不好的送走就可安全」的心理，這次經由醮科和法事儀式，象徵地表達其集體的心理需求，也為清醮中的隆重科事，能夠預先儀式性地清整出一個神聖的空間。

⊙本篇作者／李豐楙、謝聰輝

【肆】繞境送船篇

東隆宮這次長達九朝的盛大醮典，之所以會在歷行的五朝慶成醮之外，特別安排了兩日的火醮、水醮，並在醮儀將終時，特別安排群眾性的施放火船、水船；並在末日大普之前之前舉行盛大的放水燈的儀式與活動。其主要的目的就是為了綏靖地方的火災、水災，以及水路鬼祟等無形的邪煞，期望在鄭重地送離本境使赴他方之後，從此不再侵擾地方公廟及全鎮百姓居家的安危。由於這種逐祟出煞的活動是為合境百姓而行使的，乃是地方上的公共事務，需要大家集體參與，以壯聲勢。因此東港鎮民為了配合本地公廟行事，祈求地方「合境平安」的共同願望，七大角頭即依例出動由街內子弟所組成的轎班隊，共同配合恭送火船、水船及水燈船，在街內繞境除祟。類似的祈安活動由於平安祭典的長期經驗，角頭神轎繞境遊行，故駕輕就熟，配合良好；而且醮典期間，內壇醮事一般人多無緣進入，也讓鎮民較少直接參與之感。因而這三次群眾性的繞境遊行，就蔚為慶成醮期間的一大盛事，讓鎮內七角頭的轎班子弟也能直接參與，並在例行的巡繞中體會「醮典」的另一種歡會氣氛。

【一】恭送火船，火煞離境

在傳統建築所衍生的宗教儀式中，剋治火災的法術一直是至為重要的，諸如寺廟、殿堂在進口處（方位屬南、屬火）特設「藻井」，以水藻、井宿之水以辟火；或是在出火煞儀式中，以水德星君的黑色符令剋治、送出火神火煞，都是交感巫術中的「剋治」原則的運用。在臺灣南部靈寶派通常會舉行「火醮」禳災，先滅五方火之後，就要於入夜後全境熄滅燈火，在眾人遊行的聲勢中送走火神火煞。基本上林道長也是採用相近的禳災儀式。不過東港本地的漁港特色，熟悉送王船的形式，因而將一般送火王火煞的儀式，特意改變為「送火船」。從上兩次的醮典中既已如此，故應是更早既已形成的地方傳統，丁丑年自是沿襲使用，規模也逾於以往，是日的繞境送船也是祭典在「謝土」送土府土煞之後，比較熱鬧的遊行情景。

農曆九月十八日（國曆十月十九日）舉行火醮，林道長在結束謝土儀式後，便率領眾道眾，連夜於東港漁會搭設臨時的道壇，隆重地執行一連串有關「火醮」的科儀，並為「火王開光安座」、「祭火船」，儀式整整一日，直到晚上七點多道長才陸續完成「滅火押煞送船」的儀式，接下就要進行押送出境，七大角頭的轎班先在東隆宮前的廟埕集合

後，陸續依序出發，各自扛著各角頭的火輦神轎，按時齊集於漁會前，準備恭送火船繞境。因為本地神轎習慣於「平安祭典」期間的夜間遊行，表現王駕繞境的盛大威儀，因而都特別裝上各式燈泡，在發電機的起動下，閃爍亮麗，又名「火輦」，極有本地迎王遊行的特色。

在夜間閃爍亮麗的「火輦」，是東港迎王繞境的特色之一。

在醮壇旁寮內所安放的火船共有七艘，中間最大的一艘即為「火王府」，其餘六艘則為火王所率官軍乘坐的中型船，船體主要是以象徵南方主火的紅色為主，經紙糊成船身，並依俗裝飾吉祥圖案，整體造型極為精美華麗。在祭典前已先被安置於道壇的左側，道長在為火王及所率官軍等執行「開光安座」等儀式時，火船上也依例安置著一堆金紙作為敬獻神祇之用。

七艘火船中，最大的一艘為「火王府」。

送火船遊行繞境時，火王府火船押鎮在後。

七艘火船的安排，即是為了配合東港七大角頭參與丁丑科迎王的輪值轎班，分別是下頭角（輪值大千歲）、安海街（輪值二千歲）、頂頭角（輪值三千歲）、埔仔角（輪值四千歲）、下中街（輪值五千歲）、頂中街（輪值中軍府）、崙仔頂（輪值溫王府）等七大角頭，由角頭內部分轎班依序抬著該角頭的火輦（神轎），轎內安奉該角頭重要寺廟的主祀神：下頭角東福殿城隍尊神、安海街福安宮福德正神、頂頭角東隆壇江府千歲、埔仔角鎮靈宮文衡聖帝、下中街朝隆宮天上聖母、頂中街進水宮金府千歲、崙仔頂鎮海宮七府千歲及溫府千歲。前面六個角頭的部分轎班人員則分別負責扛送六艘中型的火船，並由該科輪值到抬溫王轎（東隆宮溫府千歲）的崙仔頂角，除了抬角頭廟鎮海宮的七府千歲外，其他較多的轎班人員則合力扛著火王府的大火船，繞境遊行時就是由這艘火王的主船押鎮在後。

經歷一段時間，大家已分別從船寮中抬出各式火船後，七大角頭的轎班成員依序在馬路上整隊排開，準備好恭送七艘火船，全部整隊完成後，就焰火齊放，預備出航，隊伍即由東隆宮的大漢樂團神樂隊奏樂前導，接著由後塭仔嘉蓮宮的班頭隊伍及

茅府千歲神轎，率領著七大角頭的轎班隊緩緩前行。每一角頭都由一位執涼傘者為前導，再由轎班成員數人扛抬著火船，接著則是轎下有滑輪推動的火輦神轎。這一次恭送火船的行列中，大多數的班頭或轎班成員皆為成年人，乃是依據東港地區各自「認血跡」的習俗，父子相傳自願擔任義務轎班者，為了延續傳統，理解血跡相傳的意義，通常也會有多數的青少年參加，甚至還夾雜著一些可愛的幼童隨著父親或祖父參加，在恭送火船繞境的遊行中，既是嚴肅的送火王火煞，也是父子一起參與的遊戲，這就是東港信仰薪火相傳的動人畫面。

恭送火船繞境行列中，轎班成員中有許多孩童參與，表現出東港信仰薪火相傳的精神。

恭送火船的隊伍依例需要繞行東港全境，凡街內的七大角頭境域均需繞及不得遺漏。隊伍週到地分別前往下中街、頂中街、頂頭角、埔仔角、安海街，再經由下頭角，最後才抵達崙仔頂也就是鎮海里的海邊。凡繞境所至火王及所率官軍等就要悉數收服該境內的火煞，最終務必將七角頭內所有的火神火煞一一請出境外，不得停留，以免遺下而危害地方引起火災等情事。沿途前行時為了增加驅押邪煞之氣的聲勢，即由專人間隔一段即施放煙火以壯大聲威，收服各類的火煞邪祟，將其一一驅押於火船上，在火王及所率官軍的監視下押離該境。

火船繞境的隊伍來緩緩巡繞，約近兩小時，才來到鎮海里的海濱，此時沙灘上早已聚滿了等待的群眾，大家既來送行，也期待圍觀燃放火船，東港鎮民扶老攜幼地群聚在沙灘上，相較之下不像送王爺離境一樣，有種民俗歡會的熱鬧情景。七大角頭依序來到海邊時，即由指揮人員指導隊伍排列的順序，並將火船的船身抬到另一處的海灣，依序移交給早已前來等待的東隆宮安全組的成員陸續施放。由於施放火船時需要將火船船身送入海中，再由早已在海上等候的人員，雙方配合將船身用繩索一一扣住，使之連成一串再緩緩拉向海中央放流，在放流前早已放置於船上的甘油一接觸到水，即自動發

火點燃，並將船上的金紙火化，有許多好奇的觀眾多不知其為何放流後會自動燃燒，在黑暗的海上確能增多一層神秘感。

火船到達海邊送船地點後，即由安全組成員合力拖出海面。

由於送火船的過程需要推送入海中，所以這些安全組的成員多由東港鎮民中善於水性的漁民所擔任。而圍觀的群眾則齊聚在黑夜的海邊，恭送火船遠離本境，靜靜等待火船一一被放流於海中，終於在黑黝黝的海面上陸續地火化，最後只發出一點點微弱的火光，然後隨著波浪緩緩地遠離。這種送船的儀式性演出，總能引起鎮民心中的一絲安慰，彷彿一切的火災厄難也將隨之遠離。由於戊辰年（民國七十七年）慶成建醮前曾先請示溫府千歲，指示送船回宮時可以鼓吹而回，以示與迎王祭典的送船不同，從此以後在醮典時即以此為例。等火船焚化之後，所有成員就依循前例，七角頭神轎轎班即紛紛鼓吹而歸，由崙仔頂角，經由下頭角、安海街一帶，返回東隆宮本廟，完成了送火船火煞的儀式。

臺灣南部各地送火王火煞的習俗，至今仍遵行著古例：送王離境時熄滅所有的燈、燭之火，連過路的汽車燈光也會被要求暫停，這是「禁忌」火、光、亮等與火有關的事務，所以一路暗黑中默默而行。東港本地則是轉移使用「火輦送王」的習俗，並不特別辟忌「火」光一類，而變成是採用押送火煞的觀念。在火醮場林道長舉行「關五雷神燈」儀式時，就是採用紅頭法的押送方式，強勢地驅送火邪火煞，不使之留停境內。這是道士、法師所認知、實踐的法術送火王火煞。而東港人在採用火船繞

境的形式時，則是「相信」火王及所率兵將出巡時，將沿途押送火邪火煞上船，這是沿襲本地王駕繞境並結合王船繞境的傳統，要將邪祟驅趕上船，故才不辟火輦的火光。就是在送船返歸時，基本上也不熄滅火輦，並按照本地溫王爺指示鼓吹而回，確能表現本地的習俗。由此可知「送火船」的儀式及其物件，確實需放在整個東港在地風俗的脈絡中理解，才能比較深刻地體會其中的意義。

【二】恭送水船，水災離境

在臺灣南部的慶成醮，一般常有「火醮」，但是特別排出「水醮」的則較為少見，東港東隆宮前兩次建醮，已安排在漁會旁作「水醮」、送水船，這一次也不例外。主要原因就是東港開發史上，位居諸條溪流的入海口，又瀕臨海邊，地勢低窪，洪水為患；又因而易於滋生瘟疫，罹患惡疾。本鎮居民也多數長年在海上討生活，與水為伍，難免海面風波之苦。東隆宮主祀溫府千歲，科年所迎的來巡五千歲，也都與海路往返有關，職司押解瘟祟；而東隆宮陪祀的即有水僊尊王的水神，故歷次外壇必設有「水僊尊王壇」。正因如此這般與「水」有關，才會開出與「王醮」有所關連的「水醮」，也安排有「送水船」的繞境遊行。

水船船身顏色為藍底鑲黑邊

禳水災醮科中，高功為水王神像開光。

農曆九月十九日（國曆十月二十日）一早「水醮」開始，仍是由林道長繼續率領道眾，在同一道壇內進行「水醮」的科儀，並為「水王開光安座」、「祭水船」，儀式是從繁複的王醮再調節為祈求水王禳災的儀式，晚上七點多，完成「開水路送船」後即準備送出，七大角頭轎班也如前一日送火船一般，各自扛著火輦神轎集合，準備送船。水船也有七艘，中間最大的一艘即為水王府，其餘六艘中型船乘坐的為水王所率官軍。由於是水船，船體紙糊即為水色的藍色為主，造型大體與火船相近，平面尖頭，適合航行。在祭典前已舉行「開光安座」等儀式，水王府前供奉金紙敬獻神祇。

七艘水船也分別由七大角頭轎班負責，即下頭角、安海街、頂頭角、埔仔角、下中街及頂中街等六角頭轎班負責中型水船，而崙仔頂的轎班則負責水王府的大船，出發時也由水王在後鎮押。

在大漢樂團奏樂前導、後壚仔嘉蓮宮班頭開路清道，其後緊隨著七大角頭的轎班、涼傘、水船、火輦等，依序緩緩繞境東港境域七個角頭：凡經下中街、頂中街、頂頭角、埔仔角、安海街及下頭角，抵達崙仔頂鎮海里的海邊。沿途所經，水王及官軍就以其靈威之力，盡行收服境內的水災邪煞，一一押上水船，以免逗留鎮內各角頭，助長水災疫情。沿途收服各類水煞邪祟，押送水船，其押送方式就如同王船所經盡收邪祟，因此在安排繞境路關圖時，一定要顧慮到空間涵蓋東港全境，七角頭神轎參與遊行，也就有協同保境的意義。

送水船繞境的隊伍

送水船繞境時，七艘水船分由七角頭轎班負責，崙仔頂轎班負責水王府水船押鎮在後。

七大角頭所扛的水船來到海邊，即將其依序交給安全組，陸續送到防波堤旁較方便施放的海岸，船身入海後，再由在等候的人員將船身一艘連接一艘，分別使用繩索扣住，緩緩拉向海中放流，在放流後預置於船身的藥物即自動引燃，火、水船逐一火化，在海面上閃爍微光，最後消失於海面上，讓東港鎮民安心：「一切的水患災厄隨之遠離，不再侵擾，合境平安。」

在接連的火醮、水醮之末，都是採取送船的儀式，讓七角頭轎班以火輦安奉東港鎮內的主要神明，在東隆宮主祀的溫府千歲統領下，禮貌地「送出」火王、水王。因為鎮民認同道長按照醮事傳統祈禳祭送的火王、水王，道長在傳承的道教科儀中，也理解東港「在地」的地方習俗。所以火、水二王及所率官兵，一方面即是引發火、水之災的自然神，民間所崇祀的火德星君、水德星君，或是燧人氏等，乃是古神話、道教神話中執掌、發明火、水之神，崇奉之祭送之自可解除災禍。另一方面火、水二王及所率部屬，又是可受人民之託，在繞境所至之處，盡行收押火煞、水煞，通通押上法船，所以火、水二王又是解除厄難者。在押送邪祟遠離本境的儀式中，火船、水船都是一種法術儀具，在中國古信仰習俗中，乃是頗為常見的驅送法具。從閩粵到臺灣，法船信仰在地發展，作為火、水二王押送邪祟、煞神之用，從轎班扛送法船的動作，其行動熟稔就如同常年與船為伍的生活習慣。因而東港

人在送船習俗中，從提供尺寸以供糊紙製船到放流海上、火化離境，當行本色地表現信仰習俗與日常生活的密切關係。

水船送達海邊後，仍由安全組成員負責，一一抬向海面放流。

「送船出海」的遊行儀式，其意義即等同於「送煞離境」，在日常生活的實際經驗中，東港人自是完全理解不管是宮廟抑或民居，木構抑或現代建材之所營造，凡是失火都有其人為「不小心」的因素；或是洪水成災、瘟疫流行，也有人力可預作防患之處。不過國人總是覺得其中有種無形的力量，在冥冥中操縱，這種信念就成為一種泛煞意識：火煞水煞、火祟水祟，都是一種失衡的邪惡之氣，在火船水船上自是可形象化為紅、藍二色的紙糊神像，其實不過是表現對火、水無情的集體焦慮，縱使目前已進入了現代化的時代，可合理知道其災情的成因，卻仍然集體地傳承這一古老的火水禁忌的記憶。在送出的繞境動作與法船的形中，就可發現一種「區隔」的儀式功能：東港街內與鎮海里海岸外即是境內/境外的區隔，在境內盡行掃蕩、收押，一出境外即行火化、遠逐。在這種境域區隔中「境」意識完全表明：溫府千歲及其他神明所轄之境，在眾神明禮請火王、水王一同押解火煞、水煞「出境」之後，從此（時間）這一境域（空間）內即是「合境平安」，亦即宇宙和諧、陰陽均衡。因此送船的事務理應由合境之人所共同承擔，巡繞所及也必遍於合境之內的七角頭，而危機解除後的「平安」自是也歸屬全鎮。在兩天重覆演出的扛送法船的遊行中，即是一致地表達火與水所形成的集體危機感，借由儀式性行為以求獲致解除，確是一種有關生存秩序的神話意境。

【三】燃送水燈，召幽普度

東港在地發展形成的地方習俗，常不自覺地改變了臺灣南部的泉籍風俗，採用水燈船而不是一般的水燈頭，即是其中變俗的關鍵因素。由於南部「送水燈」的儀式用具主要是屋厝狀的水燈，借由漂送水面，以召請水面孤幽，一般情況民眾都因避忌水鬼而不願前往，完全只是廟方執事和道士團的事務。東港卻以自古迄今的港鎮形勢，對於海上罹難的孤魂滯魄以船相召，即是船上死也是船上召，這種理解使水燈厝的造型變成船形，大大小小的「水燈船」形式及送出的遊行，都巧妙地改變了南部舊俗，也在醮典程序中，承續了火、水二醮送火、水之船的一貫特色。

建醮的最後一天依例要舉行登臺賑濟的大普儀式，以之普度水陸幽冥的孤魂滯魄，使其得以均霑法食、脫離煉獄之苦。為了配和普度法筵，在前一晚所進行的施放水燈，通知水面的孤幽，前來趕赴法宴。所以農曆九月二十三日（國曆十月二十四日）的放水燈船繞境活動，許多東港鎮民也熱烈參與。配合七角頭的轎班制，共有七艘水燈船，主體的大船一艘，六艘中型的，其餘斗首所出的則是三十六艘小型的，船體一律以黃色底為主，裝飾著各種吉祥圖案，有別於先前的水、火船。這四十三艘船仍由七角頭轎班平均分配，扛著繞行街內七角頭所屬的境域，由於大普度將至，氣氛逾形熱絡，遊行所至沿途煙火不斷，整個東港鎮熱鬧非凡地預告：末日的慶典高潮將至。

陳列於東隆宮山門前方的七艘大型水燈船，船身為黃底鑲黑邊。

水燈船繞境出發之前，道士為水燈船開光。

許多參與醮典的眾斗首，以及參與意願較高的東港鎮民，都把握五朝醮中少數可參加的一次遊行繞境，在水燈船的隊伍之後緩緩前行，隊伍排列的順序仍如數日前送火船、水船時一樣的順序，仍由東隆宮大漢樂團前導奏樂、後塭仔嘉蓮宮班頭開路清道，再由七角頭的轎班依序排列，由溫王隊的崙仔頂角轎班押陣。每一角頭仍由持涼傘者前導，其後隨從的行列，居中者即由數人所扛的大、中型水燈船，兩旁則分由一人各扛小型水燈船一艘圍繞著，最後即為光芒閃爍的火輦。隊伍在東隆宮廟埕集合後出發，陸續巡繞下中街、頂中街、頂頭角、埔仔角、安海街及下頭角，到達崙仔頂海邊，許多民眾早已聚集，較前數日施放水、火船更形熱鬧。由此可見東港鎮民雖不能進入內壇，卻也熱心參與繞境送船的活動，這是南部醮典較少見的情景。

放水燈繞境的遊行行列

七角頭轎班施放水燈前，繞行市區情形。

由於水燈船就如同各地的水燈頭或水燈牌，數量要多大才能召請教多的孤幽，所以比火船、水船自是增多不少，總數多達四十三艘，繞境遊行所動員的自是也遠勝於施放水、火船時，整個海邊擠滿了七角頭的涼傘、神轎及水燈船，圍觀的群眾則散布海灘上，鬧熱的聲音往往蓋過海潮的衝擊聲。在海堤邊同一地點，工作人員熟練地安排水燈船依序緩緩送入海中，由藥物點燃，在水面上一艘艘水燈船泛著火光，在海浪拍擊之下也越來越遠離海岸，民眾認為：水燈船就如水燈頭一樣，飄得越遠越發，所以水燈船火化飄遠，在大家的心情上也有一種順利完成的興奮感，共同感染一種放水燈特有的召請情緒。等最後體型最大的水燈船完全送入海上時，民眾遙望著泛著微光的漆黑海面，感覺水燈船終於順利地接回水面孤魂。

同樣的船形只是顏色、數量不同，不過「放水燈」卻與「豎燈篙」前後照應，成為水陸均召的召魂儀式。船是可以航行、運載的工具，自是也可以被轉化為召歸孤幽的法具，在水燈船的放流動作中，所強調的則還有「燈」，為陸上孤幽照路，也為水面孤魂引路。傳統燈儀中燈的照明屬性，在召請儀式中被凸顯出來，所要照亮的乃是冥路、冥界。

施放火、水船時冀望火煞水煞被順利驅離，而放水燈卻相反地期望；水面孤幽，因燈照明，乘船上岸，而隨從隊伍送回東隆宮接受小普。一樣的隊伍、一樣的送船，而在對待的心態上卻有兩般，這也是理解儀式動作需要脈絡化之故，東港人自是深知其意趣。

東港東隆宮在為期九天的「九朝慶成謝恩水火祈安清醮」中，隨著預定的科儀的進行，在三個夜晚分別安排有施放火船、水船、以及水燈船諸活動，陸續完成整個送船的儀式，其意義卻各有不同：施放火船是為了將境內引起火災的邪煞在火王的拘押下驅離出境；施放水船則是為驅離引發洪水災難等邪煞，在水王的拘押下將其一一驅離出境。所以在建醮期間施放火船、水船是為地方居民「驅災祈安」，期望達到「合境平安」。至於在普度前一晚施放水燈船，則具體表現出人間的怖懼交雜有情，讓已故流落於水面水獄的孤魂滯魄，既在水獄承受苦楚，故希望將其引領召請而來，承受普度，超拔苦爽，也免得不安定的孤幽伺機騷擾討海人，因此其最終目的也同樣是為了達到地方上「合境平安」的祈願。每次實際參與恭送水、火船及水燈船繞境遊行的，涵蓋了東港鎮民中的老、中、青、少四個層次，其中的中青一代最為中間主力，可見信仰文化就貴在薪火相傳中才能綿延不斷。在東港類似東隆宮公廟的慶成醮典，雖則與臺灣其他鄉鎮一樣都是較少舉行，一般對於內壇的科儀行事也較少參與，不過基於本地久遠的「平安祭典」的傳統，就方便地沿用其七角頭神轎班的形式，轉變為送火船、水船及水燈船時，也自然形成一種集體參與感，造成醮典期間難得的共同繞境的熱鬧情境。原本在臺灣南部建醮時送水燈往往是非常冷清的場面，而東港卻是繞鬧非凡，成為深具地方特色的遊行場面。由此可知節慶習俗的流傳，在主傳統的一致性之外，可以容許創造的解釋，只要不過度的違背其理，類似東港的船文化表現於信仰習俗中，即為在地民俗增加了創意，能為在地人及外來者所理解、接受。

⊙本篇作者／李豐楙、李秀娥

〔伍〕進表朝天篇

林道長在五朝清醮的醮事安排上，依古例排出完整的醮儀程序，實際演法時大體多在內壇，也有部分則需要在壇外行事，內外配合以圓滿地完成謝恩祈安的「慶成」美意。台灣道教各派所保存的五朝醮事，乃是千百年來醮祭、齋法的長期發展結果，至宋以後才完成結構完整的醮儀程序。這些聖事的主要意義，即是為了祈求諸天庇佑，使合境「風調雨順，國泰民安」；也為地方上沈淪無依的孤幽，進行普度施食，超拔苦爽，使幽明得濟，合境平安。五天的科儀中，其主體結構乃是循序漸進，先啟請降聖，而後依朝進奏，頌讚禮敬，在朝儀中具現完美的程式化，不管是三朝、抑是較完備的五朝，都能周全地完成「慶成祈安」的清醮目的。每天排出的繁複節次中包含諸多豐富的儀式：凡有多通疏表的呈奏、訣咒的施行及經文的唱誦。道教的聖事即由專業的道士不斷地透過儀式行為，代醮主人等向鬼神表達其虔奉、溝通的「一心誠敬」。整個醮典主要的精神就是在首尾完具的架構內，每日都有重點行科，其醮儀行事如下：

農曆九月二十日(週二)：玉壇發表，祀立天旗，祝祀觀音、諸官將開光
農曆九月二十一日(週三)：早朝、分燈捲簾鳴金戛玉
農曆九月二十二日(週四)：三晨重白、午朝、宿啓
農曆九月二十二日(週五)：道場陞壇、放水燈，普陀山小普，晚朝
農曆九月二十三日(週六)：拜天公，登坪進表、關祝萬靈星燈，入醮、普度。

五朝醮是以祈請及潔淨儀式為主要架構，中間再穿插諸多誦經禮懺而巧妙構成，其整個程序就是先啟奏諸天，奏明事由後，就鄭重地禮請上下四方諸神前來，按照上下尊卑及由遠而近的次序，先請道教神譜中的諸天仙聖依序一一遍請，以表誠意，然後再從臺灣各地寺廟主祀以至當境神明也一一遍請，啟請所有的神明蒞臨共鑒至誠，並誠摯表達其祈禱賜福的願望。此後的「三朝行道」即依據資於事人以事神的原則，由高功道長親率道眾擔任人神之間的中介者，每逢朝科行儀即需嚴裝顯服，出官納官，分別朝見諸天仙聖，代眾人呈上疏表，鄭重表明此次醮事的動機事由，以此祈請賜福；末日前並先燃放水燈，召請水面孤魂前來接受普度施食。其間三大朝科之間所安插的經懺，都是有經有懺地搭配進行，特別

是五朝醮中就必定要排出《高上玉皇本行心印集經》和《朝天懺》十卷，由於卷帙浩繁，通常需二至三天才能誦竟，屬於靈寶派經誦中較為隆重的經懺部分。

這次除登刀梯奏職是另作安排者外，五日重要的儀式大抵是遵循如此的結構：白日行事依序有發表、早朝；三晨重白、午朝；道朝陞壇和登棚進表。晚間則因醮主參與者眾，特別排出分燈捲簾、宿啟、晚朝和最後一天的正醮、普度。而每日必行的除了逢午獻供外，就是祀觀音、祀旗與外供。祀觀音的重點是在普陀山前獻酒，祀旗是在燈篙前舉行，其程序是奏啟、祀旗陞壇、具載意文、頭人升旗、三獻酒、讀牒，最後就是化紙焚牒和繞旗施福。旋繞旗旛時高功一手端盤另一手施灑米、花和銅板，以敬五方軍等。建醮時道士團中一定另有一組以上的道士，專門負責到外壇及四大柱等燈篙首家中外供，因需外出自是比較辛苦的供獻，本地的醮區較為遼闊，分批到十位斗首設壇處獻敬，繞行一趟約需兩個多小時，每次外供就分由高功輪流帶隊，林道長以前從不親自出去，這次則也領隊外出供獻。外供程序固定為：上香、淨壇、請神、三獻酒、獻果、獻寶，最後才化符、化紙和放炮，祈祝斗首闔家平安。類此程序，就是按照祈安儀式的祈謝精神：報謝神明，除舊布新，逐日祈請諸天聖眾，以之禮謝神庥。大概說來道教基於內部的秘傳傳統，道士擁有其專業職能，始能接受醮主人等及諸信眾的重託，在訓練有素的動作中完成任務，不負所託。而醮主人等則只需手持手爐，隨從跪拜，表達其敬奉神明的虔誠心意。因此道士與信眾之間可以相互理解而具有共識之處，即在於醮典行事中所久遠傳承的信仰意義，也就是雙方對於醮典儀式的舉行，不管是主位（emic）或是客位（etic）的不同認知，其實都能相當程度地基於同一信仰的文化認知，在相同的宇宙觀、神聖觀之下，始能一起完成敬事神明的神聖任務。

【一】發奏表章，啟請三界

在醮典的主體結構的一開始依例要先請神，就是由道長親自主持「發表」的儀式，「玉壇發表」為五朝醮才會舉行的儀式，較諸一般的小發表隆重許多，不過其目的則是共同：即呈奏表章，請功曹傳達，告聞三界，稟告此次舉行醮典的用意；然後才依次啟請各方神明降臨醮場，接受信眾的禮敬朝拜。發表、啟請乃是每場醮典必須安排在開頭部分的必行節目，發表時日尚需鄭重地選擇吉日良辰舉行，特別是起鼓的時間。起鼓就像是演戲開始的開

場，由文武場先「鬧棚頭」，其功能即是藉著鼓聲清淨壇場，通告天地三界神尊仙聖，並且也通知道士團擔任演法者以及隨拜人等準備就位，這是預告所有參與者：科儀即將開始進行了。起鼓的時間之所以要擇日卜時，就是為了避免年、月、日、時四柱的「鼓輪煞」，以免煞氣沖犯，並藉之祈求醮事能平安順利。

醮典起鼓由文武場「鬧頭棚」，具有藉著鼓聲清靜壇場的功能。

慶成祈安五朝清醮發表儀式中，高功手執五雷令進行召將科介。

在聖域內掌壇的高功林德勝道長，即受鎮民之託統領其道眾朝請神尊，祈求醮典能順利完成全體居民所託付的共同願望——「合境平安」。為使諸天聖眾能以不可思議的功德力實現大家的願望，所以發奏之初即先要啟師啟聖，高功分別在天師、北帝之前隆重地啟稟師、尊，依科行事，決不稍怠，這時為了完成法職，故身著絳衣，嚴裝顯服，佩珠插仰，手持奏板（笏）。然後高功率諸多道眾面朝三界壇，禮敬眾神，掌壇高功此時需按照教內秘傳的密念、誦咒，將「表文」上呈三界至尊，表中詳

盡稟告醮事舉行的因由，祈請聖尊俯鑒，護佑生民，賜福境宇。為了讓醮事能夠圓滿，高功要遍啟諸真上聖，從三清至聖開始再依尊卑次序遍請三界眾神，然後再到台灣各地神尊以至於本地境內社稷真宰均要一一啟請。所以啟請時要面向三界壇，這場「請神」按規矩醮典組織內的醮官人等（以前稱為醮官）都要到齊，鄭重其事地持手爐、持香隨拜，恭請諸方神明齊降壇場，接受大家的誠意請求與至心供養。連續五天，每早重新啟白，逢午獻供，直到醮儀結束時入醮謝壇，才奉請諸天聖眾各還洞府，藉表謝意。

「玉壇發表」科儀即是五朝醮才會鄭重開出的大發表，科儀繁複，禮數周到，這次由林道長帶領門下的四位高功和九位道士擔任，排場盛壯，威儀整備在三界壇前排成一列，醮主人等則是全員到齊，各個穿著清式禮服，依其首分的不同身分分行排列於拜墊之前，各個各持手爐或持香隨拜。發表儀式的主體結構凡包括有：淨壇、啟師聖、召將、宣讀符命、獻酒、遣將和謝師聖七大程序。儀式一開始，林道長就先在紫微宮前一邊默咒，一邊依序戴烏網巾、著朝靴；內著海青、結朝裙、蔽膝後再外穿絳衣再結玉佩、戴金冠、佩珠插仰，完成朝禮敬神的禮服裝束，然後莊嚴地手執寶笏等引班、侍香及眾高功依序先行之後，再依朝儀方步進入壇場；在醮主人等一一上香後，高功隨即依訣步罡、密念、點指，道眾隨後步虛、淨壇，在「淨天地神咒」的優美曲調唱誦中交班繞壇。接著高功即虔誠地跪下請神，此時左班擔任主唱和領唱的都講，即拍擊手鈸隨著高功遍請諸神的快慢速度，適時地控制後場鑼鼓、嗩吶等樂器的節奏，表現出高屏地區道場熟稔明快的道樂風格。

慶成祈安五朝清醮發表儀式時，醮首恭捧即將呈送諸天之疏文。

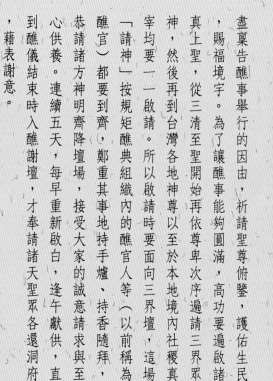

儀式中有一段高功先以雙手持香由外向內轉動後，再以左手持香在左耳繞三次，右手持香於右耳繞七次，此一「繞耳」的動作即象徵高功全神貫注地召出己身的三魂七魄，準備總召本壇官將兵馬出外呈文。高功做完繞耳動作後，將香插於香爐中，嚴肅又威武地拿起五雷令，在書符令、步罡、點指、放文等一連串的命令訊號下達後，道長就到達醮壇乾方，站在原先已準備好的板凳上，於高桌前威嚴地唸誦「玉清總召萬靈符命」。此時高功早已借由太上老君不可思議的功德力脫離凡身，變身為人神間中介者的身分而有權發號施令，乃是如同古代「天地神師」般。所以站在高高的板凳上，於儀桌前讀誦符令；或者率道眾到壇外的高桌案上，持雷令化符而演法，就像是元帥持兵符昇上將臺點兵，其氣勢自是呈現出雄壯威武的氣概。林道長讀完符命後，即點燃以兩支香夾持的黃紙墨書的符命，恭敬地看著符命完全燒完，再對著符命吹一口氣，表示符命的完整宣告與通達。符命的主要內容即以張天師之名「告盟三界，統攝萬靈」，奉請玉帝前唐、葛、周三元將軍的監督下，所召諸神速現真形，有如玉帝親行，符召速到，速列速行。而所召諸神，如上清天樞院天將天兵、北極驅邪院神將神兵、玉府五雷府雷將雷兵、及高功靖壇諸員官將吏兵、三界直符使者、四直玉文功曹使者、城隍里社土地等神，即護衛表文隨著高功的三魂七魄關奏，以之呈奏三清七寶宮、昊天金闕宮及三元三品宮等十三處。

慶成祈安五朝清醮發表儀式中，高功於焚化開天符命後，外出至廟埕步罡呈表。

在副講唸完「福疏」，說明舉辦五朝慶成醮的地點、時間及事由後並祈求諸事順利，然後也一一稟知重要醮首的名單，接續而下的重要程序即是外出呈文，在呈文前林道長在內壇先步八卦罡後讀誦

、火化「太上開天符命」，然後在道眾引導下步出壇外，飛罡步斗後恭敬地焚化呈奏疏文和通關關文。黃紙黑字的太上開天符命文中即以張天師的口吻表明：「右仰　符命中使者帥將天丁，齎捧奏啟請申表文狀　御，所遇罡風灝氣、九醜群凶午酉等眾，妄有遏截者，戮于道左，以明天憲，治罪施行。」開天符命和牒文都可算是一通行文憑，高功的三魂七魄隨著護衛的天兵天將諸儀駕浩蕩地踏著七星斗罡，象徵在天空中旋繞飛行，經過層層關卡前往天庭呈文，途中一關關的通行證件需經驗證；更恐怕遭到狂風妖氣阻攔。因此表文都要以一個個方函封存，有時還以黑布罩住，不僅強調其秘重性，也嚴防污穢之氣入侵。放置方函表文的表盤四角也飾以三角旗子，有如在天上飛舞的七彩雲霓，呈表主要需賴左右將帥使者護持，保證表文能潔淨平安地抵達應送達之宮闕「收文處」。所有牒文、表文火化轉呈之後，高功即踏七星回斗，以象從天上下到地面，然後在「小開天」的曲調中念號回壇，以示所有的仙真皆已接到邀請。這是五朝醮的第一章，以後只要呈表即要進行化符以開天門。天門開，眾神來，故緊接著就要到三清壇前進行祝聖科儀，即是請神安座，道眾在高功的帶領下分別奉香安奉眾真，在「彌羅範」的大梵之音中從三清壇起，再及於左側仙聖、右側仙真，最後才優雅舒徐地緩步到三界壇前運香供養，啟請三界眾神下降瑤壇，主盟科儀，以求合境平安，證無上大道。

【二】三朝行道，疏奏表文

五朝醮的儀式中承續古來朝儀傳統的就是三朝行道，朝科呈文主要的凡有分在不同時間內進行的早朝、午朝、晚朝三朝，其主要的意義就是朝見不同天宮中的諸天聖尊，進呈表文。在儀式的結構上大體相近，其中又以午朝較為複雜，其重要的儀式程序依序為：啟師啟聖、陞壇關奏、發爐出官、入意讀疏、步罡進表、持奏關文、諷誦歌章、進香進湯（有早朝的敬四果茶、午朝敬酒、晚朝敬人參茶之不同）、禮敬十方、志心祈願、存神伏爐、謝師謝聖；三個朝科中所朝謁的尊神各有所不同：早朝所朝禮的是三清三寶天尊和昊天金闕玉皇上帝、午朝所朝的是中天星主北極紫微大帝、晚朝所朝的即為勾陳宮玉虛天皇大帝。在呈送疏表的護衛上，早朝是請三天持奏謝、白二元帥傳奏青詞至無上三寶宮，午朝召請地司太歲至德武光殷元帥，傳奏並護送以赤函包裝黃紙墨書的紫微疏至北極紫微宮，晚朝則是請地祇翊靈昭武上將亢、金、溫三大元帥呈送黑函封裝黃紙墨書的勾陳表至勾陳天宮。此次三

大朝科的演法中，以午朝為最深奧、繁複，故林道長即親自擔任較長時間的午朝行科的高功中尊之職，另有四位道眾分任都講、副講，侍香及引班等輔佐的地位，另有四位道眾亦加入以增添儀式的堅強陣容，組成排場如此盛壯的前場隆重地覲見天尊。

慶成祈安五朝清醮早朝朝科中，高功恭讀敬呈之青詞。

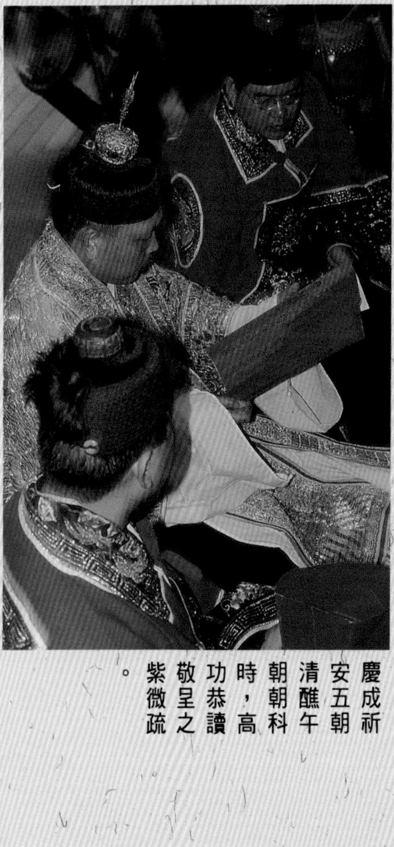

慶成祈安五朝清醮午朝朝科時，高功恭讀敬呈之紫微疏。

午朝一開始，林道長即率領道眾先在三界壇前，具職啟師、啟聖之後，先步虛、淨壇、唱天地神咒復即運香、燒入戶符、念水白，然後進入三清壇前，陞壇捲簾關奏；高功分別以繁複的動作、唱唸配合存想，進行莊嚴的朝儀，尤其是都講唱衛靈咒時，林道長熟練地配合音樂的優美旋律，依次向東、南、西、北、中五方走步，雙手分別做出九、三、七、五、一氣繞圈的象徵動作，接著再作點指放文的手訣，整個程序緊湊一氣呵成，乃是多年經驗的累積。在朝科進行到出外呈表時，最為注重表文的潔淨和如期送達，特將表文封以方函，使之不染凡塵，高功先以柳枝或艾草輕沾化過淨符咒的淨水清淨文書，即是以五龍神水淨解所有污穢；又怕呈文途中遭受邪氣、灝風的阻攔，而要施行許多密念

、存想的動作，在「發爐出官」時召出身神、本壇靖將吏與四靈，以保護表文疏奏帝前；高功在繁複的手訣、密唸及飛罡踏斗中，充分表現出道教演法時的神聖與神秘。其中有一段敕劍、敕水及五雷令，即是召請官將以傳奏，特別是步罡進表時，模擬旋行於斗罡間，末則步九宮八卦，將表文傳送於謄奏的仙官唐、葛、周三位三元將軍，請其拜進文疏，再伏請陰陽決吏以龍頭書刀開函，功曹以長毛利筆加以修改，然後轉呈諸天尊之前。民間習稱此為「步罡踏斗」，其實即道教內部依密唸、口訣，存想變身而旋行以入諸天宮門前。由於林道長的科介動作嫺熟流暢，整體表現緊湊而精彩。儀式結尾時依例必須再次「存神伏爐」，以收回身神各歸身宮，正是道教存神行氣以養生的修煉法門，正一派將其與行科的儀式動作配合，通過己身的內練存思而期「與道合真」，可以感應，可以養生。因此從發爐和伏爐所表現的內功修為，在其靜定沈穩的內煉功夫中，足以看出高功內在修養的高深功力。

午朝通常會連接著「午供」，在祈與報的交換原則中，道教發展成一種讚美供獻的表現方式，乃是基於「將至善至美之物奉獻給至高至尊」的祈謝精神，因而醮儀中「逢午獻供」，就會安排有隆重豐富的午供儀，凡有五供、七獻及九陳諸名目，在儀式中曲調動聽，科介優雅而奉獻之物也一再重複在詠唱中被美好地讚詠。其中以九陳最稱隆重，所獻的凡有香、花、燈、果、茶、酒、食、水、寶九樣，乃採取先問後答的提問表演法，在詠唱讚美所獻之物時，其中與飲食有關的諸供獻，凡有果、茶、酒、食四種，都靈活地運用道教文化的典故以表示其珍奇可貴，如獻茶就必稱是蒙山、水則為揚子江中水，在台灣唱讚就有種遙遠記憶之感。類此供獻諸物正常選擇四時時鮮之物，再經鄭重地讚美然後供獻於神前，通常要輪流由醮主人等一一呈獻，即是諸天仙聖所享饌，則拜後再「服食」食用自可增添福祥。就如同最後一獻的供獻珠寶一樣，內行的醮主一定事先即備妥家中所有較珍貴的寶物，諸如金戒指、瑪瑙之類盛於禮盤內，依例由高功親自供獻後，再傳給醮主人等一一拜揖供獻，因此午供儀舉行前，大家即爭相以身上所戴或家中常戴的珠寶金玉諸物放置於禮盤內，即是認為獻神之後「服佩」於身就可以分享神的賜福，佩帶護身。在建醮時內壇常被視為福氣所聚所鍾的聖域，只有福德雙全的才能獲准進入，在儀式中親持手爐隨拜並親自獻供，在宗教上認為有權力者即享機會親近諸聖尊，也越能獲致諸神所賜的恩寵；而所有的供獻諸物則基於服食、服佩的交感巫術原理，感應之後即

能傳達屬性，其基本原理即是：「凡神享用過的也能傳達神所賜的福氣」，此即是民間所說「分福」中所傳達的神聖意義。

慶成祈安五朝清醮午朝朝科後，進行九陳獻供儀式中之獻酒。

慶成祈安五朝清醮午供獻敬後，眾醮首人等隨即高興地佩服分享仙聖賜福。

高功在朝科中的演法動作，乃是中國傳統帝制時代朝臣謁見皇帝禮儀的宗教化，故特別講究壇儀，其莊嚴肅穆，舉止嫻雅，有如朝廷官儀；而科介行步顯得動靜有則，應律合節，實是道教諸多儀式的典範，經過千百年來的琢磨精進後，至今仍完美保存在儀式動作中，所謂「禮失而求諸野」，道教朝儀即是傳統官儀的文化。在南部靈寶派進行早、午、晚三個朝科時，還有一項「卓劍相待」的存想儀式，依三個朝科的不同分別安排諷誦第一欲界飛空之章、第二色界魔王之章和第三無色界魔王之歌，這些歌章讚頌時舒徐而典雅，在不疾不徐中，有種高昇三界的神秘之美，乃是靈寶派道樂中的上品；而這一些歌讚資料正是出現在距今約一千六百年前的古道經《度人經》之中，為《正統道藏》的首部經典。可見道教基於「寶經」的觀念，對祭祀大事不敢輕易改變，道教在火居道傳統中即以此表現其韌性，傳承久遠而能不中斷。從這一古道經的靈活使用與實際的儀式演出，也讓一直未曾中斷的三首歌章，就成為道教古老的宗教文化的活化石見證。

【三】分燈散輝，宿啟收魔

❖ 分燈散輝，斷滅不祥

在靈寶派中傳承有「分燈捲簾」的分燈儀，而在各種不同的情況下所用的經典，也會依醮儀的原因和目的之差異而有所不同，所解釋的意義也隨著用途不同而豐富多樣，其主要的意義乃在於「重構

與潔淨」，以期獲致除舊佈新的潔淨功能。「分燈」即是請南方火垣宮火德星君呈進新火，恭敬地送到三清宮殿前照耀光明，使地方的陰暗邪氛無處躲藏，因而得以獲致清淨平安。所有虔誠祭拜的醮主斗首等也將隨著象徵一家命運共同體的斗燈重新點燃，而得以闔家「元辰光彩」，常保康泰。斗燈在兩旁桌案上排滿，為的即是祈求闔家「元辰煥彩」，其中置放剪刀、尺、鏡諸物，燭火在點燃後即映射於圓鏡中，光明輝耀，不使熄滅，以此祈求各家元辰的興旺。信眾都深信斗燈內五行俱全，諸法物也都各自具有其深刻的意義：諸如剪刀剪除不祥，七星劍斬妖除邪（屬金），尺衡量是非、善惡；稱秤也是秤比福德之輕重（屬木）；油及蠟燭為點燃油燈之用（屬水及火），而古式油缽則為「土」所製。涼傘內的斗籤上書寫日、月、星諸諱，特別是北斗及南斗星君，點亮之後即可祈求北斗星君消災解厄、南斗星君延壽祈福，給一家人帶來「元辰光彩」。在謝土建醮時所舉行的分燈，由於動土建設使得地脈破壞，龍神擾動，經過「安龍送煞」後，送走所有的邪煞妖氛，使龍脈重新安頓，象徵宇宙秩序的重新恢復，故安排「分燈」的意義乃在其中所蘊含的的潔淨與秩序重建。

分燈科儀中其重要程序是層層漸進，以火的潔淨為主題，從舊到新、從滅到明，使內外俱淨、光明朗徹：首先在壇外南方（方位丙丁、屬火）由兩位道士燃放鞭炮後，隨即點燃燭火，並以上面貼著符令的八卦米篩覆蓋著，小心翼翼地保護新火從東邊龍門進入內壇。之前除了壇內高功的「本命燈火」外，按規矩是要將壇內、壇外所有的燈火都熄滅，所以一等道眾手持新火進入壇內後，後場音樂隨之也高昂起來，此時高功即鄭重地三進三清宮，先分別依序點燃大羅元始天尊、大聖靈寶天尊和大聖道德天尊前的燭火：高功初進玉清宮時，道眾諷誦「迴光神咒」，祈望「九陽至清，三天道明，日月神華，星光合明，三華寶耀，混合群晶，長灼泉明。」懇請至尊能施放大功德力，慧光一照，遍徹十方，在道士頌讚光明歌中，合宮得以分燈散輝，斷滅不祥；再進上清宮時，道眾諷誦「惠光神咒」，咒文中表達了適值「今日大慶，與道合真，光明朗徹，永閉鬼關，籲請惠光，散輝流精」，以之祈求眾善信能災殃消滅，合境平安；三進太清宮時，道眾又高聲諷誦「發光神咒」，希望「皇上正氣，流降生門，惠光布化，罪障消除，金光寶耀，普告萬靈」，使得懺悔向道的信眾，在力修善果之後都能夠「字書紫府，名上南宮。」

慶成祈安五朝清醮分燈捲簾儀式中，道眾恭引南方火炬宮火德星君呈送之新火，點燃三清宮前燭火照耀光明。

進宮燃燭後其餘道眾即分傳火把，再一一點燃壇內所有的燭火，在悠揚的道樂聲中，頓時內壇一片燈火通明，神光照耀，所有的妖魔鬼煞一時消逝。分燈儀既畢，接下即進行捲簾儀，儀式中凡有簾捲一分、二分、三分的唱辭及動作配合，即在第一次捲簾後，高功先進玉清宮進香，道眾唱讚，第二次再進上清宮、玉皇位前進香，第三次則進太清宮、紫微位前進香，三次進香供養均由直香道士前導，高功恭敬上香後即直接後退而並非轉身回到儀桌前，表現出面對三清時虔敬從容的態度。在三捲簾三進香時，配合有三段的仙歌唱讚：首段是讚美「元始開圖，太玄啟靈」，有「總真布炁，煥耀九清」的功德；次段乃歌頌靈寶天尊「鬱結五文，萬聖攸宗，恭稽學行，標紀真功」的聖業；末段則除了讚美道德天尊聖德之外，更期望藉神尊不可思議的功德力來消滅諸穢，使得「真陽自全，形神自妙」，而能與道合真，以求長生不死。

慶成祈安五朝清醮分燈捲簾儀式中，道眾分燈散輝，點燃壇內所有神座前燭光。

捲簾科儀完週後，接下的即是鳴金鐘、戛玉磬，交奏之際，靜中自有太古之音，構成金鐘玉磬優雅的音樂情境，象徵天界的「鸞歌鳳舞，虎嘯龍吟

」和「九陽隱韻，太音希聲」的仙樂，其目的乃是藉著鐘磬鳴交，以「混合二炁，表陰著陽」，發揮「金和動瑞，玉潤靜昌，交感上下，格于十方，竅振玄宮，環珮鏘揚」的效用，並配合牒文呈送，以此達到「靈符所告，嚴肅壇場，秘範重宣，萬神開張，與道合真」的儀式功能。這一段科儀中主要的是讀誦辟非、禁壇、含陰和昌陽四張牒文，宣召神霄辟非翊上大將軍、神霄禁壇衛上大將軍、雷霆火鈴含陰大將軍和雷霆風火昌陽大將軍等，召請四大將軍協助奏擊靈音，道迎善瑞，一同攝化穢濁，追度沈冥，廣標道化。在建築初成亦即混沌初開之際，一切均有待重新啟動，當此初生森嚴的宇宙萬象，大象待顯，大音待發，故藉此金鐘清澈與玉磬含和之功，以召十方揚德之靈，集九地陰冥之宰，共證醮功，以求完成禳災祈安、保境植福的集體願望。

慶成祈安五朝清醮捲簾儀式中，道眾捲起玉闕珠簾。

在道教歷來傳承的諸多儀式中，中國大陸各地多有分燈科捲簾科及鳴金戛玉科，細之可分三本，統之則前後一貫，所表現的宗教意義，即是道教宇宙觀中對於宇宙創世的「希望」，在儀式性的動作儀節中，前後三節分別以新火、新香及新聲象徵地表現宇宙的開創之功。在古人的建築觀念中，從卜地動土到謝土完工，自地理風水的觀點言，乃是地脈、龍脈的破壞與重建；而從其根源處的宇宙圖式言，每一次建築工程完成的宗教意涵，即是一次「創世紀」的重複演出：混沌者即是被人為破壞的宇宙再度回到宇宙初始，為無象無光無聲之狀，在重建過程中又努力回復，等一切重新完成，就在儀式中象徵地演出整個創世的過程。在表演前暫滅一切光、聲，然後爆裂之聲、通鼓之聲響徹太寂之境，新燃之光照耀太無之黑。再進壇內即在此演出光的復明、香的復燃及聲的復響，鐘磬乃是太和之音，而其敲擊之數：鐘凡二十五、三十六及九響，磬凡三十、三十六及六響，正是以天地之數震響以之重構數字化世界。整個建築的硬體重構之後，道教乃是經由儀式化動作，演出創世紀的神話情境，如此則新建築新世界乃能重新整合於全宇宙，重新匯入整個「道」的循環秩序中，此即是常道的運化之功、秩序之美。

❖ 宿啟伏魔，符文安鎮

慶成祈安五朝清醮宿啟儀式中，高功威武地揮舞雙刀進行五方結界，以肅清壇境。

「宿啟」科儀之所以是在比較隆重的五朝醮中才安排，主要原因就在於禁壇、收押命魔，即是以戲劇模擬的儀式動作，加強演出維護宇宙的存在秩序，使重新完成的秩序永不再受破壞，因而所要禁、所要收或斬的，即是邪惡之力的象徵，由於整個過程是經由繁複的動作表演，故應在表演的形式中深入體會其隱含於動作中的深意。其程序凡分為啟師啟聖、收押命魔、安鎮五方真文和疏呈九天四大部分，乃是醮儀中特為隆重的至要科事。儀式中需虔誠地請天師收押命魔皈依正道，並請主管禳災除疫的九天雷聲應元普化天尊主持科醮，驅除內外邪魔煞氣，安鎮五方以求平安，並為醮主人等消愆滅罪，祈安謝過，祈福延生。

儀式開始，高功及道眾莊嚴地進入壇所，此時高功的身分即是道官，昇壇之後，依例先在三界壇前步虛淨壇，再到師、聖壇前依禮啟師啟聖，然後在副講誦讀「入意」後，醮主隨後上香三獻酒；在啟師啟聖的程序時，若有時間完整呈現，則需分別呈上「啟師疏」和「啟聖疏」。接著道眾就進到三清宮的儀桌前「入禁壇」：在「啟簾」後，引班即持劍旋舞在前，引導道眾旋繞壇所唱念神咒淨壇，緊接著引班再舞劍前引而導出高功，此時道長即向五方威風凜凜地書符、舞劍並噀水，乃是以五龍真氣之水，淨化所有的妖氛污穢；高功在一陣步罡後，再接續以書符、噀水的一組動作，以之象徵下達命令，召請四靈、三官大帝及當境土地諸神前來守護壇界，預防收押命魔時妖邪趁亂侵入破壞壇場。在召請四靈之後，緊接著的才是全武行的「結界」：結界的意義即是請五方帝君、官將侍衛，協助布下天羅地網，用以搜捕邪精，驅除鬼祟。林道長由於自幼習武，體型魁梧，又嫻熟法科，動作俐落，所以表現此段結界儀式時，有時會變化地採用類似「操五寶」的武術動作，分別操練雙刀、雙鐧、雙斧、雙槌和單劍等兵器，後場音樂也變成了激昂的紅頭法仔調，表現出了獨特的個人風格。不過道壇

循例通常仍以七星劍為主，主因即在於劍乃是帝王貴族佩飾以表盛儀之物，道士則是賦予七星的靈力，舞劍動作優雅流暢中，又自具有威武的氣勢，故這次仍是持劍旋舞、拋高，變化使用，以此顯示其威武氣勢，分別在五個方位上結界，這類科介動作可以比較靈活地變化，完全是依個人的專長而適度調整表現。

慶成祈安五朝清醮宿啟儀式中，佩帶鬼面的命魔右手持著扇子搧播瘟疫之氣，左手則持著香火爐以象所搶得的鑒醮功果。

慶成祈安五朝清醮宿啟儀式中，高功與命魔經三次格鬥後，將命魔收押於艮方，並開金井鎖禁於玉皇斗中，以象降伏命魔皈依正道。

高功道長為了要對付命魔天尊，除了請五方真氣浮空而來、降臨壇所助陣外，此時高功實際上即是扮演除魔的張天師的身份。「出命魔」乃是此一儀式的高潮，此時壇內燈光突然熄滅，後場音樂的

節奏也漸趨高昂快速，在艮方前閃耀著焰火，突然有一個身穿五彩霓衣、滿頭紅髮、帶著鬼面的命魔快速衝出，右手持著扇子誇張地煽著，以象散播瘟疫邪祟之氣，左手則持著香火爐以象所搶得的建醮功果，一登場後即邊搧風邊得意洋洋地吸著爐煙；有些地區則是將爐香放在儀桌前，命魔一出即快速搶得爐香。此時一陣擂鼓之聲，高功即從乾方出場與之格鬥，三五招之後命魔不敵而逃進乾方，高功即刻書符、噀水以加強安鎮的力量；第二回合在點燃焰火後開始，命魔又從乾方逃出，在地上不停地騰躍翻滾，香爐也棄置於一旁，顯出已受傷不支之狀，但經數次用力吸取爐煙後，又似乎恢復了體力；高功此時再從乾方追趕而出，經一番纏鬥後，命魔負傷再度潰逃，高功再次向空中書符、噀水後，在艮方地上化符，象徵以符力封住鬼門。最後在焰火施放後，命魔又從乾方極度痛苦地爬出，燈光忽明忽暗，音樂亦時緊時慢，等高功再衝入壇內後，即將命魔收押於艮方，一旁道眾就協助解下命魔的面具，將它置放於玉皇壇位前的案桌上，高功最後即開金井，書符再插劍於玉皇位上的米斗中，以示已完成了鎖禁收押命魔，使之皈依正道。此時燈光也隨之亮起，象徵光明戰勝黑暗，這場神魔大戰終能由正義戰勝邪惡。此處林道長特別強調是「收押」而不是收斬，因此收押的象徵動作即是解下擔任命魔演出者的面具，而於艮方封鬼門、書符後以寶劍安鎮於玉皇斗中，不若有些地區的道長，是以血淋淋的命魔頭顱出現表示「收斬命魔」，道教的儀式劇演出情境，雖有表演的劇場效果，但是重在意而不宜過度夸張。收押即是一種象徵動作，以示鎮押邪力而獲致「安鎮」之效。

慶成祈安五朝清醮宿啟儀式中，眾醮首人等跨過淨爐進行祭解，以之消災解厄。

慶成祈安五朝清醮宿啟安鎮五方真文儀式中，將南方紅色真文符張貼於斗上。

在收押命魔後，林道長特別安排為醮主人等消災解厄，一個個男女醮首或攜帶家人衣物，隨著道眾、高功跨過代表建醮功果的香火淨爐，表示消除了所有的逆厄，從此闔家合境平和安順。林道長有時也會用其專長的閭山派祭改儀式為醮主改運祈福，諸如安排於廟前「過青刀巷」即是比較複雜的方式：過青刀巷類似過橋，但橋面卻是以三十六把刀所構成的刀橋，刀的上面經安鎮了三十六張閭山派官將符，刀座下則墊著象徵河水的藍布，地面上放置著滾燙的油鍋，刀椅下則排放七星形的七盞油燈象徵北斗七星，以及清淨用的炭火。醮主從刀橋的一端走上，先赤足跨過油鍋淨身後，才一步一步地走過刀橋，最後再次跨過淨爐而下，象徵此後厄愆全消，好運頻來，此即表示完成「過限」法的儀式功能。

這場科事林道長依其拜師台南曾老師所學的道法，特別進行安鎮五方真文、真符科儀，這是「靈寶派」比較獨特的作法，相關經文早就見於魏晉時期的古靈寶經中，臺灣中、北部的正一派並未表現此一儀式，屏東一帶目前亦少出現，林道長則深刻體認其目的後，即前往台南世傳道業的曾氏道壇求法：這場科事乃在鄭重安鎮五方，使清淨的醮境不再受煞氣侵入，故傳承了古道書中的「安鎮」意義。進行此一儀式時，高功先點指、放文，持誦衛靈咒，在副講宣讀疏文後，上啟眾神，禮敬十方天尊及得道諸仙聖眾，並投誠懺悔。然後即依五方位的順序循序進行：都講先念青紙黑字的東方安鎮真符後，再貼於東方的米斗上，斗中先已安放文房四寶、尺、剪刀、鏡，然後依次由其他道眾到其他壇位前誦念，分別貼出紅、白、黑的符命於南、西和北方的斗中，中央黃紙黑字紅符的「太上安鎮真符」

，則由高功讀頌後貼於三界壇前的斗中。真符的內容是分別請五方帝君符命風火驛傳，使五星：東方歲星、南方熒惑、西方太白、北方伺辰及中央震星，與二十八宿掃穢除氛，明度天輪，並輔助醮主五臟（輔肝、心、肺、腎及脾）及六腑安順，度厄消災，以之順利達到安鎮地方與信眾身心之功。這是大、小宇宙即大境小境、外境內境同時「安鎮」的儀式功能，充分表現道教傳承古法，安鎮土地以求國基永固的精神。

儀式在「三啟頌」的頌讚聲中，高聲誦揚三清聖尊的不可思議功德，並依序進三清宮「三進茶」，然後即要呈疏文上奏九天應元雷聲普化天尊，因為在道教神譜及天地宮府圖中，應元府洞淵宮正是職司行瘟的職務，所以祈求職掌之天尊期能命令其所屬收回瘟病災祟，使東港地區能「合境平安」。黃紙紅字的疏文本是安放於紅色方函中，在所有的道士跪下後，副講即謹慎地打開方函取出交予高功，高功在默念前先哈一口氣，表示一心誠敬、全神貫注；讀畢後即置於表盤中，表盤凡有兩層：上層墊著黃紙，四邊綴上四面藍色小旗，配合高功飛罡步斗，旋行於空中的情景，有如騰表飛行，上達天宮。緊接著引班持劍，侍香手持上綴金紙的大香繞壇，出外呈疏，道眾一起來到三界壇前，高功才手捧表盤，經一番步罡後於乾方焚化。然後引班與高功書符、舞劍、噀水，高功即召四靈護衛，醮主跪下為呈表仙官三奠酒：凡有下馬酒、上馬盞和起馬盃，之後副講於西北乾方宣讀關文並焚化，引班則於東方站立在高椅上宣讀「太上開天符命」，再焚化吹出，高功隨即踏罡回斗，伏跪於三清壇案桌前進行「棹劍相待」儀式，由侍香、引班分持香爐、寶劍，多次進出三清宮，在伏匐的高功身上連續依序劃三下、七下，高功則運氣循行，在後場優雅、迂徐的道樂中，表示已收回三魂七魄，然後才放下珠簾。儀式最後再回到三界壇前謝師聖，鄭重感謝天師、北帝的護佑，始能完成這一場神魔之戰，安鎮天地的任務。

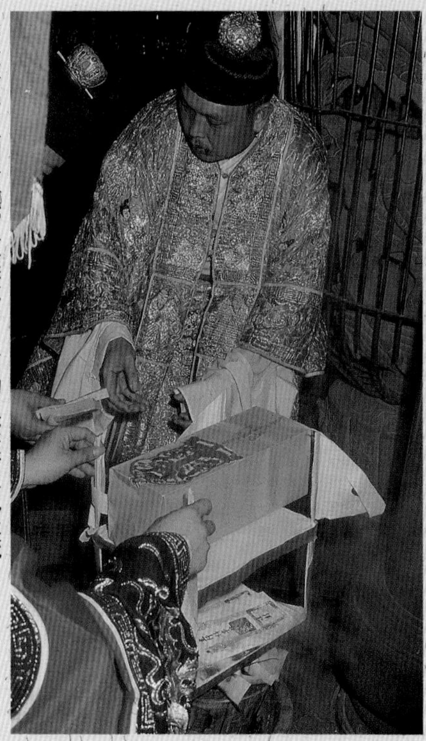

慶成祈安五朝清醮宿啟儀式中，高功以盤恭呈九天疏。

慶成祈安五朝清醮道場儀式中，高功進行步罡踏斗時的旋繞動作。

五朝醮中為了完成了驅逐邪祟，安鎮地方，道教在醮儀傳統中不僅有其歷來所整備的一套驅逐與安奠的儀式，如古靈寶經中的「安五方真文」，也有模擬戲劇的「收押命魔」，乃是儀式劇的表演方式。根據道教流傳於中國大陸各地的「禁壇」儀，都一致地表現召四靈、五方結界等程式，在壇場的五個方位上，在四靈的護衛下以威武的儀式動作分別「結界」，即是建立一個聖潔的神聖空間，不容象徵邪惡之氣的邪魔侵入。而在五個壇上的斗中「安五方真文」，這種符文乃是大小宇宙合為一體，分別由五方鎮星之力既安鎮身神亦安鎮土地，在古社的相關儀式中，從國境到社境，從外境到內境均需一一安鎮，國之有大小寶器如鼎、圭即是鎮國之寶；而安鎮五嶽亦即安鎮天下。道教所流傳的古靈寶五符神話，即是古帝如大禹之安鎮天下，五方均安。因此一座建築之起造完成，自是也要五方安鎮，其力量乃是星辰信仰中的星辰靈力，故有符、文以模擬其真形。從古靈寶經出世之後，歷代流傳不絕，既見於塚墓（陰宅）中的刻石，用以安鎮死後世界；也見於祠廟（陽宅）的慶成儀式中，福建泉州的道教傳布來臺，直至當今仍完整地保存於臺灣南部的醮事科儀中，並依舊能為地方人士所認同，確是一種珍貴的道教文化傳統。

⊙本篇作者／李豐楙、謝聰輝

[陸] 醮功圓滿篇

五朝醮典的科儀行事，自是以早、午、晚的「三朝行道」為主體，一連地疏奏表章，啟稟各宮各府，祈降福祥。不過在道教的經典傳承中，其實珍貴的教義都保存在經懺之中，依時按節地行齋轉經，誦懺悔過，才是祭酒道士對於奉道者宣化傳道的布化方式，以此激勵清信弟子行道向善。故至今齋醮中一定安排有諸多的誦經禮懺，使醮主人等聽經聞懺；此外被召請而至的孤幽等眾也在得饗施食外，也需聽聞經懺以求心開悟解。這類經懺的頌讚頌詠，有時講究經懺搭配如《三官經》、《三官懺》；也可因應醮事之需如《土地公經》；而更重要的則是表達敬天朝地，因而有十卷的《朝天懺》，都是各有其經、懺的特別用意。在醮典的後半部分，科事的重點就是對於神、鬼二界表明醮功，就如同末日所發貼的紅、黃二榜，一榜稟告上天諸神，一榜牒知冥界眾神，經此虔誠地祭神祭幽之後，期望醮功圓滿，合境平安。這是醮程在結構與程序上，逐漸從前半的祈請疏告，轉變為勘驗功果，查明心意，條理分明地表現道教聖事的義理架構，台灣所保存於道門代代密傳中的道法，乃是千百年實踐經驗累積的結果。

【一】經懺功德，布化經義

一般在朝科和其他比較熱鬧的科儀中，都會配合諸神的蒞臨壇所，各安寶經，諸道士自需安排有相關經、懺的轉誦，主要的精神凡三：一是祈福求壽：其中諸多如《五斗經》，乃是古來拜斗以求消災解厄、祈祥賜福之意；二是懺悔省過：凡是平日之所為中，所已犯所未犯的均需借此機會，面對諸仙聖表示懺悔反省之意，許多題名為「懺」，本身就有「悔過」的深意，這是道教所深刻醒察的人性在道德上所犯的罪與過，在道教及民眾道德中形成一種罪感文化，誦唸懺文即是一種解罪方式，由道士代之轉誦解罪以求身免。三則是祝頌：諸天聖尊既降，自是需誠敬地諷誦其所出的經文，讚美經典的功德也讚美聖尊濟世的慈悲，期望其能一本好生之德，繼續救劫度人，重造天地。由於本地居民以漁業為主，故特別誦美掌管水域的諸仙聖眾，以表達全體信眾的心意。經懺雖只是較簡單的轉經課誦，不過卻真正包含了道教的諸多深刻教義，也是行齋轉經的主要精神。這三類經、懺有些常要互相配合，道教內部就常有「三經三懺」等一類說法，安排其適合於慶成祈安性質的，彈性地穿插於主要科

事之間，以之調節大科事的緊湊節奏，讓道眾與醮主等分批參與而有些則可稍事休息。這也是長期以來基於經驗所作的安排，而在比較舒徐的後場音樂中，其實反而能夠較安靜地細細體會經懺中的道教教義，讓醮主理解經懺中所傳布的道教精神。

慶成祈安五朝清醮轉諷玉皇經本行經前，行請經儀式。

道教中人由古至今都傳承有強烈的「寶經」觀念，《道藏》中絕大多數道經的「出世」，在其造構行世的模式中都一直強調：諸天聖尊為了要解救世劫乃傳下經訣。這些仙聖因發大慈悲心而講經授道，從神聖而又神秘的大梵隱韻、雲篆天書中示現，也需要經由負有神聖任務的三天法師「譯出」，好讓傳授經法者使用俗世的書體寫出，也可以說道經本身基本上即是一種使用宗教語言、神秘語言書寫的宗教文體、神話文體。因此在祈請祝禱的儀式中，對於這些「救劫」經文的誦唸，道教中人都深信正是修道者在身心高度和諧的狀態下，反覆地發出那些源於內心的聲波，由內而及於外，讓它超越此界的時空之維而「傳譯」向另一他界的時空，將訊息傳送回到原本發出的神尊之前。「天書」中的大梵隱韻讓神尊重又感應到當時「救劫」之念，凡在歷劫中虔誠的奉道行道者即有機會經揀選而能得救，而那些尚可救度的在聽經聞懺之後也應有緣得被度脫。那種超越此界的誦唸聲波，在誦唸之中重新發揮了無窮的經德之力，特別是集體的誦唸所形成的澎湃而持續的聲波頻率，不僅人神之間得以交感互振，就是那些有緣得聞此種靈音幽明兩界也得以當下了悟。這就是為何道教諸派多一致地強調誦經、誦誥的願力，這些集體共振共鳴的「希望」、

「和諧」之音是天音，是一種諸天所傳而又可以回復感應於天地的神秘之音。所以誦經唸誥的神聖場所通常都能成為一種高度凝聚靈力的磁場，道教之所以特別重視「內壇」——相對於「外壇」，就在於這是神聖中的神聖、中心中的中心，這也是民間通常視「內壇」為福氣最多的地方，閒雜或不潔之人不能進入，就是一般信眾也無法享有此種福氣。

此次建醮所轉誦的經典眾多，比較重要的：諸如《玉皇經》即在度死濟生，《朝天寶懺》藉以投誠懺悔，《玉樞寶經》用於收煞禳災，這些都是大部頭的經懺；其他較常轉誦的，諸如《五斗經》和《三官寶懺》乃在祈求元辰光彩，《三官妙經》和《北斗真經》則用於解厄延生。這些經懺的轉誦方式，除了《玉皇經》剛開始的啟闕和末尾的謝誥，是由高功帶領四位道眾進行外，其餘都是由道士一人輪流擔任，其進行的程序大體是相同的，即先步虛、淨壇後，接著唱誦「經頭曲」，諸如《玉皇經》的「彌羅範」、《朝天寶懺》的「淨天地神咒」，《五斗經》、《三官寶懺》、《三官妙經》和《北斗真經》用的「金字經」，隨後即在「三淨咒」與「開經玄蘊咒」的歌讚中「入經文」。台灣南部的靈寶派道士轉誦經文時，都是用閩南語唸誦，通常配合著木魚敲扣的節奏進行，後場則可利用此一時間稍事休息，道士讀誦經文既畢，有時道士會視情況在「經尾曲」前開唱優美動聽的「讚道歌」，諸如「四時景」等一類道曲；而經尾曲部分，大部分是用「小開天」，讚美玉皇上帝的功德，在讚美讚歌的餘韻中悠然而止。

這類經懺持誦有些是比較常用的經懺，諸如三官經、懺即是三經三懺，乃是與結三界壇一樣，恭對天、地、水三界神明，特別是天、地、水三官大帝，既讚美其功德，亦對於賜福、赦罪及除過諸願反覆操誦，這是源於創教之初的三官信仰。其次就是星辰信仰的經典持誦，特別是斗科中的東、南、西、北、中五斗、每一斗經中各分其職司，要分別一一虔誠誦禱，祈請五方星君各按其職能，護佑醮主、善信都能平安獲福，這是將平常普遍舉行的「拜斗」，融入醮典中成為其一體，而作為較為隆重的祈請轉誦儀式，這五部斗經中，平常一般只誦《北斗經》。這次在水、火醮科中也特別安排持誦《玉樞寶經》，此乃是九天雷聲應元普化天尊在玉清天中，為雷師皓翁等諸神宣說其見賜於大羅元始天尊的經訣。其重點即是說九天應元府有九天雷公將軍、雷門使者，以及四司大夫等，執掌土家神煞、天地瘟蠱、水火妖氛等災害。凡能擁有並持誦此經者，當境土地、司命隨所守護，雷部按臨，使之禍

亂不萌，吉福來萃，故也是為一部轉誦消災的道經。

《朝天寶懺》則是五朝醮始開出的一部大懺，共分十卷，乃由元始天尊在不同的十次機會，分別向十方聖眾說法的懺儀，其卷別即配合著東、南、西、北、東北、東南、西南、西北、上方和下方十個方位，分由十方的仙聖朝元聽法，諸如卷四開頭即言：「爾時元始天尊在大羅天上玉京金闕紫微天臺大會群仙，敷演妙法，救度天人，咸使悟道，不歷諸苦，施大威德，放大光明，普照萬國，一切罪俱在目前，甚深微妙，方便開度一切，地獄窮魂，苦毒無量，痛楚難言，並蒙恩救拔，不溺沈淪，咸得超度。」即明白地表現道教經懺由天尊說經的模式中，呈現其既度生又度死的「救濟」教義之精神所在；而此類救濟的功德乃是由仙真下傳，鄭重地授給道士一類賦有中介職能的宗教人物，藉由他們傳達天意的獎善懲惡後，即經由轉誦經懺來表達下界民眾的投誠懺悔，並對孤幽、萬物等一類進行救度，使之咸能積善行道，故功及群毛鳥獸，自能福報滿盈。諸如卷十所言：「自今以後，下界群生，若有善信奉道之人，為一切愚痴、罪障惡業及飛走群毛、鳥獸六畜等，建立靈壇，誦經禮懺，燃燈燒香，拜表上章，醮謝天地、日月星辰、五嶽四瀆、酆都冥官，精心不退者。吾（元始天尊）遣太乙救苦天尊開北靈紫館琅玕藏中，出碧檢金文，天尊懿號，稱揚讚嘆，吟詠洞章，思真念道，乞削落九幽長夜靈官之府，玉匱之函，使五苦並原，三塗解釋，脫落群毛，永離罪業，盡得超脫，返身人道，不滯苦難，常處逍遙，所願遂心。」因此各卷經文中皆強調經典能布化下界，傳寫禮誦，諸如卷一經文所載：「吾（元始天尊）今以此天尊寶號真人天師名位，遣玉清真人齎往下界，萬國九州，散布人天，傳寫禮誦。若有修真之士，集福之民，或遇八節、三元、本命生日，上為帝王國主，燒香散花，珍異百果，大醮星辰，供養名山洞府得道神仙，安鎮國祚，與天長存，萬邦熙恰，四海同文，神昇金闕，名刊玉清，天無氛穢，萬國咸寧，功德巍巍，福禧無極。」而五朝醮建壇行道，呈奏章表、誦經禮懺的諸多豐富科儀，正是模擬諸神朝元的情景，藉著醮功實踐下界地方人民懺悔朝謝，救度孤魂、萬物，祈求風調雨順，合境平安的目的，正是與此一經典的經德完全相符，因此五朝醮必定安排有《朝天寶懺》，自有其內在教義饒富深意之處。

《玉皇經》也是一部大醮科才會開出的經典，分別為神通品、大神咒品、功德品、天真護持品和神驗品等，凡有三卷五品，共一萬二千三十六字，

是玉皇大天尊演教妙法，放十七種大光明、三十種功德，以拔度生死，運古化今。因此強調轉誦此經的功德，則使「劫運」將終，保國寧家，濟生度死。一般靈寶派道士轉誦這一部重要經典時，特將序言部分，演化為「啟闕」的儀式，最後一部分則作為「謝誥」的儀式，整部經特別分裝為七本經書，分別以黃布包紮鄭重地供奉於上墊紅巾的表盤中，恭置於玉皇壇前的案桌上。儀式一開始時，即由引班和值香道士先將珠簾高捲，代表玉皇大天尊臨壇證盟，在唱步虛詞、淨壇咒後，高功即在道眾吟唱「彌羅範」的唱念歌聲中，恭敬地到玉皇壇位前「請經」，雙手高捧起置放經書的表盤，虔誠行禮退行而出後，再轉身慢步走至闕前的儀桌上，謹慎地打開包紮著象徵萬神之主的黃色布巾，才鄭重其事地請出經書開始轉誦，表現出「請經若飢渴」的恭謹態度。而每次轉誦經誥完周之後，又會重新再仔細包妥恢復原來神聖又神秘的秘重封裝形式，在悠揚的「小開天」聲中諷誦玉皇寶號音韻，鄭重地送回玉皇壇位前，才完成誥誦玉皇寶經的隆重儀式。

【二】登棚拜表，入醮送神

❖ 登棚進表，模擬昇天

農曆九月二十三日乃是五朝醮典的最後一天，關鍵的子時一過即可殺豬血食，牲牷祭獻，從天上的天公、三界眾神至當境眾神，逐次祭拜以至護境兵將，而至盛設孤筵，廣度因召而至的孤幽等眾。由於末日乃是盛設筵席之前對於神鬼先行祭拜，所以市場一時頗復活絡，家家戶戶特別生氣勃勃，整個營造出廟會慶典的鬧熱氣氛，故孔子所謂的「一日之澤」，卻也通常最為緊湊忙碌。清晨兩點開齋後「發豬獻刃」，民眾即可殺豬宰羊，準備雞隻魚肉等牲醴，等待「拜天公」。上午一早即由林道長率六名道士在廟前壇場上主持「拜天公」的儀式，醮主及會首人等在廣場上供奉大豬、大羊等牲醴，祭告天公，酬答神恩，祈求風調雨順，國泰民安。在這場「登壇拜表，入燈（丁）敬天」的「齊天酬神」儀式中，民間俗稱「拜天公」、「拜三界公」，即是虔誠表示禮謝天公的庇佑。乃是道教為適應民俗敬拜天公的信仰習俗，配合安排的牲牷牢禮的祭獻，而真正傳承的道教舊儀，則是「非血食」的「進表」科儀。

林道長特別在東隆宮前搭臺作為壇場，不同於其他地方利用戲臺的方式。為了建構天上金闕的神聖空間，就利用臺階區隔人間凡界和神仙上界，並在上界的五方柱子上端貼上五方安鎮符，以之清淨

壇域，防止外邪污穢入侵；中央高掛的「闕」字正中也貼有唐、葛、周三元將軍符，代表其把守帝闕入口，凡有呈文皆需經過彼等之轉進才能達至帝前。儀式一開始時，先在臺下儀桌前啟詣師壇，道眾諷誦「彌羅範」，此時高功澄神靜默神咒，然後向教主張真君報告按照真科建醮行道，崇德報恩，表文轉呈於玉帝御前，恭望師尊改正表文，遣使護送，不使表文有絲毫之污，更防邪氣之侵，若遇罡風攔阻，自有解除之法。

慶成祈安五朝清醮登棚進表儀式中，代表玉皇上帝的玉闕，闕下並貼有代表唐、葛、周三元將軍之符令。

報告既畢，接著「登棚拜進硃表」的重頭戲就要開始，此時道眾背後均各自安貼了護符，右手撐著黑傘不斷旋繞轉動，左手分持籙士燈，足登木屐步斗罡後，才跨過臺前的淨爐登上平臺。以之象徵淨化之後由此界進入彼界，即由人間凡界跨過象徵神仙他界的門檻，而臺前的階梯也就象徵登天之階，所有的動作都在模擬了「昇天儀禮」，乃是源自類似屈原〈離騷〉所描述的古巫昇天的遺風，其後經由道教的精緻化之後，就成為一套完備的昇天科儀。所以護符在此「通過儀式」的階段中，不僅具備有保護安全通過的功能，同時也兼具有通行證的符契證明之用，因為在登天之途中充滿危險與恐懼。「籙士燈」就是向已上天奏職過的高功職銜的泛稱，手提此燈就表示已有資格昇天；道眾手上的古式油紙傘不停旋繞，就象徵其飛行於天上星斗之間迴旋而上，足登新的木屐便不染凡塵，所跨過的淨爐與其上的清淨符，則代表潔淨身心內外一如，始能跨入仙界得入淨域。因為在道教的認知中，人間的此界乃是污穢之地，神仙的他界始是潔淨之境，故道士即是以中介的天地神師獲准進入，需要特別潔淨其身心以免褻瀆仙聖，這是宗教學上一種典型的「潔淨」儀式。

在昇天的儀禮中自還要有盛壯的儀仗排場，注意繁複的禮節，更要克服沿途危險侵阻的威脅。所以高功不僅特別穿上縟重的罡（絳）衣飾，並金冠插仰，身佩寶珠，態度更是誠慎惶恐，金仰及笏版上都一一貼上護符。高功等前導道眾都陸續登臺後，才莊重地拾階而上，從容地跨過淨爐，一邊默唸

斗咒一邊踏出九皇斗罡上步到臺上。高功首先即執筆為表官、表馬開光，然後捧表、扣齒，以香薰於表上，再點指、放文，通知值符使者，準備關奏天門。因此在鳴鼓二十四通之後，高功即「出官」召出身中身神和三魂七魄，再存想天門前三將，然後手捧表文、口誦密咒，足步九鳳破穢罡，直趨至臺前左側的烘爐前焚化黃紙紅字的硃表，以示表文先行前行送達。然後動作矯健的引班乃舞動劍花，以之作為前往天門開路的前導並清淨路途，高功再接續演出召喚四靈的科介動作：謹召左青龍、右白虎、前朱雀、後玄武，命之在前後左右擔任護衛，並讀誦昇天的關文，宣諭開天符命，希望能夠順利抵達天闕前。

慶成祈安五朝清醮登棚進表儀式中，高功與道眾安貼護符，並撐持紙傘不停旋繞，象徵飛行於天上星斗之間。

慶成祈安五朝清醮登棚進表時，眾醮主人等依序跨過淨爐後，恭捧進呈之表文上臺。

高功到達天門後，此時引班與值香道士即扮演仙官，站立於「闕」字（象徵金闕）兩旁的高凳上，高唱禮請高功整冠整衣以恭敬進朝。依禮高功只

能到金闕門外，因此此時就需伏跪於闕前，集中心神存想值日功曹，請將所進的表文呈入金闕御前。等呈進後高功再默唸斗咒，踏回壇罡，準備「納官」，即將原先召出的身中功曹使者復召還宮室，並收回昇天呈表的三魂七魄：此時高功伏爐伏跪於三清壇洞案前，手捏本命訣置於胸前，而身內則存思運氣，五氣朝元；此時引班持寶劍與淨水盂，侍香端小香火爐，先入三清壇跪拜後，再同時快步到高功背後，前者在左以劍沾淨水後由上向下畫三下，後者同時以香火爐由下而上點高功絳衣的七層寶塔，兩者最後停止於高功背後的中心位置。此一連串的動作前後凡重複三次，使陰陽二氣交集於中心，此即所謂「棹劍相待」，象徵收回高功的三魂七魄，身心合一。呈表既畢，高功及道眾又準備下闕，道士重複登棚之動作，依序從臺上下到平地，高功最後再踏九皇回斗，回到臺下的儀桌前，始結束整個極具表演性的進表科儀。這一繁複而漫長的儀式，乃是深具儀式性象徵的一連串動作，道士昇天以呈進表文，將清醮大典的信眾心意具體上呈，高功道長即以一受籙道士的身分，受信眾之託昇天呈表，誠惶誠恐地將醮功圓滿的功德疏奏上天，誦唸冗長的功德牒，以表各家家戶戶「功德圓滿」。所以整個儀式即具體表現人神之間溝通、虔奉的一種象徵動作，是為道教轉化運用原始昇天儀禮的典型。

慶成祈安五朝清醮登棚進表儀式中，高功步罡呈表文。

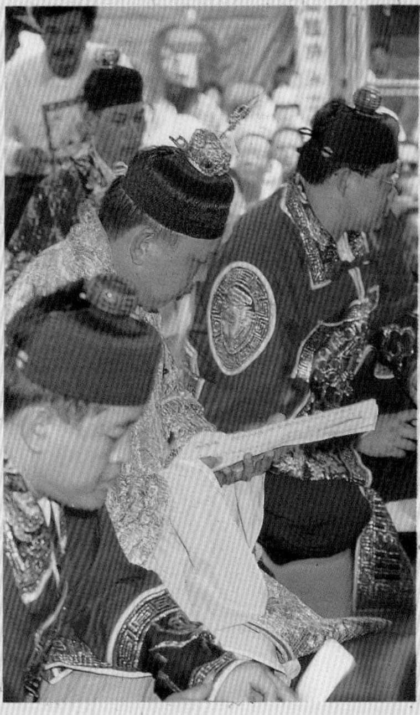

慶成祈安五朝清醮登棚進表儀式中，高功跪讀玉皇䟽表報告醮功，以祈合境平安。

慶成祈安五朝清醮登棚進表儀式中，道眾重複登棚動作，依序從聖界下到凡界。

❖ 入醮送神，醮功圓滿

末日的醮儀中必定要進行的謝神送神儀式，在中北部正一派通常會安排出「宿朝」，既稱為朝科就與三朝科一樣，都是比較隆重的科儀行事。靈寶派則稱「入醮」，也稱「正醮」，乃是代表醮功圓滿、醮事完周的意義，因此重點所在即為謝恩與奉送。在進行「金籙正醮科儀」之前，先行演出一段「三界萬靈聖燈」科儀，整個儀式的重點是點燃三元三界眾神法燈，祈求光明晃照境土，使得合境男女的本命元辰光彩。儀式在步虛、淨天地神咒陞壇後，先朝見燈光晃照天尊，希望藉其神光照耀，使妖氛污穢盡除，永保合境信眾清泰平順，然後入意讀福疏，表明建醮的虔誠與期望，接著再運香朝見三界萬靈天尊，表達與道合真、修善行道的赤誠心意，在此也祈求上元天官賜福，中元地官赦罪，下元水官解厄，因而能消災值福，五方真氣降沐己身，享得阜康平安。

在正醮演法前，道眾先特意進行內壇佈置，其整體氣氛相當有深意，表現了道教文化中豐富的象徵，本來儀式就是一種動作的象徵，藉由身段、聲音、唱念、手訣、步伐等的具體表現，來表達道教內涵的豐富意義，以求與神靈神秘的溝通；而演法行科的壇場佈置，為了彰顯其明確的象徵意涵，也

就需配合有相關的儀式空間，以造成相互襯托的信仰情境。林道長首先在壇內天井，由三清宮到三界壇之間高懸一條寬約一公尺的長形黑色布橋，以象神靈高真所上下的雲路，亦即溝通人界與天界、此界與彼界的通道，藉此形象地表現出來。懸掛時從高略為斜向低處，神橋兩邊則綴飾以五彩色紙，其上印有天官、甲馬圖樣，即象徵仙官或神騎遨翔於五彩雲際，整個雲路的搭設正好傳達「正醮」科所要表達的送神謝恩的精神。儀式一開始即是道眾陞壇，先在三清壇前朝真騰奉，然後高功點指發爐，存念如法；接著就是一組「五子歸庚」的繁複功法，所謂五子就是壬子、戊子、甲子、丙子和庚子，是一組高功的手訣信號發送的密語，配合著東南西北中的五方方位、震離兌坎中的九宮宮位及肝心肺腎黃庭的五臟臟位，所以說五子歸庚既是方位、時間，也是一種呼吸法，高功即巧妙地用於召出身神進行出戶入戶的手訣法。高功一邊做手訣，一邊踩方位，也得存想某一部位，還需配合唱咒，如壬子點指時，就要唱道：「九氣青天，明星大神，煥照東鄉，洞映九門。轉燭陽光，掃穢除氛，開明童子，備衛我軒。收魔束妖，上對帝前，奏奉正道，赤書玉文。九天符命，攝龍驛傳，普天安鎮，我得飛仙。」從密念的內容分析，正顯示此段密咒的內涵配合壬子手訣的施用，其功能就在祈請仙官陽光煥照，以掃除穢氛，收魔束妖，並且經由上疏仙官的呈送奏文，藉助諸天仙聖不可思議的功德力，使得符令能發揮普天安鎮的功用，更進一步護祐修行正道者，都能元辰光彩、飛仙得道。

慶成祈安五朝清醮入醮儀式前，佈置三清宮與三界壇間之黑色布幔，以象徵神靈高真所上下、不染凡塵的雲路。

在進行「五子歸庚」後，就要鳴法鼓二十四通後，高功再存想出官，以嚴莊顯服、威儀儀容，祇迎聖駕蒞臨醮會，並奏請諸神接受禮敬、讚詠與上香，因此接下即在「彌羅範」仙歌妙唱的優美唱誦中，行步至三清宮前三捻香、三獻香等一連串的程序，希望仰仗氤氳薰香，上達精意，心假香傳，表

達壇眾的一心虔誠。然後副講才朗讀祈安植福的名單，即讀出福疏中所有參與這次建醮的醮首名單，使其功德讓神明一一知曉，並因以祈求降福，接下再進行三獻酒，酬謝眾神的蒞壇護持。然後道眾在「小開天」的讚誦音樂中運香來到三界壇前，再由副講讀誦謝師謝聖疏，感謝師尊的證盟指導，始得以順利圓滿地完成醮典；最後才由醮主擲筊請求聖允，這一步驟非常受到醮主人等的重視，到底九天的建醮祈安神明是否滿意，是否賜予合境平安，就決定於最後的卜問，人與神之間以此進行雙向的溝通。這也正是中華文化中敬神美德的最好表現，先前如此盛大的科儀、豐盛的祭品，並投注了如許眾多的心力與經費，在此重要的一刻，就是要確定地得到諸天神尊的聖筊，其中表現出神聖又神秘的溝通方式，而期待以此而能人神盡歡，這是千百年來夙所流傳的千古一貫的傳統文化結構。全體醮主都熱烈地等待得到神明的聖允後，高功才又回到三清壇前存神伏爐，道眾也進行另一重要的「收五方真文」儀式，按照方位一一依序收起原先在宿啟科儀時所安的五方安鎮真文和真符，最後開始鄭重地奉送諸神、官將復位，等再起醮事時，還當奉請。並把所有的福疏、疏文和五方安鎮真文真符，一起連同護壇的神將紙像、功曹馬及京金紙錢等，在化紙咒的唱誦中燒化奉送。最後道眾又到壇外廟埕中的燈篙前一一降下建醮之初所昇上的旗旛，終於完成「正醮圓滿」的儀式。

慶成祈安五朝清醮入醮儀式時，眾醮主人等虔誠地送神謝恩。

慶成祈安五朝清醮入醮後，由眾醮主人等抬著三界亭準備外出焚化，以象恭送仙真。

【三】登臺賑濟，普度孤幽

道教的濟度精神是既度生又度亡，《道藏》首經〈度人經〉即標舉其齋醮行道的真意，這是基於民族宗教的文化認同，乃適切地配合國人的生命觀，發展其濟度亡靈的齋法，對於終極問題的生死關懷，形成相與配合的濟度法。一般而言，按照國人的死亡觀：凡是生命的自然終結（即壽終正寢、內寢）與正常處理（遵禮成服、奉祭成神），即被視為生前幸福、死後靈魂安定、安寧，道教行齋主要目的正是進行拔度其亡魂，使之可超昇仙界；反之即為非自然死亡：諸如死非其時、死非其所及死非其狀，即需進行宗教性的補救，使其苦魂快速地得到拔度，在台灣即為脫索、牽轙、打城之類。如果是非自然死亡：又非正常處理，即為未能遵禮制而成為神主、或未有子嗣奉祀香火，則生非幸福而死後亡靈既冤又怨，故常處於不安寧、不安定的狀態。這些非常死亡的厲鬼孤幽，在道經中習稱為「孤魂滯魄」，民間常稱「好兄弟」，或者是大眾爺、萬善爺、老大公之類，在民間信仰中即易被視為「汙穢」、「骯髒」，這些既冤又怨的無形的孤魂往往被一般人所害怕怖懼。在東港的開發史上孤魂野鬼也頗多：或死於水難、或死於瘟疫、或死於戰場、或死於拼鬥，正是道教普度超生的主要對象；故每年慶讚中元的普度，廟方都依例請道士登臺普施，以求超度。而每逢舉行慶成祈安福醮，末日也一定依例安排有大普度，藉此普施孤幽，以達到「潔淨」地方的功效，期使普度的地區能「風調雨順、合境平安」。

慶成祈安五朝清醮入醮後，升起普度儀式使用之招魂旗旛。

台灣南北各地普度的做法和民眾的參與度有些不同，北部正一派通常在建醮首日即豎燈篙，以地燈、幢旛先召請陸上的孤幽，再於第二或第四日安排施放蓮燈和水燈，召請水面孤幽，即是水陸均召，然後才有末日的大普儀式。由於五朝醮所召請的水陸孤幽眾多，北部民眾於放水燈時特別隆重地舉行，放水燈遊行猶如一場宗教與藝術的嘉年華會，在道士和廟方主事者的帶領下，採取繞境的遊行方式，等來到水邊，在道士的誦經、超度後，一個個水燈才被點燃施放，緩緩飄向遠處，藉神明不可思議之功德力照亮九幽使「陰光普照」，招引孤魂前來接受施食。而在大普的場面上，特別在外壇前整理一處寬闊的空地，布置華麗而多變化的孤筵；又在壇上搭作一座普施臺，眾道士俱要登臺普施孤幽，所備辦的孤筵山珍海味祭品豐厚。而在中南部放水燈的儀式通常被視為煞氣頗重，因此一般民眾多不參加的，如台南土城聖母廟只有由廟中的爐主、頭人協同道士快速驅車前往預定之水邊施放，做完召請的儀式後又快速回來。這次東港清醮的放水燈也是安排在末日前一日的晚上，乃是依循本地「平安祭典」的傳統，各角頭都有意願配合因而會出現這種施送的特有形式，就是延續第二天送土煞、第三天送火船、第四天送水船的方式，由神樂團和七角頭的火輦神轎護送，繞行市區主要街道後，前往鎮海宮旁的海邊施放水燈船，然後再回到東隆宮門前右側的普陀山進行小普。此次林道長召請陸上孤魂的方式較為特別，招魂旗旛乃是等到最後一天普度前才升起，也就是入醮降九御後才升上招魂燈。據林道長的解釋乃認為普度是「陰的」，要等所有「陽的」建醮科儀完週後才舉行，而前一天的放水燈則是基於醮程的必要安排，小普也只是簡單的施食安座而已。

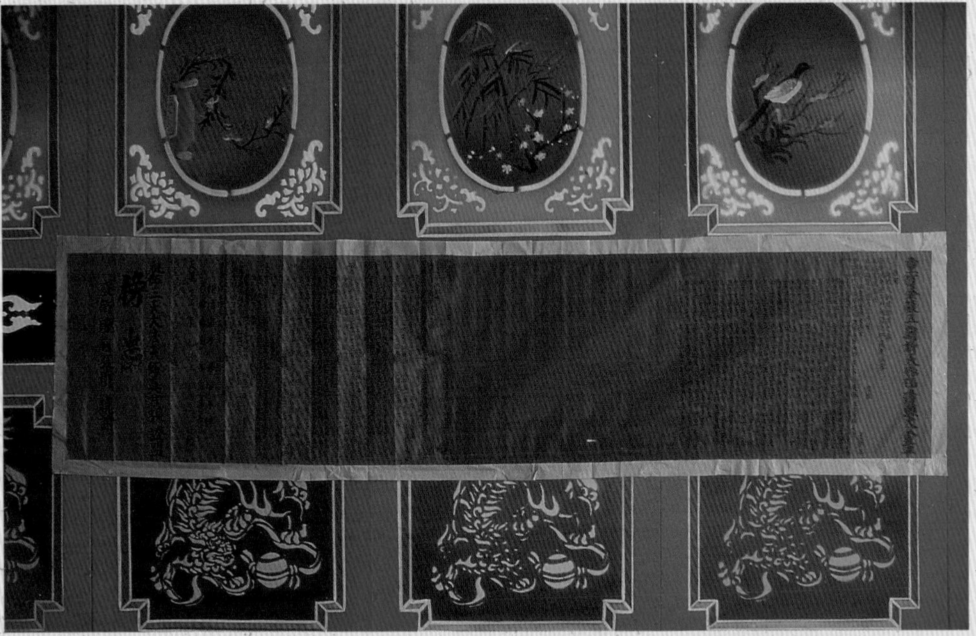

慶成祈安五朝清醮普度儀式進行前，張貼出紅色植福金章榜文。

此次大普度由林道長的奏職弟子朱文成道長擔任，朱道長使用「玄門焰口普施科儀」（小普用「召魂沐浴施食科儀」），先貼出黃底黑字的「孤魂榜」，內容載明：為賑濟寒林，以靖地方事，專祈合眾平安，淨土清泰，因此遵仙翁之科典，受醮主之誠敬，設無礙之淨供，的於是夜，備列香粿，賑施孤魂，希望善端臨壇，好名本性，同沾無量之功，共樂希夷之界。貼黃榜後朱道長才領率道眾一起登上救苦臺，坐座說法，依科以手訣變現供食，並召請六道萬類孤魂前來。高功因此特別戴上五帝冠，變身為「東宮慈父太乙救苦天尊」，以天尊的法力變出衣、食，在變食咒及手訣中，一化十、十化百、百化千、化千千萬萬，又依訣開喉好讓孤寒之魂咸得開喉得食，以飽飢餒；並發出「孤魂牒文」，希望孤幽能仰憑收執，來詣所屬，隨果超昇。這是道教基於慈悲濟度的度人精神，藉由救苦慈尊不可思議的功德力以進行普施的普度儀式。而在高功及道眾施放食物之時，參與的民眾也都在臺下搶食，因為大家都相信：凡施給孤幽的食物吃了可保平安，其中尤以五佛手可以插在香爐內作為供物，是醮主人等及民眾最為重視的普施物，基本上這是交感巫術中「同類相治律」的思考方式。普施孤幽一場法事雖是陰事，卻是整個醮典中大眾頗為熱烈參與的活動，因為合境信眾熱烈參與，冥陽兩利，幽明均安，從此地頭清淨得保安康。

慶成祈安五朝清醮普度臺前賑濟之水陸孤筵

慶成祈安五朝清醮普度儀式中，高功戴上五帝冠，以救苦天尊身分升座說法，慈悲濟度孤幽。

類此末日的一拜一普都在廟外壇外舉行，乃是真正屬於群眾性的民俗活動，因而通常是地方民眾對於作醮較深刻的印象，其中這類安排傳承已久，其中也蘊含有宗教學的深刻意義，從「常與非常」的理論考察：「拜天公」排在末日的早上，全鎮開齋的時辰為子時，之後即可殺豬宰羊，以敬天地。在宗教學上從「非常返常」的意義言，即表示將逐

漸「由聖返俗」，脫離渾沌、中介狀態，逐漸恢復日常的飲食、作息。早晨先祭拜至高無上的天公，敬獻大豬大羊，牲禮隆重；然後過午犒軍以慰其備守境域的辛勞，直至入夜復備辦水陸孤筵，普施孤幽。一天之中濃縮地表現於祭祀行為中，從至尊到至卑、從非常聖潔到非常污穢，一一在儀式中進行祭祀，因而整個醮典在敬完幽明之後，就是醮功圓滿、大功告成。依地方習俗，為了慶祝「合境平安」，各家各戶依例會宴請親朋好友鬧熱飲食，吃喝玩樂。類此從俗入聖，由聖返俗；從供獻神饌、法食到人間共食，其程序是漸進的、有序的。時間之流就在經由區隔之後，從同質時間而異質時間，再緩緩地流到同質時間，自然形成渾沌與有序交錯的節奏，這是醮典中宗教式的文化結構。而從社會哲學來觀察：在農業社會中，「日常」生活就是士農工商，各敬其業，為了生存而「打拼」，每日身著常服、工作服緊張地工作打拼，也需遵照常道常規——諸如禮俗、法律、制度而服從道德倫理規範。但是一旦要進入醮典的時間，就需遵照習俗齋戒沐浴，潔淨身心，才得以「通過」時間的界域，進入「非常」、神聖的醮期。此時全體市民敬事神明，出動藝陣繞街遊行或在休閒中觀劇慶賀，共同享受一個臺灣廟會的節慶歡會。在這段醮典的神聖時間內，東港地區的全體信眾共同體會了節慶的熱烈氣氛，也獲致了宗教性的休閒。所以這次所排出的五朝醮的程序，時間不長不短，醮事不急不徐，確實是先人智慧的結晶，其中寓有深刻的道教教義及民俗信仰的深意，因而基本上是一次圓滿周備的福醮醮典。

⊙本篇作者／李豐楙、謝聰輝

慶成祈安五朝清醮普度儀式中，信眾爭搶普施物品，以服食祈求平安。

謝燈篙之後將燈篙竹卸下，正式宣告了醮期的結束。

慶成祈安五朝清醮醮功圓滿後，各家戶宴請親朋好友，共享神賜福氣。

〔參考書目〕

王瑛曾

1764 重修鳳山縣志；文獻第 146 種，1962。臺北：臺灣銀行經濟研究室。

全國寺廟整編委員會（編）

1995 東港東隆宮沿革誌；屏東：東港東隆宮。

朱仕玠

1765 小琉球漫誌；文獻第 3 種，1957。臺北：臺灣銀行經濟研究室。

朱景英

1773 海東札記；文獻第 19 種，1958。臺北：臺灣銀行經濟研究室。

石萬壽

1986 乾隆以前臺灣南部客家人的墾殖；臺灣文獻 37(4):69-90。

伍政祈

1994 價值空間的透視——以東港迎神活動與五營景觀為例；師大地理研究所碩士論文。

李芳廉

1982 東港墾拓誌略；東港國中印製。

李乾朗

1976 臺灣的寺廟；臺中：台灣省政府新聞處。

1979 臺灣建築史；臺北：雄獅圖書公司。

1996 臺灣建築閱覽；臺北：玉山社出版公司。

李豐楙

1993 東港王船祭；屏東：屏東縣政府。

1994 臺灣中部「客仔師」與客家社會——一種社會變遷中信仰習俗的起伏與消失；客家文化研討會論文集:21-7242，臺北：文建會。

李豐楙、謝宗榮、李秀娥

1998 藝文資源調查參考作業手冊・信仰節俗類；臺北：文建會。

林會承

1990 〔臺灣〕傳統建築手冊——形式與作法篇；臺北：藝術家出版社。

宋增璋

1980 臺灣撫墾志（上冊）；臺灣省文獻委員會。

林恭平

1958 臺灣省通志（卷四經濟志商業篇）；臺灣省文獻委員會。

周元文

1710[1960] 重修臺灣府志，文獻第66種；臺北：臺灣銀行經濟研究室。

周鍾瑄

1719[1962] 諸羅縣志，文獻第141種；臺北：臺灣銀行經濟研究室。

郁永河

1701 裨海紀遊，文獻第44種；臺北：臺灣銀行經濟研究室。

財團法人東港東隆宮

1997 丁丑正科平安祭典專輯；屏東：財團法人東港東隆宮。

高拱乾

1694 臺灣府志，文獻第65種；臺北：臺灣銀行經濟研究室。

翁淑芬

1997 東港街市的形成與發展；師大地理研究所碩士論文。

陳文達

1721[1961]　鳳山縣志，文獻第 124 種；臺北：臺灣銀行經濟研究室。

曾明得
不詳　東港墾拓之研究，自印本。

康　豹
1990　屏東縣東港鎮的迎王祭典：臺灣瘟神與王爺信仰之分析；民族學研究所集刊 70：95-209。
1997　臺灣的王爺信仰；臺北：商鼎文化公司。

廖立宇
1987　東港古今談；史聯雜誌 10：63-72。

蔣毓英
1985[1685]　臺灣府志；北京：中華書局。

盧德嘉
1895[1960]　鳳山縣采訪冊，文獻第 73 種；臺北：臺灣銀行經濟研究室。

謝宗榮
1995　臺灣民間信仰文物中的民間藝術風貌初探；臺灣文獻 46(1):143-172。
1997　臺灣傳統民間信仰廟宇建築的空間藝術——以鹿港古蹟及寺廟為例；臺灣文獻 48(2):73-98。
1998　臺灣傳統厭勝物的信仰意涵與藝術風貌；臺北文獻（直）123:107-170。

《後記》

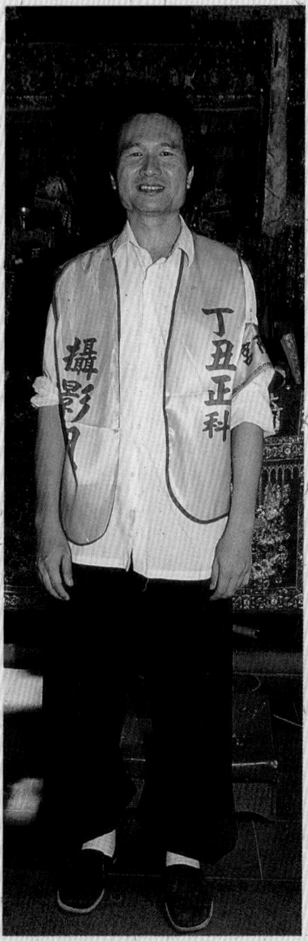

有關臺灣南部的醮典習俗，除了與王爺信仰密切關聯的王醮或瘟醮外，較具特色的是慶成祈安福醮。東港東隆宮為了慶祝正殿本宮與牌樓山門，連續舉辦盛大的醮典，七十七年的一次，康豹（Paul Katz）教授曾加以記錄、研究，留下了學術檔案。八十年的「圓醮」（醮尾），我因受屏東縣政府民政課之託，記錄該科的平安祭典，所以從始至終作過筆記，在《東港王船祭》中由於受體例所限（即以平安祭典為主），僅能約略敘及：諸如東港開發、瘟王信仰、東隆宮沿革及該次醮典的梗概。對於醮事既已累積了豐富的資料，而不能細加整理分析總覺得遺憾！

東隆宮近年廟務隆盛，故完成本殿後接下即進行廟埕的整理，其中大事即拆除舊香客大樓，興建大型牌樓及其他如戲臺等，廟方趕在丁丑科（八十六年）迎王祭典之前

完工，並根據慣例，醮典安排在祭典之前一併舉行。這一次總幹事林文誠先生為此專程來台北，以其關懷文獻的現代認知，提出編撰《醮志》的想法，其理由是正殿落成並已圓醮，牌樓也落成而建醮，這一次如果不作記錄，以後就不易找到如此適當的修志機會。當時理解其動機後即當下欣然贊同，希望彌補上次未能完成醮志之憾。由於近三年中研究院支持我完成有關「道壇與聚落」的全面性研究，本年度即決定選定東隆宮建醮與平安祭典為「靈寶派」（烏頭道士）之代表，在北部「正一派」則以蘆洲湧蓮寺建醮為代表，分別探討兩派道壇道士與聚落中社廟的關係。

在這次之前，其實已反覆記錄過許多次醮典，在比較方便的情況下，還曾為慶成的宮廟寫過七、八次醮志出版，不過多由廟方贈送，在外在學術界少能流通；其字數也受到限制，對於專門從事道教齋醮研究者總是憾事。所以這次就是基於前數種的經驗，決定比較完善的規劃其進行步驟、撰述體例，以期整理出編撰「醮志」的方法。由於多年來深刻體會：以一人之力要完整編撰醮志有其辛苦及困難，所以決定請一些較年輕的朋友一起進行記錄，首先就是專業的攝影及錄影，分別由李燦郎、謝宗榮及蕭昭文擔任攝影；而錄影除了廟方所安排的，記錄資料的即由謝聰輝負責。自己就可有餘裕專心地記錄、採訪，而他們的專精技術及審美眼光，確也為本書保存了「圖像記錄」的功能。

關於醮典記錄與研究的體例，目前在臺灣從事是項研究者本來就不多，何況是針對一次醮典及建醮因由，如何才能比較完整地記錄整理？既然前無所承，就依據先前多次的經驗，決定擬出全志的撰寫體例：首先即分為上、下兩卷，上卷凡有三大重點：一

是東港開發與東隆宮溫王信仰的形成，強調地區開發與社廟、信仰的關係；並非單純敘述東港之開發，這類研究伍政祈和翁淑芬兩位的碩士論文已有頗為完整的分析，也就是將東隆宮的興建、溫王信仰的發展，放在東港的歷史脈絡中解釋，這部分由李秀娥小姐與自己承擔其任。而建醮的主體則是建築之落成，凡有建築本身及廟飾，兼合部分建廟沿革，則由謝宗榮獨立完成。其次就是醮典組織與經費，基本上東隆宮是將其與平安祭典委員會併合，在經費收支上也是相互配合，這一部分都觸及地方的聚落、族姓及派系，比較複雜而敏感，在此僅能略述其大概情況；而在經費資料上，則廟方配合提供其部分資料，確是有助於分析祭典經費的使用。

下卷則是重點所在的醮典，近年來指導聰輝從事齋醮調查，這一次即全程參與並試作記錄。其中有關空間布置及民俗藝術部分仍由謝宗榮先生負責；而繞境遊行與神轎、藝陣，這一部分即由負責迎王祭典的李秀娥小姐撰述紀錄。而內壇的紀錄承蒙林德勝道長的幫忙解說，更能理解「靈寶派」道法與「閭山派」紅頭法的兼用，使醮典既有高屏的地區性風格，也有道長個人的特有格調。基於長年的道教研究，乃將道派的行法、道樂特色，從歷史上略作介紹；更試著從道教神學的全體架構，解說其動作象徵及意義。基本上在此試著從「宇宙秩序的破壞與重建」的結構，分析其中的科儀：諸如報謝、潔淨與除穢等。可以從「常與非常」的文化結構，解說其時間、空間的特質，進而理解其「非日常生活」的社會哲學意義。

由於醮志本身就「在地人」觀點，乃是地方人共同完成其公廟事務，重在敘述以

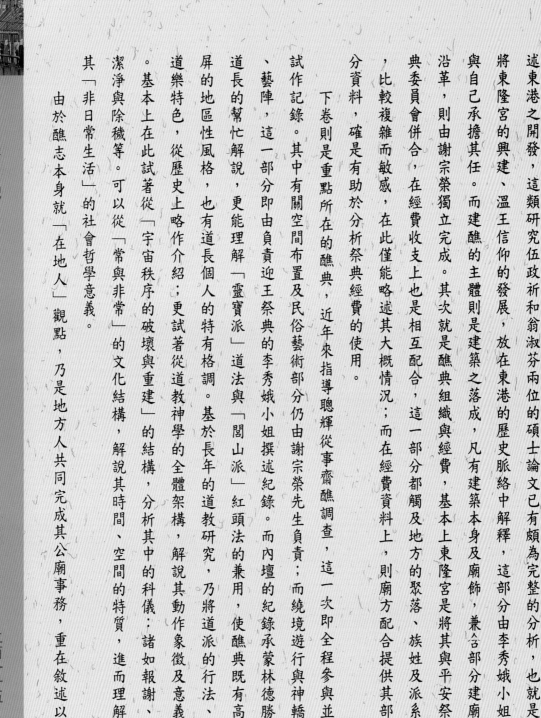

存史實。而作為研究者自是期望：一方面儘量收集資料、完成紀錄，另一方面也希望完成比較深入的分析，解說其意義。因此在撰述時，決定採用的敘述方式，就是在紀錄其事時，將其與其他地區作「比較」，也酌量解說其意義，特別是在每節的開始及小結部分，多有些綜述及分析。這種方式自是與人類學式，先詳細的報導再作分析，有根本不同的考慮。在此先作說明後，希望使用這本醮志者能兼取既有報導也有解說之長，終究如何撰述「醮志」至今仍是有待繼續嘗試。不過就道壇道士與聚落開發、地方信仰之關係，應可經由地區性的建醮習俗及相關活動，理解道教與臺灣民間社會的密切關係。

在這次的醮典紀錄中，由於廟方、特別是林總幹事的熱心幫忙才能搜集到較多的內部資料；而從事醮儀的林道長及其道士團，對於科儀的抄本、訣要及音樂等，多能提供珍貴的資料與解說，凡此都是進入醮典世界的諸多助緣。多年來持續從事建醮習俗的實地考查，除了城市之外，山村或海邊鄉鎮總能給自己帶來一種親切感，對於廟會慶典的鬧熱氣氛也讓人有更多的感動，或許這就是讓自己構思「常與非常」、「嚴肅與遊戲」的田野情境吧！兩次長時間的東港經驗，這個濱海的港鎮在自己的學術生涯中，不只是二到三本的田野誌而已，而是那種能夠激發學者生命力的「聖地」，我與這一次的田野伙伴都有如此深刻的感覺，在《醮志》將要出版之際，特別敘述這段大家合作的辛苦卻也愉快的經驗，也希望東隆宮的溫王爺能庇佑「大家平安」！

李豐楙
戊寅年仲秋寫於中研院文哲所

〔圖片來源〕

李燦郎（攝影）／三 六 九 三十 三十六 四十二 四十三下 五十下 六十五下 八十四 九十六 一〇五上 一〇六右 一〇六左上 一一〇左 一一四 一一五 一一八中 一二五 一二六下 一三二 一四〇上 一四二下欄左 一五二 一五三 一五四 一五五 一五六下欄 一五七 一五九 一六〇 一六一 一六六 一六七左 一七〇 一七一 一七二上欄 一七三 一七七下 一七八 一七九 一八一 一八三 一八五 一八六 一八七 一八八 一八九 一九〇 一九一 一九二 一九四 一九八 一九九下 二〇一 二〇二 二〇三 二〇四 二〇五 二〇六 二〇七上 二〇八 二〇九下

謝宗榮（攝影）／封面 封底1 一五 二十 二十八下 三十五下 四十一下 四十三上 四十四 四十五 四十七 四十八 四十九 五十上 五十一 五十二 五十三 五十四 五十五 五十九上欄下 五十九下欄 六十一 六十二 六十三 六十四 六十五上 六十七 六十八 六十九 七十 七十一 七十下 九十五 九十八 一〇五下 一〇六左下 一〇八 一〇九 一一一 一一八上 一一八下 一二三 一二七 一二八 一二九 一三〇 一三五 一三六 一三七 一三八 一三九 一四〇下 一四二上欄 一四二下欄右 一四三 一五〇 一五一 一五六上欄 一五六上欄 一六三上 一六四 一六七右 一六八 一六九 一七二下 一七七上 一九九上 二〇〇 二〇七下 二〇九上

蕭昭文（攝影）／序 二十七上欄 五十九上欄上 六十 七十 七十上 七十八 九十 九十一 一一〇右 一二〇 一二六上 一三四 一四四 一六三下 一六五 後記

林文誠（提供）／二十五 二十六 二十七下欄 二十八上 三十三 三十五上 三十九 四十一上 八十六 八十七 八十八

國家圖書館出版品預行編目資料

東港東隆宮醮志：丁丑年九朝慶成謝恩水火祈安清醮

李豐楙等撰文.—初版.—臺北市：臺灣學生，1998[民 87]

面；　公分

參考書目：　面

ISBN 957-15-0916-7（精裝）・ISBN 957-15-0917-5（平裝）

1.民間信仰—臺灣 2.風俗習慣—臺灣

272　　87014433

東港東隆宮醮志—丁丑年九朝慶成謝恩水火祈安清醮

總編纂／李豐楙

撰文者／李豐楙　謝宗榮　謝聰輝　李秀娥

攝影者／李燦郎　謝宗榮　蕭昭文

美術設計／謝宗榮

出版者／財團法人東港東隆宮・臺灣學生書局

發行人／孫善治

發行所／臺灣學生書局

地址：臺北市和平東路一段一九八號

郵政劃撥帳號：〇〇〇二四六六八號

電話：(〇二)二三六三四一五六

傳真：(〇二)二三六三六三三四

本書局登記證字號／行政院新聞局版北市業字第玖捌壹號

印製者／日盛印製廠股份有限公司

地址：臺北市內湖區內湖路一段九一巷廿三弄八號

電話：(〇二)二七九九五六六七

定價／精裝本：新台幣六〇〇元

平裝本：新台幣五〇〇元

出版日期／中華民國八十七（一九九八）年十一月初版

23012

ISBN 957-15-0916-7（精裝）・ISBN 957-15-0917-5（平裝）